江苏经济转型升级研究

JIANGSU JINGJI ZHUANXING SHENGJI YANJIU

主　编　吴先满

副主编　胡国良　张 超

人 民 出 版 社

目　　录

导　论　深入推进江苏经济转型升级

经济转型升级由来已久，但是概念和理解并不统一，需要加以界定。经济转型升级，已有多年推进，有成效但不够令人满意。同样是经济转型升级，其在经济新常态之前和之后有不同，应对之策亦有异。经济转型升级，发达经济体有之，发展中经济体更甚，中国更加显著而紧迫。多年以来，江苏经济不断改革开放，持续快速发展，领先全国，为国家做出了重要贡献。江苏经济已经完成了从农业主导经济向工业化经济的转变和从比较封闭型的经济向外向型、开放型经济的转变这两次历史性的转变。适应经济发展新常态，深入推进经济转型升级，江苏经济需要实现从传统的工业化经济向现代服务型经济和创新型经济的新的重大的、战略性的转变。这第三次重大的、战略性的转变，需要江苏经济在经济体制改革攻坚、新一轮经济国际化、大力发展创新型经济、经济运行质量提升、产业结构深入调整与转型升级、积极发展现代农业、深入推进工业化和信息化融合互动、实行新型城镇化以及增强省内区域经济发展协调性等方面持续努力，攻坚克难；需要江苏经济用好江苏沿海发展战略、长三角一体化战略、苏南现代化建设示范区战略、长江经济带战略、丝绸之路经济带战略、21世纪海上丝绸之路战略、苏南国家自主创新示范区战略这七大国家经济开发建设战略在江苏密集叠加实施的重大战略机遇，举全省之力加快打造江苏经济升级版。

一、适应并引领经济发展新常态，深入推进江苏经济转型升级

如所周知，党的十一届三中全会以后，我国进入社会主义现代化建设新的历史时期，贯穿最近三十多年全过程的关键词就是改革、开放和发展，但是进入21世纪以来，经济转型升级也逐渐成为全社会的热词。

谈到经济转型升级，不能不涉及经济转型升级的概念。实际上，何为经济转型升级，尽管经济科学上长时期研讨很多，相关文献也可以说是汗牛充栋，但是直到现在为止尚未有统一的定义。为了便于研究问题，我们首先要对经济转型升级作一个界定。我们在这里对于经济转型升级作出这样的一种理解：所谓经济转型，是指经济形态从一种形态到另一种不同形态的转变。这种经济形态的转变，可以是经济体制或制度形态的转变，如经济体制从计划经济体制向社会主义市场经济体制的转变；也可以是经济开放形态或方式的转变，如经济开放从"引进来"为主到"引进来"与"走出去"并重的转变，从参与跨国公司主导的全球价值链生产经营到构筑本土企业自主创新、中国资本自我控制的中国国家价值链生产经营的转变；还可以是经济增长与发展形态或方式的转变，如经济发展方式从粗放型经济发展方式向集约化经济发展方式的转变，从主要依靠要素投入发展经济到主要依靠自主创新发展经济的转变。因此，经济转型是指经济体制转变，也可以说经济体制转变是经济转型的重要内容，甚至于说在一些特定时期经济体制转变构成经济转型的主要内容，但又不完全是经济体制转变，不能等同于经济体制转变，还包括经济开放形态和经济发展方式的转变。所谓经济升级，是指经济在已有基础上的提高、攀升或健全、完善。因此，基于以上的理解，经济升级同样也包括经济发展、经济开放、经济体制等方面的内涵。经济升级首先是指经济发展阶段的转换、经济发展水平的提升，如经济发展从中期工业化到中后期工业化的转换，经济发展从中级向中高端攀升，经济发展从中等收入国家向高等收入国家迈进，等等；其次也是指经济开放水平的提升和经济体制的健全、完善，如经济体从中级经济开放向中高级经济开放的攀升，社会主义市场经济体制体系从基本建立体制框架结构的社会主义市场经济体制体系向健全、完善的社会主义市场经济体制体系跨越、前进，等等。所以，经济升级也不仅仅是指经济发展水平的提高，还包括更为广泛的内容。进而言之，经济转型与经济升级又是相互联系、相互影响的，二者的关系密不可分。经济转型与经济升级二者都意味着社会经济的前进、进步。以经济发展水平提高与经济体制转变的相互关系为例，当前我国经济发展正处于向中高收入阶段攀升的过程中，但是社会主义市场经济体制体系远没有健全、完善，现有的经济体制依然不适应经济进一步发展的需要，这一攀升的过程还是受到经济体制的严重制约，所以，只有以新一轮的经济体制全面深化改革、创新与突破，才能推动中国经济发展跨越中等收入阶段进入中高端。从这里可以看出，经济转型有利于促进经济升级，换一句话说，中国经济升级有赖于中国经济深度转型。

　　经济转型升级，既是老话题，又有新要求。如所周知，经济转型升级在中国经济步入新常态之前的相当长一段时间里就已经提出来并做了大量的努力和工作。但是在经济步入新常态之后，经济转型升级又必然地有着新的内容、新的要求、新的任务，要求我们与时俱进，作出新的战略选择，提出新的思路与政策。改革开放以来，中国经济加快发展，年均增长9%以上，人民生活显著改善，摆脱贫困，解决温饱，基本小康。进入 21世纪，中国经济的改革开放与发展深入推进，综合实力继续增强，国际影响不断扩大，中国跃升成为当今世界经济第二大经济体，进入中等收入国家行列。这是中国也是世界了不起的进步！但是伴随中国经济持续的改革开放与加快发展，我们遇到的矛盾与问题也不少，有些矛盾与问题愈来愈尖锐，诸如资源问题、环境问题、产能过剩问题、分配差距问题、创新不足问题，等等。对此，理论界和实际工作部门逐渐认识、研讨并提出解决方案。早在 20 世纪 80 年代，我们就提出要走出一条经济发展速度比较快、经济效益比较好、人民得到较多实惠的经济建设的路子来；"九五"期间国家提出要实现经济体制由计划经济体制向社会主义市场经济体制的根本转变和经济增长方式由粗放型向集约型的根本转变这"两个根本转变"；21 世纪初期，胡锦涛同志全面深入论述了科学发展观。实践方面也陆续制定实施了一系列的政策措施。应该说，这些努力，在推动中国经济转型升级上有进展，但是效果并不令人十分满意。中国经济一边在改革开放与发展，一边在转型与升级，但是转型升级得又不够，老的问题解决了，新的问题又产生，以至于经济转型升级今天依然还是我们需要特别关注和着手解决的一项繁重而又紧迫的任务。大约从 2010 年起，受 2008 年国际金融危机以及多种国际国内因素的影响，中国经济发展渐次步入新常态，习近平总书记在 2014 年多次深刻论述了中国经济新常态，强调我们要适应经济新常态，要积极主动作为。经济新常态内涵丰富，其中的一个重要特征就是中国经济增长由过去三十多年的持续高速超高速增长转入中高速增长，而深藏在这一特征背后的艰巨任务就是中国经济如何跨越中等收入阶段进入中高发展阶段，如期实现全面小康和基本现代化，即实现中国共产党建党一百年和中华人民共和国建国一百年"两个一百年"的奋斗目标。党的十八大报告把中国特色社会主义的经济建设、政治建设、文化建设、社会建设和生态文明建设概括为社会主义初级阶段中国特色社会主义建设"五位一体"的总布局，党的十八大以来，习近平总书记相继全面深刻论述了中华民族伟大复兴的中国梦的战略思想，全面建成小康社会、全面深化改革、全面推进依法治国、全面从严治党"四个全面"的战略布局。在经济方面，以习近平为总书记的新一届中央提出并贯彻执行"宏观经济要稳、微观经济要活、社会保障要托底"的总体思路以及稳中求进、改革创新的总基调。可以说，现在经济转型升级比以往任何时候都显得更加重要、迫切。理论与实践的国际经验表明，抓好服务政府建设和创新驱动战略，一个国家或地区可以跨越中等收入阶段进入中高端。党的十八大以来的近几年，中央正是这样做的，已见初步成效，来之不易，值得珍惜和巩固、深化。我们相信，持之以恒地努力，中国经济必将跨越中等收入阶段攀上中高端。

在江苏，经济转型升级的任务或许要比其他兄弟省市自治区和全国总体显得更为繁重而又紧迫。新中国成立六十多年来，江苏经济相继完成了两次大的历史性转变：第一次是实现从农业主导经济向工业化经济的转变，这一转变于20世纪80年代基本完成；第二次是实现比较封闭型的经济向外向型、开放型经济的转变，这一转变也于20世纪90年代大体完成。在中央的坚强领导下，江苏得益于改革开放风气之先，率先加快发展。最近三十多年来，江苏经济增长速度一直高于全国平均水平（高约3个百分点）。2014年，江苏地区生产总值达到6.51万亿元，约占全国63.66万亿元的10.23%，多年以来稳居全国第二位。江苏的人均地区生产总值已经超过1万美元。江苏为国家做出了重大贡献。当前，江苏经济与全国一样也已同步进入新常态，国内外环境以及省内自身条件的显著变化倒逼江苏经济转型升级的压力越来越大。对此，江苏省委、省政府已于2011年制定实施了江苏经济转型升级工程，作为江苏贯彻落实中央对江苏提出的"六个注重"的举措即制定实施的"八项工程"之首要工程。与此同时，江苏省社会科学院的研究者们也在 2013—2014 年出版的两部学术著作即《中国特色社会主义道路江苏实践》和《比较优势与示范效应——江苏现代化事业持续走在全国前列的思考》中对江苏经济深入转型升级进行了初步研究。我们认为，当下江苏只有变这种压力为动力，适应经济新常态，积极主动作为，抓住重点，即持续地攻坚克难，努力实现从传统的工业化经济向现代服务型经济和创新型经济的这第三次战略性的转变，才能引领经济新常态，继续走在全国的前列。由于经济发展相对于不少兄弟省市自治区而言较为超前，因此江苏经济的深入转型升级也势所必然地超前遇到不少的矛盾与难题。如何才能解决这些矛盾与难题呢？2014 年 12 月，习近平总书记视察江苏指导工作，发表了重要讲话。习近平总书记在讲话中肯定江苏，殷切期望，给予江苏人民以巨大的鼓励。习近平总书记在讲话中希望江苏全面贯彻党的十八大、十八届三中全会、四中全会精神，坚持以邓小平理论、"三个代表"重要思想、科学发展观为指导，认真落实中央各项决策部署，积极适应经济发展新常态，紧紧围绕率先全面建成小康社会、率先基本实现现代化的光荣使命，协调推进全面建成小康社会、全面深化改革、全面依法治国、全面从严治党，努力建设经济强、百姓富、环境美、社会文明程度高的新江苏。习近平总书记在讲话中要求江苏要在推动经济发展、推动现代农业建设、推动文化建设、推动民生建设、推动全面从严治党五个方面迈上新台阶。习近平总书记的这一重要讲话为包括深入推进经济转型升级在内的江苏工作指明了方向。围绕江苏经济从传统的工业化经济向现代服务性经济和创新型经济的这第三次重大的、战略性的转变，江苏必须要把中央的精神与江苏的实际紧密结合起来，着力在如下方面持续努力，攻坚克难：一是深化经济体制改革攻坚；二是推进新一轮经济国际化；三是大力发展创新型经济；四是提高经济运行质量；五是深入推进产业结构调整与转型升级；六是积极推进农业现代化；七是深入推进工业化和信息化融合互动；八是实行新型城镇化；九是增强区域经济发展协调性。对于江苏经济深入转型升级的这些重要矛盾与问题的具体、详细、深入的分析、研讨与阐述，则是本书后面第一章到第九章的任务。

二、抓住七大国家战略叠加机遇，全力加快打造江苏经济升级版

无独有偶。矛盾往往与解决矛盾的工具或手段一同产生。正当全国和江苏的经济发展步入新常态的时候，近年来，中央制定实施长江经济带、丝绸之路经济带、21世纪海上丝绸之路这样"两带一路"的国家新的经济开发建设战略以及苏南国家自主创新示范区战略，连同前已实施的江苏沿海发展战略、长三角一体化战略和苏南现代化建设示范区战略，构成七大国家经济开发建设战略。这七大国家战略均与江苏经济建设紧密相关，江苏均需要遵循，予以贯彻落实，从而形成国家经济开发建设战略在江苏从未有过的密集叠加。江苏中国特色社会主义经济建设迎来了七大国家战略密集叠加的重大战略机遇期，史无前例，可喜可贺，非常难得，值得十分珍惜，应当将之用足用好，举全省之力加快打造江苏经济升级版，努力开创江苏中国特色社会主义经济建设的新局面，持续推进"两个率先"取得更大更好的成果，为实现中华民族伟大复兴的中国梦做出江苏的新贡献。

抓住这一重大战略机遇，用好这一重大战略机遇，全力加快打造江苏经济升级版，江苏需要进一步解放思想，发扬"三创三先"的新时期江苏精神，创新思想，更新观念，以更加积极主动的姿态，全力攻坚克难，全面贯彻落实国家七大战略，统筹协调推进七大国家战略在江苏的实施。

首先，江苏需要创新开放的思想理念，从自身做起，彻底打破条块分割，更广更深地推进经济开放，显著提升江苏经济的开放水平。一是更广更深地推进对外开放和对内开放，统筹融合对外开放和对内开放。二是更广更深地推进江苏经济在国内对全国兄弟省市自治区的开放，统筹融合江苏经济向东向西向南向北各个方位的开放。三是更广更深地推进江苏省内各个区域经济之间的相互融合开放，苏南苏中苏北之间、省辖市之间、城市之间、县区之间、城乡之间相互融合开放。四是更广更深地推进商品市场和生产要素市场的开放。

其次，江苏需要创新经济改革的思想理念，攻坚克难，显著提升江苏经济改革的水平。把党的十八届三中全会《中共中央关于全面深化改革若干重大问题的决定》全面深化改革精神与江苏实际紧密结合起来，围绕正

确处理政府与市场的关系这个核心，沿着发挥市场机制对资源配置的决定性作用和更好发挥政府职能作用的主攻方向，实施江苏经济体制的全面深化改革。江苏还需要以新一轮的全方位宽领域多层次融合式的更广更深的开放，推进江苏经济体制的全面深化改革。江苏要以新一轮的开放作为深化经济体制改革的重要动力，以新开放促进新改革，从更广更深的开放中寻找经济体制改革的线索、空间或增长点。特别是要重视接受甚至扩展上海自贸区试点改革的溢出效应，及时复制、推广上海自贸区试点改革的成果与经验。与此同时，江苏还需要通过进一步发展壮大民营经济倒逼江苏经济体制的全面深化改革。如今民营经济已经占到全省经济 60% 以上的份额，成为江苏的主要经济基础。民营经济进一步发展壮大是江苏经济下一步深化发展的必然趋势，但是目前他们在运行发展中遇到体制机制和政策等多方面的困难和障碍，亟待改革攻坚突破。因此，通过进一步发展壮大民营经济，联想相关的不适应的经济管理体制机制、政策与做法，可以寻找到新一轮经济体制改革的具体部位、领域、切入点、增长点或突破口，有效倒逼江苏经济体制的全面深化改革，增强深化推进江苏经济体制改革的针对性、正确性和压力及动力。从中长期趋势看，江苏民营经济进一步发展壮大的过程也就是江苏国民经济进一步市场化的过程。通过以上的努力，由此显著提高江苏经济体制改革的水平或者说江苏社会主义市场经济体制体系进一步发育成长、健全完善的水平。

再次，江苏需要创新发展的思想理念与方式，显著提升经济发展的水平。一是就以新一轮的经济深化改革开放作为根本动力，实现江苏经济的持续稳定运行和中长期的中高速增长，推进江苏经济发展。二是以更大力度发挥江苏区域创新能力与潜力，更大力度发展江苏的创新型经济，借此七大国家战略叠加机遇期，着力把江苏经济打造成为中国的乃至世界上的重要的创新型经济先导区或示范区，由此显著提升江苏经济增长质效，推动江苏经济发展。可喜的是，自从 2009 年以来，江苏区域创新能力连续 6 年稳居全国第一，这方面江苏有很好的基础和潜力，需要通过显著增加创新红利，形成强烈的创新创业激励机制与氛围，增强全社会的创新型经济发展的动力。三是以更大力度沿着交通大动脉深度推进江苏经济的开发、开放与建设，按照产业经济发展和产业结构演进的规律，以更大力度推进江苏产业经济发展和产业结构调整与转型升级，显著提升江苏经济增长质效，推动江苏经济发展。大力发展和提升先进制造业、现代服务业和现代农业，进一步发展壮大、做实做强实体经济，仍然是今后江苏经济建设的重点，而在全面深化改革的情况下则要重视更多地运用市场化的机制、手段与方式、方法，由此发展的效果会更好。四是以合理调整省内区域经济关系，创新省内区域经济协调发展的体制机制与办法，进一步提升江苏区域经济协调发展的质效和水平，推动江苏经济发展。江苏统筹协调推进实施国家七大经济开发建设战略，这就迅速地将省内苏南苏中苏北、各个市县经济进一步推向国际国内现代市场经济的大舞台，省内各个区域经济一下子更加直接也是更为同步地进入全面深化改革开放与开发建设的前沿阵地，这无疑为江苏改革创新区域经济协调发展的体制机制和办法提供了大好时机，也为省内各个区域经济更好更快发展提供了前所未有的重大战略机遇。在这种情况下，江苏很有必要改进完善直至改革创新区域经济协调发展的体制机制与做法，也就是说要研究制定实施立体式、多层次、密集型、精细化的区域经济协调发展的体制机制与政策，其核心要旨就是努力改进完善既有的基于苏南苏中苏北划分的区域经济协调发展的体制机制与政策，与此同时，制定实施"井"字型的和"六大组团"的区域经济开发发展战略与政策。"井"字型的开发建设战略与政策的关键就是要在抓好沿江、沿海、沿东陇海线三大经济带的进一步开发建设的进程中，加快推进沿京沪高速公路、沿运河、沿宁宿徐高速公路等交通大动脉这一沿线地区的经济开发建设，着力打造现代的苏西经济走廊，使其成长成为江苏省内另一条贯通南北（南京北、扬州北、淮安、宿迁、徐州南等）的纵向经济带。"六大组团"的开发发展战略与政策，其基本内容就是遵循国内外成功的区域经济组团开发建设的做法与原理，将省内13个省辖市组合成为六个大的区域经济开发建设团组或板块，即苏东南的"苏通经济圈"、苏中南的"锡常泰经济圈"、苏西南的"宁镇扬同城化都市经济圈"、苏东北的"连云港桥头堡经济圈"、苏西北的"徐州淮海经济圈"、苏北腹地的"宿淮盐经济圈"，研究制定更具针对性的开发发展政策与措施。制定实施"井"字型的和"六大组团"的这些新的区域经济协调发展的战略与政策，其目的就是要让全省各个区域经济地带、各个区域经济团组或板块、各个市县的经济建设，强化主体性或自主性，充分发挥自身的比较优势，让他们相互学习与借鉴，走各自特色型、个性化的路子，缩小区域经济差距，最终达到共同富裕。

　　江苏经济深入转型升级确是一项长期而又紧迫的艰巨任务，就让我们一起攻坚克难和努力吧！功夫不负有心人。只要我们持续、切实地去做了，那么我们终归是能够达到目的的。

第一章　深化经济体制改革攻坚

经济体制改革在经济转型升级中具有二重性，一方面它是经济转型升级的重要组成部分或内容，另一方面它又是经济转型升级其他许多重要方面的推进者或动力。经过三十多年的经济体制改革，江苏社会主义市场经济体制体系基本框架结构已经形成，但是这一新的体制体系又很不健全、完善，仍然不适应当前江苏经济发展的需要。因此，深入推进江苏经济转型升级的首要任务就是要深化江苏经济体制的改革攻坚。

第一节　深化经济体制改革攻坚对经济转型升级的战略意义

从国际看，世界经济低速增长，经济结构深度调整，国际竞争更加激烈，科技革命孕育突破，我国发展的外部环境更趋复杂多变。从国内看，我国发展已站在新的历史起点上，保持经济持续健康发展具有许多有利条件。同时，我国经济正处于增长速度换挡期、结构调整阵痛期叠加阶段，面临着跨越"中等收入陷阱"的严峻考验，发展中不平衡、不协调、不可持续问题依然突出，一些领域的潜在风险仍然较大，原有的经济发展方式难以为继。这些矛盾和问题的产生有多方面原因，但关键在于社会主义市场经济体制还不完善，制约经济发展方式转变的体制机制障碍还比较多。深化经济体制改革是转变经济发展方式的前提和保障，我们必须以更坚定的决心、更大的勇气、更多的智慧，加快完善社会主义市场经济体制，为推进经济转型升级提供制度保障，促进经济持续健康发展。

加快经济转型升级，必须创新体制机制。市场机制具有优胜劣汰的功效。企业只有积极参与市场竞争，才有源源不断的动力实现技术进步和产品创新，才能在竞争中立于不败之地。我们要相信市场机制的力量，必须转变职能、下放权力，下决心减少政府对企业生产经营活动的直接干预，打破市场分割与垄断，消除制约转型发展的体制机制障碍，使企业和产业在竞争中优化升级，为经济转型提供"源头活水"。目前，我国正处于工业化、城镇化加快推进的重要阶段，经济发展空间十分广阔，只要将增长的潜力和企业的活力有机融为一体，就能形成促进经济持续健康发展的强大动力。

一、创新体制机制改革为转型升级增添内在动力

科技竞争在综合国力竞争中的地位更加突出，科学技术日益成为经济社会发展的主要驱动力。实现创新驱动发展，最根本的是要依靠科技的力量，最关键的是要大幅提高自主创新能力。我们必须清醒认识到，目前我国的自主创新能力与发达国家还有很大差距，许多关键技术和核心工艺还依赖进口；科技体制机制还存在一些突出问题，与加快转变经济发展方式、抢占未来发展制高点的迫切需要仍不适应，与新一轮科技革命和科技创新驱动发展的新要求仍不适应，与社会主义市场经济体制仍不适应，必须通过继续深化改革，破除制约科技创新的体制机制障碍，加快建立健全科学合理、富有活力、更有效率的国家创新体系。

深化科技体制改革，必须抓住促进科技与经济社会紧密结合、支撑引领可持续发展这个核心，着力解决制约科技创新的突出问题。要完善落实政策措施，使企业尽快成为技术创新决策、研发投入、研发组织和成果应用的主体；要研究制定国家创新体系建设规划，统筹各类创新单元协调发展；要努力提高科研院所和高校服务经济社会的创新能力，促进各类创新主体各展所长、协同创新；要深化科技管理体制改革，完善统筹协调的科技宏观决策体系，建立科学高效、公平竞争的科技项目和经费管理体制，提高科技资源的配置效率。

二、金融体制改革为转型升级提供投融资支持

实体经济是经济发展的基础和综合国力的重要支撑。改革开放以来，党和政府牢牢把握发展实体经济这一坚实基础，保持了经济长期高速增长的态势，国民经济总量跃居世界第二，为全面建成小康社会打下了坚实基础。金融是实体经济发展的命脉，决定了实体经济发展的速度和方向，对实体经济转型升级起着基础性的支撑作用。经过近几十年的努力，我国金融体制改革取得了很大的成就，金融资产规模位居全球第一，已经基本建成了种类齐全、分工合理、功能完善、高效安全的现代金融体系。虽然我国的金融制度为实体经济的发展做出了重要的贡献，但目前的金融体制仍然存在诸多问题，尤其是在支持实体经济转型升级方面发展不足，缺乏有力支持。因此，如何进一步深化金融体制改革，健全支持实体经济发展的现代金融体系，使之更好地为实体经济服务，成为我国当前经济改革中的重要任务。

坚持金融促进实体经济转型升级的改革目标，有利于防范金融风险。随着金融全球化时代的到来，虚拟经济的规模日益扩大，对实体经济发展的影响也愈加显著：一方面，虚拟资本在一定程度上优化了资源配置，加快产业结构的变革与调整；另一方面，虚拟资本过度膨胀会滋生出大量经济泡沫，为经济危机埋下种子。确立金融促进实体经济转型升级的改革目标，采取多方面措施抑制社会资本脱实向虚，确保资金投向实体经济，才能防范金融风险，防止金融危机的爆发。

坚持金融促进实体经济转型升级的改革目标，可以为经济发展提供新的增长点。长期以来，我国实行粗放式的经济发展模式，许多传统产业能源耗费大，环境污染严重，可持续发展能力弱，很难参与激烈的国际竞争。只有坚持金融促进实体经济转型升级的改革目标，才能保证金融对高新技术发展的全面支持，更好更快地推动经济的转型升级，为我国经济发展提供新的增长点。经济转型升级成功反过来又将进一步促进金融业发展，形成经济发展的良性循环。

三、财税体制改革为转型升级释放潜力

我国经济持续三十多年高速增长，与财税改革的推进密不可分，在几轮重大的经济体制改革中，财税都成为先行者和突破口。财政体制是政治、行政和经济体制的联结点，我国社会经济发展中面临的新情况、新问题、新矛盾，均直接或间接与财政关联，都需要在深化财税改革中服务全局、配套于全面改革来加以解决。目前，我国仍处于可大有作为的战略机遇期，也处于矛盾凸显期和改革深水期，财税改革任务紧迫。中央明确把加快改革财税体制和全面深化财税金融体制改革放到了为我国经济结构调整和产业转型升级可持续发展提供政策支持和发展动力的高度。

当前财税体制存在一些突出的问题，包括公共收支透明度低、缺乏公众监督，一部分政府收入不规范，财政支出结构不合理、存在公共资金浪费和腐败，财政资金分配苦乐不均，各级政府财权和事权不匹配，税收征管体系不健全、税负不均等等，是导致收入分配失衡和影响资源有效配置的重要原因，迫切需要通过推进财税体制改革来解决。

持续的技术创新、产业结构升级和相应的制度变迁，是社会经济长期增长的驱动力，其中财政政策作为重要的制度性因素，是顺利实现经济转型升级的必要条件和有力保障。当前地方政府（主要是地级市、县市）支持工业转型升级的动力不足，支持企业做大做强、向技术密集型和绿色低碳型转型、加大技术改造投入的动力不足，这与现行财税体制紧密相关。目前，企业所得税在总部缴纳、地方政府从增值税中分成比例较低，以及地方财政在技术改造上投入的收益具有外溢性、跨期性、挤出效应，导致地级市、县市动力不足。要加快推进工业转型升级，需要进一步完善财税体制，提高地方政府从工业转型升级中的收益，调动地方政府的积极性。在技术改造、节能减排、淘汰落后产能上的财政投入，以中央财政投入为主，并要进一步加大中央财政投入力度；提高地方在增值税中的分成比例，尤其是县市分成比例；加大对经济不发达地区与工业转型升级相关的财政转移支付力度。

四、深化国企改革进一步激活转型升级的市场主体

改革开放以来，国有企业改革不断深入推进，管理体制和经营机制发生深刻变化，运行质量和经济效益显著提升，总体上已经同市场经济相融合，在经济社会发展中发挥着重要的作用。但是，我们也看到，国有企业改革仍然处于深化过程之中，需要进一步解决的体制机制和布局结构等问题仍然很多。党的十八届三中全会对深化国资国企改革做出了重要部署，提出了一系列新举措、新要求，为我们全面深化国资国企改革理清了思路，指明了方向。认真贯彻落实党的十八届三中全会的精神，坚持基本经济制度、坚持市场化改革方向，围绕增强国有经济的活力、控制力、影响力，进一步解放思想、开拓创新，深化国企改革重点在发展混合所有制经济，完善现代企业制度，推动国有企业科学发展，提高发展的质量和效益。

混合所有制经济的发展，突破了国有体制的"单一性""封闭性""凝滞性""垄断性"和民营经济的"脆弱性""粗放性""盲目性""分散性"等问题，实现了企业资本社会化、产权结构多元化、企业财产法人化、股东股权有限化和管理制度科学化。发展混合所有制突破单一所有制的封闭性，改变传统所有制的版块结构，实现不同经济成分在微观层次上的相互渗透、相互融合，形成"嫁接"与"杂交"优势，从而保持所有制实现形式的活力。混合经济的形成有助于企业产权的流动和重组，为实现企业资产的合理运营提供条件。发展混合经济能够建立相互制约的激励机制和约束机制，形成利益共同体，形成有效的微观利益协调机制和新的合力。

五、教育体制改革为转型升级提供智力支持

教育既是转型升级题中的应有之义，更是转型升级的内在动力。在推进转型升级综合改革试点、争创江苏全省转型升级示范区的宏大伟业中，教育必须尽快从主要依赖规模扩张、财力物力资源投入、时间投入和强化考试技能中解放出来，转向主要依靠教育结构优化、学生培养模式改善、教师队伍素质提高和教育管理方式创新，努力为全省转型升级提供强有力

的人才支撑和智力支持。

职业教育问题关系我国经济转型升级和长远竞争力提升，关系亿万劳动力就业，既是教育问题，更是重大民生问题和经济问题。党中央、国务院高度重视，党的十八大和十八届三中全会提出明确要求，习近平总书记也多次作出重要指示。发展职业教育非常重要，要切实转变观念，加强政策引导，加大投入力度，健全体制机制，端正办学方向，有针对性地研究解决具体问题，把办学质量提上去，大力培养具有特殊技能的应用技术人才，为学生服务、为企业服务，为建设人力资源强国、实现"两个一百年"奋斗目标提供有力支撑。

六、社会保障体制改革为转型升级提供稳定器

转型升级本质上是经济结构的变迁。现有一大批企业推退原有的产业、行业，这就涉及原有就业人员的职业转换问题，同时企业进入新的经营领域，采取新的生产经营模式，势必也会产生一系列的经营风险。这就需要运转顺畅的失业、养老保障体系，为企业的转型升级提供社会保障，减轻企业转型的阻力。

完善社会保障机制还可以为转型升级提供需求支撑。长期以来，我国经济增长主要依赖投资和出口拉动，消费对经济增长的贡献比较低。而消费需求是繁荣市场、拉动经济增长的根本动力和重要源泉，因此经济的转型升级必须坚持扩大消费需求的方针。城镇居民储蓄率居高不下是导致我国需求不足的主要原因之一，这主要源于我国的社会保障体系机制不完善。完善的社会保障体系会对消费产生积极的影响。其一，完善的社会保障制度可以提升消费的有效需求能力。人们对消费的需求是多层次的，而实际消费水平高低受有效需求能力的制约。其二，健全的社会保障体系会改善人们对未来的预期，提升抵御风险的信心。因此，消费的有效需求的增长和消费信心的增强，将推动当前消费水平提高和消费结构的改善，为转型升级提供充足的需求支持。

第二节 经济体制改革研究文献述评

一、经济体制改革一般理论

1. 从计划经济到"有计划的商品经济"

传统的社会主义政治经济学认为，计划经济是社会主义经济的基本特征和社会主义优越性的集中表现，因此对经济体制的反思首先源于对传统计划经济体制的弊病以及存在的症结分析。刘国光（1979）指出，我国经济管理体制最大的弊病和集权——分权关系问题的症结在于没有把国家与企业的关系处理好，不该国家管的，国家管的太多、太死，该国家承担的责任却推给了企业，导致企业负担过重，缺乏活力。马洪（1979）指出，经济体制改革必须从扩大企业自主权入手，处理中央和地方关系的原则必须有利于发挥企业的主动性和积极性。在对计划经济体制弊病认识的基础上，理论界展开了对社会主义商品经济属性的讨论。一种意见是从公有制经济与商品经济可以相容的角度论证。谢佑权、胡培兆（1979）认为，社会主义经济是建立在公有制基础上的有计划的商品经济。孙尚清等（1979）认为，社会主义经济还是公有制基础上的商品经济，在有计划规律对它起调节作用的同时，价值规律也必然对它起调节作用。另一种意见是从社会主义经济具有商品性的角度论证。卓炯（1982）认为，社会主义经济是计划商品经济。于祖尧（1984）认为，社会主义经济的商品性是社会主义生产关系内在的固有属性，是社会主义生产关系体系的本质特征之一。1984年10月，党的十二届三中全会通过的《关于经济体制改革的决定》，肯定了社会主义经济是在公有制基础上的"有计划的商品经济"。

2. 社会主义初级阶段理论

1981年6月党的十一届六中全会通过的《关于建国以来党的若干历史问题的决议》就指出，"我国的社会主义制度还处于初级阶段"，十二大报告对此又做了重申，但理论界的热烈讨论是在党的十三大前后。王琢、廖曙辉（1988）认为，社会主义初级阶段的性质就是过渡社会主义，即不成熟、不完善的社会主义。龚育之（1987）指出，社会主义初级阶段的提法表明我国已经是社会主义，但还处在初级阶段，反映了落后的生产状况，没有实现现代化。在对社会主义初级阶段社会性质和主要矛盾认识的基础上，一些学者对社会主义初级阶段又进一步做了阶段划分。于光远（1988）将社会主义初级阶段划分为起始阶段、改革阶段和新体制阶段。刘国光（1987）将社会主义初级阶段划分为旧体制阶段、体制转换阶段和新体制阶段。

3. 社会主义市场经济目标体制的确立

直到 20 世纪 80 年代，把市场经济当作资本主义的观点还有所回潮，一直到 1992 年邓小平南方谈话以及 10 月党的十四大正式宣布"我国经济体制改革的目标是社会主义市场经济体制"，有关计划和市场问题的讨论才告一段落，讨论的重点随即转向了什么是社会主义市场经济体制，以及如何建设社会主义市场经济体制方面。董辅礽（1998）认为，社会主义市场经济就是公正加效率。卫兴华（1999）认为，社会主义市场经济是社会主义经济加市场经济再加非公有制经济。关于如何建设社会主义市场经济，刘诗白（1999）认为，建立社会主义市场经济体制就是要让市场在国家宏观调控下对资源配置起基础性作用。厉以宁（2000）则认为，社会主义市场经济体制就是以政企分开、自主经营的企业为微观基础的、以市场调节为第一次调节、以政府调节为第二次调节的经济体制。

4. 经济体制改革的推进方式和制度变迁路径

关于经济体制改革的推进方式，主要有三种思路：第一种是主张"渐进式"的改革，认为经济体制模式转换中各主要环节的改革应该有先后次序，循序渐进；第二种是主张"一揽子方式"，认为改革应该制定出总体方案，并经过几个大的阶段来完成；第三种主张是"渐进式"加小配套，即在总体上"渐进式"推进的每个阶段，改革措施也尽可能的配套（陈晓伟，1991）。后来的实践证明，中国的改革是"摸着石头过河"的渐进式改革。因为我国经济体制改革是先从体制外容易改的增量部分入手，所以一些学者将其称为增量改革（周业安，2002）。

5. 社会主义市场经济体制的建立和完善

从 1993 年党的十四届三中全会通过《关于建立社会主义市场经济体制若干问题的决定》，到 2003 年党的十六届三中全会《关于完善社会主义市场经济体制若干问题的决定》，十年间改革的巨大成就就是初步建立了社会主义市场经济体制。之后，关于如何建立和完善社会主义市场经济体制，理论界进行了大量的讨论。张卓元（2003）认为，股份制和混合所有制成为公有制的主要实现形式，表明我国公有制特别是国有制逐步找到了一个和市场经济相结合的形式和路径。刘树成（2007）认为，我们建立社会主义市场经济体制，就是让市场在宏观调控下对资源配置起基础性作用，市场经济体制的引入，为社会主义制度下经济的发展增添了活力，不断加强和改善宏观调控，有利于克服市场自发性的缺陷，保持经济健康发展。

6. 全面深化改革中的经济体制深化改革

2013 年，党的十八届三中全会审议通过了《中共中央关于全面深化改革若干重大问题的决定》，提出了要正确处理政府与市场的关系，使市场在资源配置中起决定性作用和更好发挥政府职能作用，充分发挥经济体制改革在全面深化改革中的引领作用，深化经济体制改革攻坚要在若干重要领域和关键环节取得突破。

二、所有制改革、国企改革

1. 关于完善社会主义所有制结构

新中国成立后，经过三大改造，我国建立起"一大二公三纯"的所有制结构，党的十一届三中全会开启了改革的大幕，同时也改变了公有制经济应一统天下的传统认识，理论界随即展开了关于社会主义所有制结构的探讨。薛暮桥（1980）指出，我国现阶段的社会主义经济是生产资料公有制占优势，多种经济成分并存的商品经济。于光远（1988）认为，所有制改革要以适合当时当地的生产力水平和发展水平等要求为原则。关于所有制的改革方向，理论界提出了不同的看法。薛暮桥（1988）认为，所有制改革后，国家所有制和集体所有制在经营方式上的差别将会逐步缩小，它们相互渗透，构成从中央到省、市、县、乡和村的多层次社会主义公有制。陈宗胜（1987）认为，所有制改革的目标模式应该是"混合经济"：公有制居于主体地位，私人经济、个体经济、国家资本主义经济等共同存在，融合生长。

2. 关于公有制的实现形式

公有制经济的改革首先面对的是所有权和经营权的划分。王钰、杨国亮（1987）认为，所有权和经营权的分离具有客观必然性，社会主义全民所有制中，生产主体是国家、企业和个人，不同的主体有不同的物质利益，因此应该通过生产资料的所有、占有、支配和使用来分别实现。另外，建立宏观调控体系，也需要有一个具有合理行为和对经济参数做出灵敏反应的微观基础，这些都需要所有权和经营权的分离。在借鉴西方产权理论的基础上，国内学者提出了各种产权改革的思路，其中包括建立企业法人所有权，建立国有资产投资经营公司，建立产权交易市场，以及让职工持股等等。党的十五大从理论上突破了公有制实现形式只有国有经济和集体经济两种形式的僵化观点，党的十六届三中全会进一步指出要探索公有制经济，尤其是国有经济的多种有效实现形式，使股份制成为公有制的主要实现形式。在不同的领域和区域国有经济的比重应有所不同，国有经济在退出一些领域的同时，在另一些领域应保持主导地位。2006年《关于推进国有资本调整和国有企业重组的指导意见》明确指出，关系国家安全和国民经济命脉的重要行业和关键领域，国有经济要保持绝对控制力，这些包括军工、电力、石油石化、电信、煤炭、民航、航运七个行业，而在装备制造、电子、钢铁、有色金属等行业国有经济要保持较强的控制力。

3. 国企改革和公司治理

国企改革经历了放权让利、承包制、股份制以及公司化改组为代表的现代企业制度的四个阶段。"放权让利"是国企改革的第一步，它对促进政企分开、调动企业的生产经营积极性产生了积极的作用（赵凌云，1999）。但由于当时的价格体系不合理，企业间税负不平等，放权让利的改革最终让位于承包经营责任制。杨培新（1988）认为，公有制改革的基本方向是坚持生产资料公有制，推行承包责任制是在国家掌握生产资料公有制前提下，将经营权下放到企业的有效形式。但承包经营导致企业行为短期化和不规范化，根本原因在于承包强调经营权，弱化所有权。随着承包制缺陷的暴露，越来越多的学者认识到，进行产权制度改革才是改变国企现状的根本途径（刘伟、平新乔，1990）。股份制的试点始于 1986 年。厉以宁（1994）认为，要使市场机制真正发挥作用，必须以具有充分活力的市场主体存在为前提，因此，除少数必须由国家独资的企业外，应积极推行股份制，发展混合所有制，实行投资主体多元化。股份制改革中也存在着诸多的问题，"一股独大"、MBO 过程中国有资产流失、职工权益受损、贫富差距扩大等等，但不能因此否定产权改革，关键还在于进一步规范。

三、政府职能转变与公共服务改革

1. 政府职能与公共选择、公共品和外部性

政府职能可以说就是提供公共服务、提供公共物品，解决私人活动导致的外部性问题。改革开放以来，围绕公共选择、公共物品和外部性这三个方面，国内学者展开了大量的讨论。孙嘉明（1995）对市场经济条件下政府功能做了探讨，并提出了公共选择应注意的几个问题，如税收制度、法制、社会保障等。外部性理论认为，外部性的产生是市场经济条件下不可避免的，社会主义产权关系需要重新调整和塑造，使政府能够正确运用行政、经济和立法手段对外部性进行校正和补救（郑秉文，1992）。李郁芳等（2007）探讨了规制本身带来的外部性，并在公共选择理论的基础上对这种外部性提出了改革思路。公共品的供给是政府职能所在，对政府而言，设计一套具有个人和群体激励相容的税收体制是最佳选择（阎坤、王进杰，2000）。

2. 政府体制改革、分权和地方政府行为

政府转型必须要通过体制改革来实现，1982 年、1988 年、1993—1998 年的政府机构改革说明，我国政府行政改革的理性程度以及有效程度不够高，这就需要通过有效的政府制度创新提高政府能力，形成政府与市场、政府与社会间关系的新模式（岳云龙，1986；张庆国，1999）。蔡玉峰（1999）认为，机构改革既有内部机构和人员的精简和调整，也应有政府外部的设置和规模问题，必须把政府内部改革和政府外部改革结合起来。傅光明（2002）认为，政府运行成本过高的深层次原因在于官员对公共物

品的偏好倾向和政府预算规模最大化倾向，以及政府运用行政手段支配资源过多等。财政分权的理由是各级地方政府在资源配置上比中央具有信息优势，因此分权将带来公共品供给效率的提高（谢群松，2001）。史宇鹏、周黎安（2007）的研究表明整体上放权有利于计划单列市提高其经济效率。张维迎、粟树和（1998）等的研究表明，中国实施的分权和市场化改革加剧了地方政府的竞争。周雪光（2005）用"逆向软预算约束"理论解释了基层政府自上而下地向所辖区域索取资源的行为，使得宏观组织制度难以对政府官员行为实行有效约束。地方政府的行为可能是在考虑自身利益的最大化（张红宇，2004）。

3. 政府规制

对自然垄断产业进行规制是政府的重要职能之一。近二十年来，放松管制、引入竞争已成为世界各国的产业政策取向。我国在电信、航空、电力等产业的改革也相继展开，但规制仍具有合理性，不可完全取消。焦良玉（2004）分析了市场准入制度中的尊重市场原则，强调那些维护公共利益的市场准入制度是消除信息不对称和负外部性的必然选择。随着基础部门竞争的引入，为确保有效竞争的实现，政府需要重建规制（常欣，2001）。陆磊（2000）、王国松（2001）等金融领域的研究表明，金融机构体系呈现少数几个机构垄断的特点，几个集团间的竞争未必会给消费者带来好处，应该继续提高金融领域的透明度，逐步放开市场准入管制。牛晓健等（2005）构建了一个政府和国内企业关于外资超国民待遇和资本投向的博弈模型，揭示了资本管制程度对于过度资本外逃的效应，解释了在国内资本越来越多的今天，政府降低外资超国民待遇的客观必然性。

四、宏观经济运行与宏观调控

1. 宏观调控目标、手段和方式的改革

宏观调控属于政府政策范畴。在中国经济转型过程中，宏观调控体系有一个如何适应市场经济环境进行改革的任务。关于宏观调控体系的改革，主要围绕调控目标、手段、方式等方面展开。刘溶沧等（2001）认为，宏观调控的目标除了"稳定增长"以外，还需要包括"促进发展"和"协调平等"，即宏观调控的目标需要由"少目标"调控到"多目标"调控的转变。刘国光（2004）则指出，宏观调控的手段应该从计划经济的"扩张"或"收缩"的调控转变为"有扩有缩"的调控。刘树成（2004）认为，中国的宏观调控应该从单一的行政化调控转变为兼用经济、法律和行政多元化的调控。关于宏观调控的方式，刘树成（2007）认为，应从"又快又好"向"又好又快"的调控方式转变。

2. 宏观管理和调控主体的改革和完善

从宏观调控的主体出发，理论界围绕政府宏观管理和职能的改革、政府绩效评价和考核体制的改革展开讨论。关于政府管理职能的问题，樊纲（1998）认为，作为发展中国家的政府，中国政府应该比一般政府和发达国家政府"多发挥一块作用"，一方面要克服市场本身不足所引起的功能性缺陷，另一方面要协调发展速度、经济结构转变、体制转轨等问题。谢伏瞻（2004）则强调中国规划体制的改革，以保证短期和长期规划的一致性。关于政府绩效考核，刘世锦（2006）指出单纯 GDP 考核的弊端，提出应该建立更合理的综合考核指标体系。

3. 宏观调控规则的改革和完善

关于宏观调控的规则，主要围绕依法调控与相机抉择的协调，以及调控的透明度、有效性和公平性等。王曦（2005）认为，为了在宏观调控中实现"依法调控"，需要制定"宏观调控基本法"。谢伏瞻（2004）认为，似不再适宜提"积极的财政政策"和"稳健的货币政策"，而应该根据情况的变化，实事求是地确定政策的导向，宏观调控的目标是为了实现经济稳定，可以提"稳健的宏观经济政策"。杨明炜（2004）认为，政府是宏观调控的"红绿灯"而不是"驾驶员"。为此，需要加强宏观决策的透明化、规范化、科学化和民主化建设。

五、收入分配与社会保障体系改革

1. 收入分配体制改革

改革开放以来，收入分配体制改革的讨论，大致分为三个阶段。第一阶段探讨的内容主要有二：一是改革开放之初，针对计划经济体制的弊端，分配上要打破平均主义，坚持按劳分配。二是关于"劳"的含义。逢锦聚（2004）认为，按劳分配是按社会必要劳动创造的价值分配。何伟

（1987）认为，按劳分配是按劳动力价值分配，是社会主义条件下劳动者用自己的劳动力商品进行交换的一种实现形式。孙妙宇（1986）认为，利息、股息、红利等是按劳分配的几种具体表现形式。第二阶段是在社会主义商品经济发展和市场经济体制改革目标确立条件下展开的，也包含两方面的内容。一是探讨市场经济和按劳分配的关系。冯先（1999）认为，只有在社会主义公有制下才能实现按劳分配。逄锦聚（2004）则认为，市场经济与按劳分配互为条件，相互兼容。二是强调社会主义初级阶段的分配形式不可单一，应坚持按劳分配为主体，多种分配并存（周为民等，1986）。第三阶段的讨论主要是针对收入差距扩大的问题展开的。收入差距的扩大，一方面促进了经济发展效率的提高，另一方面却意味着社会中不同阶层的人在分享经济发展成果中存在着巨大的差异，这种差距会产生新的不平等（李实等，2006）。

2. 社会保障改制改革

社会保障体系包括社会保险、社会救济、社会福利、优抚安置等多方面内容，而社会保险又包括养老、失业、医疗、工伤、生育等多项内容。目前，我国社会保障体系主要面临三大挑战：长期看，要解决老龄化带来的一系列问题；中期看，要缓解社会转型带来的震动；近期看，要适时调整各项保险收支，保障经济稳定增长（肖行，2002）。在社会保障体制的各项改革中，养老和医疗是最复杂的，也是讨论最多的。改革开放以来，我国养老金的筹集模式大体经历了三个阶段：1984—1993 年为第一阶段，为传统城镇养老保险制度初步形成阶段；1993—2000 年为第二阶段，完成了基本养老保险由现收现付向"社会统筹与个人账户相结合"的体制转变；2000 年以后是第三阶段，初步确立了一个由政府、企业、个人多方参与的多支柱社会保障体系。关于医疗保险制度的改革，就医疗体制改革问题而言，政府最大的职责之一是推动建立一个普遍覆盖的医疗保障体系，也就是全民医疗保障（顾昕，2006）。丛树海（2006）认为，医疗保险制度的建设不应参照养老保险制度，而应建立在"支出分配"的基础上，以互济为思路，以统筹为方法，以大病为重点，人人参与，国家企业个人分担费用，取消个人账户，建立公共医疗保障基金。

六、关于江苏经济体制改革的研究

关于江苏经济体制改革研究的文献，首先是宋林飞等主编、吴先满等副主编（1998）的《江苏改革与发展 20 年（1978—1998）》。该书共分为综合篇、专题篇、地区篇、典型篇和文献篇五个部分。综合篇从总体上概括了 1978 年到 1998 年 20 年间江苏经济体制转换与发展的成就，对这 20 年的改革进行了阶段划分以及体制特色的总结，对这 20 年改革与发展的经验和教训进行了总结，并对未来的改革和发展做了展望。专题篇系统论述了江苏从 1978 年到 1998 年在农村改革、乡镇企业改革、国有企业改革、价格改革、金融、财税、劳动、社保等 23 个领域的改革历程。地区篇从空间划分上分别论述了南京等 13 个地级市各自改革的进程与特点。典型篇中介绍了"春兰"奇迹、"小天鹅"的崛起、"徐工"改革、"亚星"客车的发展等 21 个典型案例。文献篇中梳理了 20 年来江苏省委省政府关于江苏经济体制改革的重要文件，从中可以准确把握江苏 20 年间经济改革的脉搏。

关于江苏经济体制改革研究的另一重要文献是宋林飞、吴先满（2009）主编的《江苏改革开放 30 年》。本书以课题研究报告的形式对江苏 1978 年到 2008 年 30 年间的经济体制改革创新进行了研究，全书共分为 13 个专题。第一个专题对江苏 30 年的经济改革成就进行了回顾，对江苏经济增长、结构调整、区域协调、经济社会统筹等各个领域的发展成就进行了总结。第二个专题研究了江苏的乡镇企业、苏南模式与民营经济，江苏制造业发展的一个重要路径是从苏南的乡镇企业开始的，因此对江苏乡镇企业与苏南模式的深入研究使我们能够更清晰地了解当前江苏制造业的来龙去脉。在第三个专题江苏外向型经济发展中，对江苏 30 年来对外开放历程进行了回顾，并进行了经验总结。在开发园区的专题报告中，详细介绍了江苏开发园区建设的轨迹、阶段与特征，并对一些创新创举进行了回顾。第五个专题是工业化与产业经济的研究，介绍了江苏的农村改革、工业经济改革发展，以及服务业的发展。在经济发展方式转变的专题中，详细介绍了江苏历次经济转轨的经验，以及未来的发展方向。第七个专题是江苏城市化的的发展，介绍了江苏 30 年来城市化的进程，以及一些经验、教训和未来城市化的前景。第八个专题是江苏区域协调发展研究，讨论了江苏苏南苏中苏北三大区域间发展差距，以及协调战略的实施和成就。在投资体制改革专题中，回顾了江苏 30 年来投资规模的历史变迁，以及投资体制的重大变迁。第十个专题是江苏基础设施的建设，对江苏的公路、邮政、能源、水利、航空、通讯等各项基础设施的建设进行了考量。第十一个专题是江苏金融体制的改革研究，具体研究了江苏金融结构的变迁、金融工具的变化以及金融监管的演进。第十二个专题是江苏财税体制改革，回顾了江苏改革开放以来财税体制改革的基本历程和经验，对未来财税体制改革进行了展望。第十三个专题是江苏居民收入增长与富民实践的创新研究，对改革开放以来 30 年江苏居民收入增长的情况，以及具体的富民举措进行了研究。

第三节　江苏经济体制改革历程

一、从农村开始的经济体制改革起步阶段（1978—1984 年）

1. 农村经济改革的突破

1978 年秋，安徽、四川等地因遭受灾害，农民自发恢复了 20 世纪 60 年代初期调整时曾经出现过的包产到户、包产到组等生产责任制。党的十一届三中全会以后，生产队和农户的自主权得到保障，各地纷纷恢复和创造了多种以"包"字为主的农业生产责任制。江苏在这项改革的发展过程中，是随着思想的不断解放而逐步推开的，由不允许搞，到允许穷困地区搞，再到全省搞；由包工到包产，再到包干；由种植业到多种经营，再到乡镇企业；由"三级所有，队为基础"，到"统分结合，户为基础"的双层经营体制。具体分为三小段：第一小段是 1978 年到 1980 年，70% 的生产队实行农民公社时期的"小段包工、定额计酬"评工记分方法，30% 的生产队实行责任制，采用记日头工的老办法。第二小段是 1981 年到 1982 年，80% 的生产队实行包产到组，20% 的生产队实行包工不包产。第三小段是 1983 年，全省 96% 的生产队实行联产承包制。家庭联产承包责任制的改革效果十分显著：一是大幅提高了粮食产量，每年增产约 280 万吨；二是节约成本 20%—30%，提高了经济效益；三是节约了劳动时间，每个农户都可以发展副业和多种经营，农民人均纯收入每年增加 15%—20%。江苏广大群众因地制宜，充分发挥创造力，先后出现了"苏南模式"、"海安经验"和"耿车经验"，各自代表着农村改革的经验。

2. 城市经济改革的开始

在农村改革热火朝天推进的同时，城市改革也于 1978 年起步。城市经济体制改革处处涉及计划经济的关键问题，并且不像农村那样有以往的成功经验可以借鉴。由于当时普遍认为管理过分集中是经济缺乏动力的主要原因，因此在继续坚持计划配置资源的同时，改革首先从扩大企业经营自主权入手。江苏先后确定了常州、南京为改革试点城市，常熟、淮安、铜山为综合试点县。在对外开放开始迈出新步伐的同时，1980 年江苏各市相继建立了对外贸易机构，开展对外贸易。

二、以城市为重点的经济体制改革全面推进阶段（1984—1991 年）

1. 经济改革的全面展开（1984—1987 年）

从 1984 年 10 月党的十二届三中全会开始，中央扩大改革范围，并将改革的中心由农村转向城市，江苏经济改革也进入了全面推开的阶段。改革以搞活企业为中心环节，进行了计划、价格、商业、物资、财税、外贸、金融等体制改革。1984 年南通、连云港列入国务院批准的 14 个沿海开放城市，1985 年苏州、无锡、常州及所辖 12 个县（市）列入长三角沿海开发区，1986 年昆山在全国率先自费兴办开发区。1984 年第四季度，江苏出现投资、消费、信贷、外汇四个"失控"，导致经济"过热"，全省 GDP 年增长率由 1984 年的 15.7% 上升到 1985 年的 17.3%。对此，国家实行宏观调控希望实现"软着陆"，但经济增速并没有真正降下来，1986 年、1987 年全省 GDP 增长率降至 10.4%、13.4%，之后再次起飞。

2. 深化改革开放和治理整顿（1988—1991 年）

1988—1991 年的治理整顿是我国从计划经济向市场经济过渡时期针对

发展问题、体制问题和观念问题所采取的重大举措。它的出发点是整顿经济秩序，规范各种行为，遏制国民经济"过热"。这一时期，江苏全省改革得以巩固、深化，物资体制改革迈出实质性步伐，物资双轨制逐步消除，生产资料市场、消费资料市场进一步发展，对建立资金、劳动力、人才等市场继续探索，国有企业改革主要是巩固和完善承包制，并继续进行股份制、建立企业集团的尝试。利用发达国家、亚洲"四小龙"等进行新的产业结构调整的有利时机，积极实施沿海地区经济发展战略，进一步参与国际竞争，大力发展外向型经济。

三、初步建立社会主义市场经济体制阶段（1992—2002 年）

1. 社会主义市场经济体制宏观改革的突破性进展

20 世纪 90 年代，在中国经济面临良好机遇和严峻挑战的背景下，党的十四大根据邓小平南方谈话的重要精神，明确提出了建立社会主义市场经济体制的改革目标。1993 年党的十四届三中全会确立了社会主义市场经济体制的基本框架，并在财税、金融、投资、计划和外贸五个方面进行了宏观经济体制的改革。这一切都推动江苏经济体制改革进一步向广度和深度拓展，全省形成大改革、大开放、大发展的热潮。改革由过去侧重于突破旧体制转向侧重于建立新体制，由政策调整转向制度创新，由单项改革转向综合配套改革，由重点突破转向整体推进和重点突破相结合。1992 年后，张家港保税区和苏州、无锡、常州高新技术开发区等国家级省级开发区相继批准设立，1993 年省委、省政府批准徐州、淮阴自费对外开放，1994 年国务院批准建设中新合作苏州工业园。

2. 社会主义市场经济体制微观改革的继续深化

1997 年 9 月党的十五大和十五届一中全会提出，用三年左右的时间，通过改革、改组、改造和加强管理，使大多数国有大中型亏损企业摆脱困境，力争到 2000 年底大多数国有大中型骨干企业初步建立现代企业制度。党的十五大以后，江苏经济体制改革在所有制结构、公有制实现形式、分配结构和分配方式、市场经济的宏观调控体系等方面做了新的探索。一批企业按照现代企业制度的要求，进行了规范化的公司制改造。根据"抓大放小"原则对一些大企业进行了战略性改组，组建了一批企业集团；对一些小企业则采取联合、兼并、托管、租赁和拍卖等多种形式进行改革。1997 年 7 月以后，对外开放遭受亚洲金融危机的冲击，在中央金融会议精神指导下，江苏积极进行金融体制改革，并实行鼓励出口和吸引外资等多种政策，深入开展严厉打击走私和骗汇、逃汇、套汇的斗争，避免了对外贸易和利用外资的大幅度波动。

四、完善社会主义市场经济体制阶段（2002 年以来）

改革开放以来，我国经济领域的超常规增长举世瞩目，但经济增长并不能掩盖社会矛盾和社会问题的存在和加深，如利益分配的不公平和贫富差距的扩大，新弱势群体的产生和社会冲突的出现，等等。2002 年 11 月 8 日，党的十六大召开，郑重提出了全面建设小康社会的目标。2003 年 10 月 11 日，党的十六届三中全会召开，会议以完善中国社会主义市场经济体制为目标，审议通过了《中共中央关于完善社会主义市场经济体制若干问题的决定》，意在使已经初步建立的社会主义市场经济体制日益完善化、法制化和稳定化。之后在全国范围内继续深化和完善政府管理体制改革；形成"反哺"农业机制，进行建设新农村的综合改革；推进市场化改革，规范市场管理；进一步深化财税、金融、投资体制改革，健全宏观调控体系；深化企业改革；以人为本，围绕环境保护、社会保障与教育、医疗体制创新；参与和应对经济全球化，推进涉外经济体制创新。

根据党的十六大精神，2003 年江苏省委十届五次全会进一步明确了"两个率先"的目标和要求，即到 2010 年左右，全省总体上全面建成小康社会，到 2020 年左右，总体上基本实现现代化。江苏省委、省政府以中国特色社会主义理论为指导，认真贯彻落实科学发展观，进一步健全完善社会主义市场经济体制，进一步扩大、提升开放型经济，进一步推动全省经济持续快速发展，并努力在深化改革开放与发展的互动结合中，探索江苏经济社会的科学发展之路。江苏进一步加快发展民营经济，进一步加快苏北振兴，深入推进沿沪宁线开发、沿江开发、沿东陇海线开发和沿海开发，大力发展富民工程，加强环境治理，加快经济发展方式转变，努力促进全省经济朝着又好又快的方向发展。这期间，江苏省委先后召开了第十一次党代会和十一届三次全会、四次全会，深化发展江苏经济的战略指导思想和方针，努力使之系统化。江苏明确要走一条遵循科学发展观要求、符合江苏实际的发展道路，围绕富民强省、"两个率先"的战略目标，坚持率先发展、科学发展、和谐发展，发挥创业创新创优精神，实行富民优先、科教优先、环保优先、节约优先方针，持续实施科教兴省、经济国际化、城市化、区域共同发展、可持续发展战略，着力构建法治江苏、平安江苏、诚信江苏、绿色江苏、文化江苏，正确把握处理多种利益关系的"五个兼顾"（兼顾国家、企业、群众的利益，兼顾发展能力强的群体与发展能力弱的群体的利益，兼顾改革中得益较多群体与得益较少群体的利益，兼顾先富群体与后富群体的利益，兼顾不同行业、不同职业群体之间的利益）。中共江苏省委第十一次党代会提出"全面达小康，建设新江苏"的战略目标，省十一届三次全会提出"六个更加"，即更加注重发展协调性、更加注重提高自主创新能力、更加注重改善民生、更加注重扩大人民民主、更加注重文化建设、更加注重建设生态文明。

2011年省委第十二次党代会以后，江苏省认真贯彻落实中央要求，制定实施了包括转型升级工程在内的八项工程。2014年，为贯彻落实中央关于全面深化改革的精神，江苏省委十二届七次全会审议通过了江苏省五个方面的深化经济体制改革的实施意见，在健全、完善社会主义市场经济体制方面掀起新一轮经济体制改革与制度创新浪潮。

第四节 现阶段制约经济发展的体制性问题与经济体制改革攻坚的主要内容

一、现阶段经济发展面临的体制性问题

近年来，江苏省加大转变经济发展方式工作力度，在结构调整方面先行一步，全省总体呈现经济内生动力持续增强、产业转型升级步伐明显加快的良好局面，但一些重点领域和关键环节改革仍不够到位，影响转型升

级的体制机制障碍依然突出，主要有：

第一，促进自主创新的体制机制还不够健全，不利于自主创新能力的提升。

第二，资源性产品价格形成机制还不健全，资本、土地、技术等重要生产要素的市场配置作用仍需增强，促进资源节约和环境保护的法规、税收、信贷和综合决策体系还不健全，不利于形成有利于促进转型升级的市场机制。

第三，产业结构调整优化的体制机制还不完善，不利于产业结构的优化升级。

第四，内需增长的体制障碍较多，收入分配秩序和调节机制不完善，收入差距扩大的问题亟待解决；城乡之间在户籍、就业、社会保障、医疗卫生、教育等方面依然存在着二元分割的体制性障碍，不利于消费需求的持续增长。

第五，调动市场主体加快转型升级积极性的体制机制不够完善。国有经济结构和布局有待进一步优化，垄断行业改革有待进一步深化，民营经济发展的制度环境还需进一步改善。

第六，有利于加快转型升级的公共服务和政策体系仍不完善。政府职能转变没有到位，地方政府财权与事权不对称，公共财政体系和政绩评价体系对加快转型升级的激励作用不够，与城镇化和劳动力转移趋势相适应的公共政策与社会服务体系亟待完善。

第七，区域协调发展机制不健全，苏南、苏中、苏北经济发展不平衡问题依然存在，江南与江北、沿海和内地区域发展联动机制不健全。

二、经济体制改革攻坚的主要内容

1. 推进科技创新体系建设

深化科技体制改革，积极探索科教协同创新体制机制，切实加快科教结合产业创新基地建设。探索建设产学研合作长效机制，重点发展产业技术创新战略联盟、校企联盟等合作组织，引导支持科技园区与高校、院所共建一批新型研发机构，提升园区科技创新能力。积极推进国家促进科技和金融结合试点省建设，进一步完善科技投融资体系，扩大科技小额贷款公司试点范围，加快设立科技支行。积极推进苏南国家自主创新示范区建设。

2. 深化投融资体制改革

加快投资管理法制化进程，完善政府投资管理制度，规范政府投资行为，提高政府投资效益。支持和鼓励优质企业发行直接债务融资工具，鼓励银行、证券公司为企业发行中期票据、短期融资券和企业债提供主承销服务，重点支持中小企业发行集合票据、集合债券。建立健全水利基础设施建设市场化融资机制。积极争取直接融资发行公租房建设、市政公用产品、城市轨道交通、普通公路、内河航道债券，建立城市投融资统筹发展机制。

3. 完善财税金融体制

构建县级基本财力保障机制，健全财政转移支付制度。推进地方财政预算、决算公开。积极争取列入和扩展国家营业税改征增值税试点。建立金融监管协调机制，健全金融风险防范预警和处置机制。引导各类主体发起设立财务公司、资产管理公司等非银行类地方法人金融机构。鼓励境内外机构、自然人在江苏发起设立股权投资基金和创业投资企业，引导国内外金融企业（集团）在江苏设立总部或区域性总部机构。加强对民间借贷的监管、规范和引导。健全保险市场准入和退出机制。

4. 推进资源性产品价格和环保收费改革

加快推进居民阶梯式水价、水利工程供水价格、水资源费调整和城市供水价格改革。出台居民阶梯式电价改革政策。改革成品油价格管理方式。制定出台促进风能、光伏太阳能发展的政策措施。完善排污权有偿使用和交易的政策框架，选择重点行业开展二氧化硫排污权有偿使用和交易试点，探索建立省级排污权交易平台。加快建筑节能市场化改革。深化生态补偿机制改革，逐步探索建立自然环境和生态保护转移支付制度。开展环境污染强制责任保险试点。

5. 深化涉外体制改革

完善出口基地动态管理培育机制，积极争创国家级外贸转型升级示范基地。建立出口基地风险防范机制，搭建信用风险管理平台。完善支持服务贸易发展的财政金融政策。进一步下放县级对外贸易经营者备案登记权限。开展货物贸易外汇改革试点。

6. 推进政府机构改革和职能转变

把转变政府职能作为深化行政体制改革的突破口，按照党中央国务院关于地方政府职能转变和机构改革意见的要求，做好地方政府机构改革有关工作。完成省级政府新组建部门"三定"规定制订和相关部门"三定"规定修订工作。实施行政审批制度配套改革措施，在稳妥承接国家下放的审批事项的同时，做好省级行政审批项目取消、调整和下放工作。完善制度，严控新增审批项目和新设行政许可，并规范非许可审批项目。贯彻落实政府向社会组织购买服务的指导意见，加快建立统一规范的公共资源交易平台，进一步建立健全中小企业服务体系，完善企业信用信息平台。改革工商登记制度和社会组织登记制度。推进公务用车制度改革。

7. 深化农村经济体制改革

积极推进农村产权制度改革，建立健全农村产权确权、登记、颁证制度，稳步发展农村产权交易市场。依法保障农民土地承包经营权、宅基地使用权、集体收益分配权。继续深化农村小型水利工程管理体制改革，继续深化集体林权制度配套改革，适时启动国有林场改革。规范发展农民专业合作和股份合作，研究制定支持家庭农场发展的政策措施。引导和支持大中型银行向县域延伸服务网点，加快推进农村信用社改制为农村商业银行，加快和规范发展各类新型农村金融组织。完善农业担保体系，扩大政策性农业保险覆盖面，积极稳妥推进农村小额保险试点工作。

8. 深化教育、文化、医疗卫生等社会领域改革

推进部省共建教育现代化试验区建设，建立健全教育省级统筹体制机制，推进义务教育等基本公共服务均等化发展，加快现代职业教育体系建设，深化高等教育综合改革，建立教育现代化建设监测公报制度。推进国有经营性文化单位、非时政类报刊出版单位转企改制和制播分离改革，完善公共文化服务体系。继续深化医药卫生体制改革，巩固完善基本药物制度和基层运行新机制，加强完善基本医疗卫生服务体系建设，推进县级公立医院综合改革试点，完善社会办医政策，逐步形成多元化办医格局。稳步推进事业单位分类改革，推进事业单位人事、收入分配和社会保险制度等改革，加快管办分离，建立法人治理结构。

9. 深化收入分配制度改革

贯彻落实《关于深化收入分配制度改革的若干意见》，适时出台江苏省相关实施细则。健全以税收、社会保障、转移支付为主要手段的再分配调节机制，加大对经济薄弱地区和贫困人口的转移支付力度。

10. 推进产业结构调整相关领域改革

不断完善现代产业体系，优化调整产业发展指导性目录，重点支持战略性新兴产业、现代服务业、先进制造业、现代农业加快发展。坚持走新型工业化道路，大力推进产业技术和企业管理的信息化、智能化改造，努力实现信息化与工业化深度融合。突出发展服务经济，抓好重点领域和新型业态服务标准的制（修）订、实施和推广，组织制定省级服务业发展标准。实施创新驱动战略，加快完善科技创新体制机制。健全以企业为主体、产学研协同创新政策，加快实施江苏高校协同创新计划，积极建设苏南国家自主创新示范区并争取有关先行先试政策。深化科技人才体制改革，完善区域创新体系和人才支撑体系。实施知识产权战略，加强知识产权保护，建立健全知识产权交易及相关市场服务体系，切实维护知识产权权益。继续深化开放型经济体制改革，稳步推进加工贸易转型升级。完善服务外包后续政策，加快服务业市场对外开放进程。完善口岸体制，继续推进通关便利化改革。加大对各类海关特殊监管区域整合优化，支持有条件的出口加工区升级为综合保税区。积极探索设立自由贸易园区。探索建立与国际接轨的外商投资管理体制。优化对外投资服务和管理体制，支持本省有条件企业"走出去"。加强产业和市场发展的法制约束，加大劳动法、劳动合同法、环境保护法和职业卫生安全相关法律执法监管力度，倒逼企业通过更新技术、加强管理、降低成本等途径和方式加快转型升级。

11. 推进区域协调发展相关领域改革

结合主体功能区规划的实施，完善区域分类指导的政策体系，统筹调整优化区域发展规划，统筹建立区域协调发展的组织领导机制，采取区域互动、跨江融合、南北合作等切实可行方式方法，促进苏北跨越发展、苏中特色发展和苏南转型发展。结合《苏南现代化建设示范区规划》，加强苏南区域统筹发展制度建设，建立区域统一的要素市场，率先推进苏南地区经济社会一体化发展；推进跨江融合和江海联动，落实苏中特色发展、整体提升和沿江地区转型发展政策措施；积极推进沿海开发和苏北地区新型工业化、城镇化进程，继续优化、不断创新南北共建机制。

12. 推进生态文明建设相关领域改革

制订出台《江苏省生态红线区域保护规划》，并配套制定相关补偿办法。建立健全循环经济工作推进体系，落实能源、水资源、土地等主要资源总量控制制度，加强资源产出率统计核算，提高资源保障程度，积极推动循环经济条例立法工作，促进清洁生产技术服务体系建设。加快绿色低碳发展体制机制和政策创新，抓好低碳试点示范，建立健全绿色低碳发展的投入机制、考核机制和市场机制，加强碳排放权交易平台建设和监管，并在苏南地区率先推进区域碳排放权交易，加快建立温室气体排放统计核算体系。深化节能减排体制机制改革，完善节能减排相关政策，严格控制高耗能、高排放和产能过剩行业新上项目，进一步提高行业准入门槛，提高淘汰落后产能标准，完善节能减排统计监测考核体系，合理控制能源消费总量。积极开展建设项目环境监理试点，进一步完善排污权有偿使用和交易的政策框架，建立省级排污权交易平台。

第二章　推进新一轮经济国际化

　　改革开放三十多年来，江苏对外开放取得显著的成绩。特别是近年来外向型经济对江苏经济增长的贡献在加大，开放大省地位在全国处于领先水平。同时，我们也要看到国际金融危机带来的世界经济低迷，国内经济面临的转型，需要我们以新思路、新举措，提升人才、资本、产业、产品的国际化程度。

第一节　新一轮经济国际化对经济转型
升级的战略意义

　　经济国际化是开放经济的重要议题，在经济学中，国际化是企业有意识的追逐国际市场的行为体现。它既包括产品国际流动，也包括生产要素的国际流动。美国学者理查德·D. 罗宾逊（Richard D. Robinson）在其著作《企业国际化导论》一书中提出上述观点。

　　江苏经济国际化研究已经持续很长时间，不少学者对这一问题提出了有见地的看法，袁峰在 20 世纪 90 年代初就提出了江苏经济国际化的概念，认为经济国际化是江苏经济发展的内生要求。很多学者在此基础上对江苏经济国际化的意义、战略进行了详细的阐述。学者们一直跟踪江苏经济国际化的步伐，并把江苏经济放在更大范围的区域经济中进行中观层面的研究，如尤宏兵（2009）对江苏经济在长三角经济国际化中的转型地位进行了思考。洪银新等对江苏经济国际化的思考集中在战略层面，强调发展转型对江苏经济国际化的意义。卜海等学者关注外部国际环境变化后江苏经济发展可能的走向,在这一点上江苏省社科院的许多专家多年来进行了跟踪式的研究,出版了多个文集和年度报告聚焦这一问题。其中尤以田伯平、吴先满等对开放经济下江苏经济的转型思考,将江苏经济国际化与江苏经济现代化联系起来,并将这一议题的战略意义和理论外延做了进一步的提升和推广。

一、江苏经济的特点决定了其要在新一轮经济国际化背景下谋篇布局

1. 经济发展对外依赖性大

首先,江苏外贸依存度高。2001 年到 2011 年,江苏外贸依存度由 39.96% 提高到 71.73%,2012 年下降幅度较大,为 64%,低于上海的 251.64%,但超过同期浙江的 59.95%,更超过全国的平均水平 47%。其次,外资已成为江苏经济增长的重要动力。2001 年,江苏固定资产投资中,外商港澳台经济投资额为 608.36 亿元人民币,占当年江苏固定资产投资总额的 18.42%。随着民间投资增长,该比例呈下降趋势,2011 年降为 12.59%,2012 年降到 12.04%,低于上海的 14.42%,但仍大大高于 2.8% 的全国平均水平。大量引进外资,特别是由此引起的出口加工业的迅猛发展,致使江苏经济结构严重失衡:一是工业比重过重,服务业比重偏低;二是经济增长过分依赖投资驱动。最后,外商投资企业成为江苏出口主体。1995 年外商投资企业出口仅占江苏出口额的 30%,其后逐渐上升,2006 年曾达到 77.06% 的历史最高水平,其后虽逐渐下降,但 2012 年仍高达 62.01%。而内资企业在出口中的比例较低,只有不到 40%。2013 年前 8 个月,内资企业出口占江苏出口总额的比重继续维持在 40.4% 左右,2013 年下半年至 2014 年这一比重变化不大。

2. 开放经济发展对主要发达国家和地区的依赖性很大

从出口市场看,江苏主要依赖美、日及欧盟三大市场。江苏对上述三大市场的出口额在 2001 年占江苏出口总额的 62.34%,其后呈下降趋势,但降幅不大,2010 年下降到 56.77%,2012 年进一步下降为 49.49%,2013 年前 8 个月,又略有下降,为 46.48%,2013 年下半年至 2014 年大体

保持这一格局。从外资来源地看,江苏对美、日及欧盟三大市场的依赖同样很大。在江苏,除外资第一大来源地中国香港(约占江苏外资实际投资额50%)之外,来自美、日及欧盟三地的外资约占12%,若加上中国台湾及韩国,约为20%。综上所述,目前江苏开放型经济发展对美、日及欧盟三大市场的依赖性大,一旦上述某一地区经济爆发危机,必将危及江苏开放型经济的顺利前行,甚至影响中国经济安全。美国次贷危机及欧债危机爆发后江苏出口大幅度下降就是例证。

二、新一轮经济国际化环境下江苏未来发展必须迎接新的挑战

1. 外部市场与外部资本"双紧"形势依然严峻

一方面,外部市场吸纳能力短期内扩大或迅速增长的空间有限。这主要与两个因素有关。首先,世界经济与贸易增长进入低速调整期。2008年爆发的全球金融危机其持续时间和影响超出了人们的预期。随着欧债危机持续发展,发达经济体在短期内难以摆脱增长乏力局面。新兴经济体增长前景虽稍好于发达国家,但并未真正实现与发达国家脱钩,增长也有放缓趋势。世界经济总体进入一个低速调整期。其次,江苏经济国际化赖以发展的三大市场存在明显的不稳定性。以美国为首的发达国家长期靠消费拉动经济增长,美国个人消费支出占其经济总量高达2/3以上。这种基本格局今后虽不会改变,但以住房次级按揭贷款形式为标志的负债消费和过度消费模式已难以为继。在欧元区,长期居高不下的失业率和人口老龄化加剧了居民消费的低迷,而欧元区各国为遏制主权债务危机所采取的增加税收、减少补贴等紧缩性财政政策,则进一步抑制了居民消费。

另一方面,外资供给量趋紧。国际金融危机后,为促进经济复苏,许多国家加大引资力度,采取强化国际投资合作、放宽外资准入限制、加大政策优惠力度等方式吸引跨国投资,在资金供给量一定的情形下,这些国家吸引外资越多,可资中国或江苏吸引的外资规模必然减少。为应对危机,欧美等发达国家相继提出"产业回归"与"再制造化"战略。发达国家回归制造业意味着有可能产生投资转移及回流双重效应。投资转移即发达国家将原计划投资到中国(包括江苏)的投资转移到其他东道国。投资回流意味着发达国家撤回已在中国(包括江苏)的投资,而在本国投资。

这一双重作用的结果是江苏吸引外资的规模有可能下降，从而影响江苏投资规模，并最终制约经济发展。外部需求减少及外资供给量的减少，对于对外部市场与外部资本存在"双依赖"的江苏而言，无疑是不小的压力，制约着江苏经济国际化的持续稳定发展，增加了江苏经济转型的难度。

2. 新贸易保护主义不断推陈出新

一方面，发达国家保护主义将加剧。为应对危机，保持国内经济稳定，减少外部冲击，许多国家相继出台市场保护政策，贸易保护主义不断蔓延。G20 会议通过了反对贸易保护的决议，但实际情况是 20 个国家中有 18 个或多或少采取了贸易保护措施。另一方面，跨国公司技术控制日益严密。江苏作为跨国公司在华投资的主要地区之一，已积累了较高的技术吸收能力，本土企业技术集成和创新能力正不断提高，一些跨国公司开始对产业转移过程中的技术流失表示担忧，并开始采取更严格的技术控制策略，如通过增资控股和独资、加强知识产权保护，将最核心技术和高端技术的研发留在母公司等方式，增强技术的内部化，以防止技术外溢，尽可能延长创新的收益期。

3. 来自发展中国家的竞争压力

广大发展中国家与中国具有相似的产业结构和出口结构。目前中国进一步拓展传统产品的市场份额面临越来越大的竞争压力。如何与发展中国家开展产业的错位竞争，实现互利共赢，是未来我国外贸转型发展需要研究的课题。新兴经济体之间的竞争将加剧。我国将在技术资本密集型产品、劳动密集型产品出口方面同时面临发达国家和后起新兴经济体的双重夹击与复杂挑战。

三、新一轮经济国际化给江苏经济发展带来的机遇

1. 利用外部技术及资源的空间得到扩大

美国金融危机、欧债危机的双重冲击及其他因素综合作用的结果是，西方发达国家经济低迷仍将会持续一段较长时间，迫切需要外部资金包括中国资金给予支持。作为中国经济最发达的省份之一，江苏资金一直比较丰富，如江苏城乡居民存款规模自 2001 年以来一直位居全国第二，仅次于广东。丰富的资金为江苏企业在国际市场开展兼并收购提供了机遇。兼并

收购既能获得国外企业现有的技术，且有机会获得研发能力，有助于江苏企业在国际化平台上加速技术创新步伐。

2. 企业"走出去"遇到新机遇

国际金融危机后的 2009 年，新兴市场经济国家和发展中国家贡献了世界经济增量的 50% 以上，历史性地改写了发达国家主导世界经济增长的格局。与发达经济体消费需求和经济增长恢复缓慢形成对比的是，上述两类国家经济增长较快，正逐步进入新的建设高峰期，居民生活水平日渐提高，购买力得以空前扩大。它们不仅产生了对商品和服务的需求，且产生了对投资和各类基础设施、公共服务设施建设的更大需求。江苏的工程建设具有很强的竞争优势，经过三十多年改革开放的江苏又具备了海外投资的外汇资金实力，而工程建设企业对外承包业务的发展，还能带动出口贸易和实体投资的同步发展，成为江苏与新兴市场国家和其他发展中国家开展经济贸易合作的新纽带。

3. 提升制造业竞争力的机会正在形成

由于发达国家需求恢复缓慢，体现中国与发达国家经济互补的出口产品特别是中低端劳动密集型产品的增长弹性变小，而体现中国与新兴市场国家特别是一部分发展中国家经济互补性的机电产品、高新技术产品、资本密集型产品的增长弹性变大。这种新的需求将带动中国同样也包括江苏进一步发展制造业，并带动传统产业的改造和提升。

第二节　经济国际化进程的阶段性与取得的主要成就

一、经济国际化进程的阶段性及特征

1. 1979—1992 年，是江苏打开国门，由点到面，对外开放的初始阶段

自 1978 年党的十一届三中全会以来，我国一直推行对外开放的经济政

策。这是一个重大的转折，它标志着中国经济开始逐步融入世界经济体系。与其他国家相比，我国对外开放的目的是希望通过获得外国的资金、技术、管理经验来带动国内的经济增长。

在这段时期里，江苏省委、省政府提出了外贸、外资、外经"三外齐上""三外齐抓""三外联动"的发展战略，主要是通过放权、减税、让利等方式培育市场，同时通过国际通行的一些做法，吸收和筹集了一批国际金融贷款、外国政府或民间贷款，接受了一批无偿援助和赠送项目，并通过"三来一补"的补偿贸易，兴办"三资"（独资、合资、合作经营）企业方式，直接吸收外商投资。1981年4月诞生了第一家中外合资企业——无锡江海木业有限公司。1984年南通、连云港这两个市（国务院批准的沿海14个开放城市中的两个）建立了经济技术开发区。这是江苏对外开放早期的两个"窗口"。此后，江苏省从东到西、由南到北，对外开放区域逐步扩大。1985年苏州、无锡、常州市及所辖的12个县（市）列为长江三角洲沿海经济开放区的组成部分。1988年南京、镇江、扬州、盐城4个市及其所辖的19个沿海、沿江的县（市），以及南通、连云港2个市所辖的9个县（市）列入沿海经济开放区。由中央授权，江苏省政府先后批准了沿海经济开放区所辖的1260个乡镇为对外开放的重点工业卫星镇。1990年7月，江苏省作出与浦东开发开放接轨的部署，把"加快发展沿海，重点发展沿江，积极建设东陇海沿线"的"三沿"战略列入全省国民经济和社会发展10年规划和"八五"计划，并着重制定了开发建设沿江经济带的总体规划，以加快沿江地区新的"两头在外"（利用境外资源，开拓海外市场）步伐，加快形成以开放型经济为主的经济新格局。为此，在近邻上海的昆山、太仓、吴江形成了一条连接江苏与上海浦东的接轨带，东向横联，西向传导；在苏锡常地区兴建了一批开发区和工业小区，全省形成了一个"沿海开放城市—沿海经济开放区—经济技术开发区—重点工业卫星镇—开发区"的多层次的对外开放格局。这一时期可以说是江苏经济国际化进程的起步阶段，引进外资，出口加工贸易产品为主要特征的外向型经济，建立了江苏与世界的联系。

2. 1993—2001 年，是积极培育市场，发展外向型经济，参与国际市场竞争阶段，是江苏经济国际化发展阶段

在这一时期，我国主要通过汇率、外贸、外资、金融、计划管理体制的的一系列的改革，促进了产出和出口的快速增长。江苏加大开放力度，积极利用外资，引进发达国家的制造业跨国公司来合作投资，并带动了对外贸易的发展，促进了以工序分工为基础的加工贸易的发展。江苏抓住机遇，勇于创新，形成开放型经济为主导的经济新格局。

1993 年起，由国务院授权，江苏省政府先后批准建立了港口开发区、台商投资区、外向型农业综合开发区等 68 个省级经济开发区。1994 年 2 月，经国务院批准，中国与新加坡合作建设开发苏州工业园区。1997 年，经国务院批准，苏州高新技术开发区又成为我国第一批向亚太经合组织成员特别开放的科技工业园。昆山于 1986 年在全国率先自费兴办开发区，走出了一条以"靠城设区、自费开发、筑巢引凤"为特色的"昆山之路"。全省第一家中外合资企业、第一家外商独资企业、第一幅有偿出让土地、全国惟一自费创办的国家级开发区和新中国历史上第一个封关运作的出口加工区在昆山相继诞生，开创了我国地方自费成片开发土地、集中招商引资、发展经济的先河。

1994 年 12 月，中共江苏省委第九次代表大会提出"经济国际化战略"，作为实现 2010 年全省基本实现现代化奋斗目标的三大战略之一。这一战略的基本内容和要求是，大力实施经济国际化战略，在更广领域、更高层次上扩大对外开放，大力发展开放型经济，经济运行基本同国际接轨，基础设施基本适应经济国际化的要求。经济国际化战略的提出和实施，加快了江苏外向型经济的发展。

3. 2002—2008 年，江苏开放型经济进入新一轮更高层次的快速发展阶段，经济国际化进入快速发展时期

自 2001 年 12 月 11 日起，中国正式成为世界贸易组织成员，从政策性开放走向制度性开放，为经济国际化进一步奠定了制度基础。这段时期，江苏借加入 WTO，全面提升开放型经济水平，一方面各级政府认真研究世贸组织规则，引导企业制定应对措施，抓紧清理、修改和完善涉外经济政策法规，从政策法规上与国际接轨；另一方面抓住国际产业转移机遇，建

立与国际分工互接互补的产业体系，形成与国际惯例接轨的经济运行机制和扩大开放相配套的投资环境和服务体系，走出了一条具有自己特色的经济国际化之路，成为全国除经济特区外对外开放区域最广、开放形式最多、成效最为显著的省份。2003年全省进出口总额达到1136.5亿美元，全省国民经济对进出口依存度已达70%以上，跨国公司投资聚增，2003年外商直接投资158.2亿美元。

4.2009年至今，开放型经济转型升级，以"三个国际化"（培育国际化企业、建设国际化城市、聚集国际化人才）开拓对外开放新局面

在国际金融危机前，江苏外贸进出口保持着持续高速增长，2008年，金融危机给我国的外贸出口带来了严重冲击，国际需求大幅下降，我国经济增长换挡减速。2009年江苏外贸进出口总额3390亿美元，进出口均出现了负增长。随世界经济的复苏和国际市场需求情况的好转，江苏进出口有所恢复，2010年进出口总额4658亿美元，出口和进口同比分别增长35.8%和39.8%；2011年，进出口总额5397.6亿美元；2012年，进出口总额达5481亿美元，五年来年均增长9.4%；2013年进出口总额5508.4亿美元，占全国的13.2%；2014年进出口总额为5637.6亿美元，占全国的21.3%，进出口规模已连续11年保持全国亚军。

江苏是出口大省，经济增长对国际市场的依赖程度很高，外贸依存度一度超过100%，出口依存度接近60%，可想而知江苏经济受国际市场波动的影响更加剧烈。国际金融危机不仅凸显世界经济结构严重失衡的深层次矛盾，也把江苏开放型经济彻底推到了必须转型升级的十字路口。面对挑战，江苏大力推进开放型经济的转型升级。开放型经济由模仿走向创新，由国际化产业链低端向中高端攀升，由"江苏制造"转向"江苏创新"。同时提出要以"三个国际化"实现对外开放新局面。

二、经济国际化取得的主要成就

1.从货物贸易结构变化看，不断改善

20世纪80年代，江苏的出口产品是以初级产品和轻纺产品为主。20世纪90年代，江苏成功抓住了国际产业资本转移的历史机遇，推动了制造业的转型与升级，成为"加工厂"。1990年江苏的出口产品中初级产品占

到 16%，到 1998 年，工业制成品出口占全省出口总额的比重达 95.5%，其中：机电产品出口 61.98 亿美元，占全省出口总额的 39.6%。2010 年在出口产品中初级产品已下降到 1.62%，工业制成品的比重提高到 98.38%。在工业制成品中，机电产品和高新技术产品出口大幅增长，2001—2010 年机电产品出口由 139.93 亿美元增加到 1883.37 亿美元，增长了 12 倍多，占出口总额的比重由 48.46% 提高到 69.61%；高新技术出口由 71.85 亿美元增加到 1256.9 亿美元，增长了 16 倍多，占出口总额的比重由 24.88% 提高到 46.46%。随着经济国际化战略的实施和推进，江苏成功嵌入了国际产业分工体系，形成了大进大出的格局，进出口贸易迅猛增长。江苏已成为全球电子产品的重要生产基地，世界前十大电脑生产商都在江苏投资设立了生产基地。2000 年江苏微型计算机产量仅 11.56 万台，2010 年，微型计算机产量 9364.56 万台，10 年增长 810 倍，其中笔记本电脑 8426.09 万台，分别占全国总产量的 44.5% 和 46.8%，约占全球总产量的 30%。2011 年电子及通讯设备制造业产值高达 15549 亿元，占全省工业产值的将近一半。2014 年 1 月，全省机电以及服装、纺织纱线织物及制品、鞋类、塑料制品、箱包、玩具、家具等劳动密集型产品在国际市场上的表现可圈可点。机电产品出口 1091.6 亿美元，增长 6.8%，一个行业就占了全省同期出口的 61.7%。其余 7 类传统劳动密集型产品出口 341.2 亿美元，增长 18%。江苏抓住跨国产业转移机遇，充分利用廉价生产要素吸引外资，开发国内外市场，并为跨国公司生产配套，江苏已成为世界制造业的重要生产基地。

2. 从外资结构变化看，不断趋于合理

江苏利用外资起步较早，截至 1989 年江苏累计实际利用外商直接投资仅 2.77 亿美元，占全国实际利用外资总额的 1.79%；"八五"期间（1991—1995 年），江苏有"三资"企业 27935 家，实际利用外资总额 144.5 亿美元。进入 21 世纪，随着江苏经济持续快速增长，投资环境不断改善，以及劳动力、土地等要素的比较优势的显著，江苏实际利用外资有了突飞猛进的发展，实际利用外资额连创新高。2002 年，实际利用外资突破 100 亿美元，从 2003 年起高居全国首位，2008 年起迈上了 200 亿美元的新台阶，尽管遭遇国际金融危机冲击，2010 年实际利用外资仍达到 285 亿美元；2011 年达到 321 亿美元，占全国实际利用外资总额的四分之一多，连续十年名列全国第一。2012—2014 年江苏实际利用外资分别为 357.6 亿、333.0 亿、281.7 亿美元。外资结构进一步优化，农业和服务业利用外资显著增加，2010 年占比分别为 2.98%、28.58%；苏中苏北利用外资加速，区域分布日趋协调；增资扩股比重提高，"十一五"期间增资项目占实际利用外资 31.86%，同比提高 13.76 个百分点。引资方式不断创新，"十一五"期间新增外商投资创业投资企业、外商投资性公司、外商投资股份有限公司和外资并购项目分别为 24、23、89、640 个。通过大力引进外资，特别是一批跨国公司的投资项目，江苏迅速形成了以加工组装为主体的出口生产体系。利用外资在促进江苏经济增长、就业、税收、创汇和参与国际分工等方面发挥了积极作用。

3. 从境外投资规模变化看，增长较快

江苏省境外投资领域和重点与全省经济发展的需求结合比较紧密，投资领域从传统的具有比较优势的纺织服装、医药化工、轻工、机械、电子家电等领域逐步拓展到资源开发、新兴产业、技术研发、营销网络等领域。2003 年江苏对外投资额为 0.25 亿美元，2010 年就提高到 12.01 亿美元，境外投资额增长迅速。"十一五"期间，江苏全省累计核准境外投资项目 1321 个，平均规模 351.1 万美元，中方投资总额 46.38 亿美元，年均增长 52.7%。对外投资结构不断优化，投资方式由新设向收购兼并拓展，境外资源开放快速发展，科研开发逐步增多，经贸合作区建设加快，并成为江苏企业境外投资的重要平台。目前，江苏省企业已在全球 130 多个国家和地区开展境外投资和经营。随着企业实力的不断提升、法人治理结构的不断完善，投资国别（地区）也从传统发展中国家（地区）向发达国家（地区）延伸，香港、欧洲、北美洲和大洋洲等发达地区已成为江苏省企业境外投资最集中的目的地。例如，2010 年，共核准赴发达国家（地区）投资项目 279 个，增长 31.6%，占全省项目数的 68.4%；中方协议投资16.9 亿美元，增长 218.9%，占全省的 77.6%，较上年同期增长 24.7 个百分点；共有 9 个中方协议投资额超过 5000 万美元的大项目投资在发达国家（地区），占全省的九成。虽然 2010 年江苏省企业在非洲、巴西、智利、泰国、越南和孟加拉等欠发达国家（地区）投资同比有所下降，但投资结构不断优化，已形成了建筑建材、纺织轻工、机械制造和资源开发四大特色投资领域。2013年江苏省累计实际利用外资1468亿美元，保持全国领先。对外投资项目1828个，中方协议投资额124.6亿美元，年均增长68.2%。

4. 对外经济合作逐步走向服务外包

2009年，江苏对外承包劳务合作营业额和新签合作额均突破50亿美元，2010年对外承包工程和劳务合作完成营业额59.7亿美元，同比增长17.5%，新签合同额62.1亿美元，同比增长23.3%。对外承包劳务业务扩展到120多个国家和地区，经营主体不断壮大，在美国《工程新闻纪录》评选的2009年度世界最大225家国家承包商和世界最大225家全球承包商中，江苏有5家企业榜上有名。2007年起步的江苏省离岸服务外包收入约为2.6亿美元，2008年，江苏省离岸服务外包合作额13亿美元，离岸执行额9.37亿美元；2009年，江苏省离岸外包协议金额37.22亿美元，离岸外包执行金额27.96亿美元，保持全国第一。2010年，江苏省离岸外包显著增长，离岸外包协议金额49.81亿美元，离岸外包执行金额40.56亿美元。截止到2010年，全省有离岸外包业务的企业达800多家，仅离岸外包业务超300万美元的企业就有240家；全省服务外包企业获得各类国际资质认证1041个，占全国企业资质认证总数的近40%。"十一五"中后期江苏服务外包保持稳定发展。

第三节　国际经济环境变化及对江苏经济
国际化进程的影响

2008年9月，以雷曼兄弟破产为标志，由美国房地产市场调整引发的次级住房抵押贷款危机最终演变为了第二次世界大战以来最严重的国际金融危机。危机造成大批金融机构破产倒闭，各类金融资产价格暴跌，发达国家金融体系遇到重创，资产证券化市场和信贷市场处于冻结状态，金融市场流动性紧缺，对实体经济部门的各类贷款急剧萎缩。从目前情况看，这场金融危机使世界经济格局呈现出失衡的态势，未来几年，全球经济失衡状态还会持续，给国际经济发展带来不确定性的同时也对我国经济发展产生影响。

一、世界经济面临深度调整，不确定因素增多

国际金融危机导致全球经济衰退，世界经济不仅增速放缓，而且不稳定、不确定因素增多。首先，此次金融危机与经济危机相互交织影响，与历次经济危机不同，促使全球经济不同程度地下滑。各国尽管采取了各种政策来刺激经济，经济何时全面复苏还是不确定。其次，全球失衡进入再平衡过程，需求结构和供给结构都面临调整，发达国家需要改变过度消费模式，过分依赖出口的国家需要逐步转向立足内需促进经济增长，这一系列的调整期长短、是否顺利，以及带给全球经济什么影响都是不确定的。再次，世界经济需要一个新的增长极来引领世界经济走出衰退，进入新一轮增长周期。这个增长极有可能是新能源产业，有可能是生物科技产业，还有可能是节能环保产业，未来世界经济增长的引擎尚无法确定。最后，金融危机造成大量坏账和不良资产，如何剥离任务艰巨，加上金融机构"去杠杆化"过程漫长，金融体系恢复正常运转存在着很大的不确定性。这一系列的不确定因素，给江苏经济国际化发展进程带来困境。

二、经济全球化的趋势不会逆转，但面临阻力，进程可能会放缓

经济全球化促进了国际分工的深化和要素资源的优化配置，使各国的比较优势得到充分发挥，有力推动了世界经济增长。一场突如其来的国际金融危机使世界经济增速放缓，经济衰退。为了本国利益，一些国家纷纷采取各种形式的贸易保护措施，贸易保护主义的抬头必然影响经济全球化的进程。其次，贸易保护主义的增强将影响到全球多边经济贸易金融的合作，各国将转而寻求区域和双边合作，区域合作的排他性势必影响到经济全球化和多边贸易体制的发展。再次，国际金融危机使得各国加强防范金融风险，特别是加强对跨境资本流动的监管，对大型跨国金融机构和对冲

基金的高杠杆、高风险的跨市场金融业务加以限制，对金融开放更谨慎，这也将影响国际资本流动，影响金融全球化的发展。

三、发达国家经济科技仍将保持领先地位，世界能源竞争更加激烈

国际金融危机虽然导致发达国际经济陷入衰退，实力地位受到削弱，但是发达国家在经济科技方面仍将继续保持领先地位，并在一段时期里难以动摇。发展中国家仍将面临发达国家在经济科技上占优势的长期挤压，在技术进步和产业发展上仍难以摆脱受制于人的局面。能源资源的不可再生性和经济发展对其依赖的不断增强，决定了其供求关系长期偏紧，必然导致全球能源资源竞争更加激烈。

四、世界经济放缓，急需江苏抓住机遇转变经济增长方式

江苏是开放度和外向度都比较高的省份。长期以来，江苏经济发展方式没有根本转变，经济增长主要依靠投资和出口拉动，经济对外依存度较高，内需在很大程度上又受到外需的制约。按照国际经济发展规律，越是开放度高的国家和地区，受国际经济变化的影响越大。一旦外需萎缩，不仅直接影响外贸出口，还会通过出口关联行业对经济增长和就业等产生广泛的负面影响；而经济减速和就业减少又会造成产能过剩和居民收入下降，进一步削弱国内投资和消费需求，加大经济下行压力。江苏这种过度依赖外需拉动经济增长的缺陷在此次国际金融危机中充分凸显。在金融危机前，江苏外贸进出口保持着持续高速增长，在 2001 年到 2006 年期间，江苏外贸进出口年平均复合增长率在 40% 以上。然而，国际金融危机爆发后，由于受到国际需求急速下降的影响，江苏外贸增长速度发生较大回落，到 2009 年，外贸进出口均出现负增长，尤其是出口受到冲击更大。目前，世界经济增速放缓，各种形式的贸易保护主义抬头，江苏已经很难再依靠出口拉动经济快速增长，现实所迫，要避免过分依赖外需的结构性弊端，应当在保持投资适度增长和稳定外需的同时，尽快转向国内需求导向型的经济发展方式。

五、全球产业调整倒逼江苏产业转型，参与全球分工和产业链

江苏外贸以加工贸易为主，其主导企业主要是外资企业，对外贸易的"外资化"程度较高必然带来相应的问题。我们知道，跨国公司的经营是在充分利用全球最低要素成本组合全球价值链来实现公司利润的最大化，而对是否有利于本地区产业的合理发展并不重视，造成江苏主要通过承接国际产业转移、依靠引进国外先进技术设备、凭借劳动力等要素成本价格低的优势参与全球分工和国际竞争，制造业大而不强，处在全球分工和产业链的低端，缺乏核心竞争力，抗击外部风险冲击的能力不强。这也是江苏受到这一轮国际金融危机冲击比较严重的重要原因。

历史经验告诉我们，在经济危机时期，企业为了提高竞争力和增强发展后劲，往往会加大技术创新力度、更新设备、开发新产品，兼并重组，实现企业和产业的转型升级，以取得引领未来世界经济发展的先发优势。江苏不能摒弃制造业，要以现代服务业带动制造业升级，成为高附加值和有世界竞争力的先进制造业。江苏急需培育本土的跨国公司，加快产业转型升级，实现向低投入、低消耗、低排放和高效率的节约型增长方式转变。

第四节　新一轮经济国际化需要着力解决的几个问题

一、经济国际化要确立新理念参与世界经济全球化

改革开放三十多年来，江苏经济国际化取得较大发展，企业国际化进入良好的发展阶段。市场现代畅通，国际化载体形成，江苏进入对外发展与对内发展互动发展的新阶段。但是我们看到，2008 年的国际金融危机，国际经济的深度调整对江苏经济增长尤其是外贸出口带来较大冲击，全省

出口从 2008 年 11 月至 2009 年的 10 月连续 12 个月出现负增长。2012 年出口总额同比增长 5.1%，增速较 2011 年回落 10.5 个百分点，全省货物和服务出口增长对经济增长的拉动作用明显减弱，净出口贡献率从 2007 年的 14.3% 降到 2011 年的 0.6%。国际金融危机以来，国际市场竞争激烈，出现产能过剩、贸易摩擦增加、企业创新动力不足、环境污染等问题。特别是在后危机时期，许多国家回归重视实体经济，全球经济失衡面临新一轮调整。江苏要抓住机遇，在理念上要创新，在政策上支持、在机制上保障，在促使对外贸易转型上有所突破，更积极主动地参与经济全球化。

二、经济国际化缺乏具有世界级的本土跨国公司

目前制约江苏经济发展的基本因素，已由以前的资本和外汇短缺转变为资源和市场短缺。因此，江苏迫切需要本土跨国公司通过对外直接投资到国外办厂，开发江苏短缺的资源来扩大外部资源供给转化过剩的生产能力，缓解产业结构的调整压力，解决经济发展与资源和市场紧张这一矛盾。国际金融危机促使全球经济格局的深度调整，也成为推动和倒逼江苏经济转型升级的动力。江苏要抓住难得契机，鼓励有实力的本土企业通过战略选择，争取在新的国际分工、资源配置中处于有利地位，带动本省产业升级，提高企业国际化的产业竞争力。

从国际贸易发展趋势看，通过企业跨国经营可以减少贸易摩擦和纠纷，直接进入目标市场，从而也可增加当地就业和税收而受到进口国的欢迎。同时，还可以带动国内母公司的设备、原材料、零部件以及技术出口，逐步形成上下游、内外部、产供销的全球纵向一体化，最终达到提升价值链、获取市场和建立全球品牌的目的，增加江苏经济国际化发展的动力和后劲。

三、经济国际化需要大批金融、科技、管理、法律等方面的人才

"走出去"的企业面对新的市场环境，需要大批高级的金融人才、科技人才、管理人才和法律人才；不仅要通过这些专业人才来了解投资国的投资政策、市场供需情况、行业竞争程度、销售渠道等方面，还要深入了

解该国的政治、经济、文化、法律、社会等等方面，从而能帮助企业尽快本土化，否则企业很难实施愿望中的投资计划。从目前的情况来看，江苏的海外并购企业对外驻派的人员多以企业的国内员工为主，这些人员对所在国的语言、文化和经济缺乏了解，而且更缺乏相应的技术、法律和管理等方面的知识。因为管理经验和经济头脑不足，那么在处理突发情况和纠纷时往往无所适从，从而对企业的管理和发展带来了不利的影响，这会使得很多并购交易后的企业在运营过程中并未能够产生很好的协同效应。江苏经济国际化需要大批量的高技能人才。据统计，目前我国技能劳动者1.12亿人，占从业人员的比例不足13%，其中高技能人才2863万人，技师、高级技师仅占技能劳动者的5%。据预测，到2015年和2020年，江苏高技能人才需求将分别比2009年增加约540万人和990万人，其中还不包含现有的存量缺口440万人。江苏经济要继续保持稳定较快发展，必须越来越依靠人力资源质量水平的提高。这就需要加强人力资本的积累，提高劳动者的素质。政府在公共支出上应该从注重"对物的投入"转向注重"对人的投入"。

四、贸易结构、产品结构不合理，缺乏可持续发展的动力

江苏现有的出口结构和比较优势格局仍侧重于劳动密集型产业，多数资本密集型和知识密集型产业在国际竞争中的优势不强。按照贸易方式来看，外贸主要以加工贸易方式为主。在"十一五"期间，江苏的一般贸易比重在35%左右，而其他的65%左右大部分属于加工贸易。现阶段加工贸易方式仍然处于初级阶段，多数只是劳动密集型的原料、零部件的简单加工和装配，处于产业附加值的中低端，且近年来附加值率呈现下降趋势。从企业层面上看，江苏企业利用的是低要素成本优势，特别是廉价劳动力优势，在国际分工中承担加工组装环节，而生产所需的技术、装备依靠进口，研发、设计都来自国外，品牌和市场营销也由跨国公司所控制。此外，加工贸易产业关联度低，对经济的前后向联系效应有限，一方面对本省经济发展和产业结构促进作用有限，另一方面受国际经济波动影响较大。

从出口产品结构来看，江苏省出口产品是以机电产品和高新技术产品

为主的，其次是纺织服装类产品。近几年，江苏主要出口产品比重相对稳定，机电产品出口占江苏出口总额的70%左右，高新技术产品出口比重为40%左右，纺织服装出口比重为13%左右。由于高新技术产品多数是加工贸易产品，且在本地区加工组装的工序是技术含量低、附加值低的。因此，高新技术产品竞争力不强，很容易被替代。这些行业出口依存度过高，随着国际市场资源和能源性产品的价格上涨，出口成本上升，影响企业健康发展，还会加大贸易摩擦。从上分析可以看到，江苏省对外贸易总体上规模很大，外贸依存度高，从而使江苏经济面临的国际化风险程度较高。从对外贸易结构来看，加工贸易占比过高，外资企业占主导地位，一般贸易比重低，内资企业国际贸易竞争力低，贸易的主体还是劳动力或资源密集型产品，高附加值和技术含量的产品贸易不多并且是以外资为主导的。这说明江苏对外贸易整体水平不高，要可持续发展面临很多不确定性。因此，江苏要经济国际化必须调整对外贸易发展思路。

五、经济国际化需要转变粗放式增长方式

江苏是经济大省，又是资源小省，经济发展的资源依赖性较大。江苏人口密度全国各省区最大而人均环境容量全国最小。江苏钢铁、化工、电力等高耗能工业的发展推动了江苏重工业化的进程，但是也使江苏经济发展对资源的依赖性加大，能源消费总量不断提升，能耗总体水平相对偏高。特别是苏南经济增长的环境资源压力已经达到了极限，有些重化工行业的生产制造环节土地、能源消耗巨大，产生的大量污染给当地环境造成了很大破坏。江苏要实现经济国际化，必须转变依靠大量资源投入和资本投入换来GDP增长的发展模式，要充分利用全球科技资源促进产业升级和技术进步，实现从外延式粗放扩张向内涵式集约增长转变。

六、经济国际化面临生产要素成本优势褪尽的挑战

江苏在开放型经济发展中，利用经济全球化充分发展自身的比较优势，积极参与全球市场的竞争，造就了江苏制造加工大省的地位。但是随着国际金融危机的爆发，国内外发展环境和比较优势发生重大变化，最主要的是低成本优势逐渐消失，"人口"红利也将消失。目前，印度、越南、

柬埔寨等一些东南亚国家的劳动力工资成本低于我们，加上这些国家开出更优惠的招商引资政策，已经出现一些外商企业将加工厂迁移到我国周边国家。再随着人民币的升值，企业资金成本的不断上升，导致劳动密集型企业利润越来越薄，原有发展模式受到很大冲击。

第五节　推进新一轮经济国际化的对策建议

　　江苏开放型经济取得很大成效，可是还有很多理念和全球化下的市场经济相冲突，和江苏经济国际化不相匹配。经济国际化本质上是体现一国主动在全球范围内整合资源、利用市场的能力[①]。市场经济的核心就是分工交换，对外开放就是要参与全球范围的分工和交换，发挥比较优势产业和出口相对成本低的产品，放弃或少生产自己相对成本高的产品。同时，要改变传统的资源观，国际标准既是国际分工的结果，也是国际化形势下我们要极力重视的一种新资源。拥有这类资源是我们从生产大省向品牌大省转变的标志，是控制世界经济、技术、产业能力的提升，是江苏实现经济国际化的根本保证。

一、积极提高开放型经济发展水平

　　江苏发展开放型经济，单向的特征比较明显。比如，利用外资多，但是对外输出资本少；出口产品多，进口产品少。为加快经济国际化，要统筹安排对内对外经济工作，把"引进来"和"走出去"很好地结合起来。扩大开放领域、优化开放结构、提高开放质量，形成经济全球化条件下参与国际经济合作和竞争新优势。要加快转变外贸增长方式，优化进出口商品结构，坚持以质取胜，增强应对国际市场波动的能力。创新利用外资方式，优化利用外资结构。加大招商选资力度，向产业链高端环节攀升，向

---

　　① 关秀丽：《中国经济国际化战略》，中国市场出版社 2011 年版。

研发设计和营销服务环节延伸，加快推进由"贸易大省"向"贸易强省"转变。

二、做强加工贸易，做大一般贸易，促进一般贸易与加工贸易协调发展

加工贸易是江苏的比较优势，是外贸增长的主要来源，我们不能放弃而是要对加工贸易进行调整。江苏要重视加工贸易的发展，要由被分工变成主动参与分工，继续为跨国公司配套生产，但是要不断提升产品的技术水平、促进跨国公司转让技术，生产世界顶级产品；转型升级，淘汰附加值低、升级可能性不大的加工贸易项目，引导加工贸易企业延伸产业链，提高生产环节本土化的比重，扩大与本土企业的前后向联系；同时积极鼓励引导企业由单一加工向研发、采购、分销和售后服务等产业链两端升级，由生产型向生产服务型转变，做强加工贸易。

与加工贸易相比，江苏的一般贸易发展得不够快，且从一般贸易的产品来看，还处于依靠低价竞争的粗放发展阶段。因此，要促进一般贸易的规模扩大，同时注重其发展素质的提高，要扶持、培育本土出口知名品牌，提高国际市场的竞争力。此外，要推进江苏企业"走出去"，获取国外营销渠道，绕过关税及非关税壁垒，利用境外加工贸易促进一般贸易发展。

三、鼓励企业"走出去"，培育本土化的跨国公司

在现代国际竞争格局中，经济发展和区域的经济实力最终都要体现在本土企业的竞争力上，而一国或地区国际竞争力的主要标志就是其所拥有跨国公司数量、规模和水平。加入WTO以来，江苏依靠大规模引进外资，无疑促进了区域经济的发展。目前制约江苏经济发展的基本因素，已由以前的资本和外汇短缺转变为资源和市场短缺，因此，江苏迫切需要本土企业通过对外直接投资到国外办厂，开发江苏短缺的资源来扩大外部资源供给转化过剩的生产能力，缓解产业结构的调整压力，解决经济发展与资源和市场紧张这一矛盾。再就是全球性的金融危机对江苏经济产生了不利影响与冲击，金融危机促使全球经济格局的深度调整，也成为推动和倒逼江

苏经济转型升级的动力。江苏要抓住难得契机，大力支持本土企业的跨国经营，不仅在政策上予以扶持、资金上提供支援，更要鼓励对外投资企业采用灵活的组织结构模式，相关产业企业可以应项目和资源所需组成团队，形成合力，共同开发海外资源和市场，鼓励企业"组团"赴国外开发资源。要在政策上支持企业"走出去"，由过去的"单打独斗"转变为"团结协作"。通过组建资源开发联合体为"走出去"的企业提供合作平台，促使企业联合起来形成"集团军"，促进对外投资信息、资源共享，争取在新的国际分工、资源配置格局中处于有利地位，带动本省产业升级，提高企业国际化的产业竞争力。

四、发展服务贸易，转变外贸增长方式

世界贸易包括货物贸易和服务贸易。当下，世界经济正在全面向服务经济转型。特别是服务业改变了世界科技创新产业发展价值链，它的发展水平成为决定各国在国际分工中的位置的最关键环节，制造加工是低端环节，研发设计和营销是高端环节。江苏在制造加工贸易上取得巨大成功，江苏要实现经济国际化，需要适应服务全球化的潮流，加大服务贸易的开放和发展。首先，要制定服务贸易发展规划，做大做强一批服务贸易企业；其次，鼓励服务贸易企业积极参加国际资质认证、人力资源培训、公共信息平台建设；再就是注重提升旅游、运输等传统服务贸易，进一步加强软件、文化、传媒、动漫等知识密集型服务贸易的优势；要主动同国际大型外包企业合作，积极主动承接国际服务外包产业的转移，并注意创建自己的服务外包品牌，推动服务贸易的跨越发展。

五、要有选择地引进外资，多种方式利用外资

在改革开放初期，引入外资的重点是为了解决经济发展中的资金不足，技术设备落后的状况。国际金融危机后，江苏在实施"引进来，走出去"的发展战略下，利用外资的重点应该是围绕转变经济增长方式这个中心，摒弃重数量、轻质量的传统招商引资做法。要引导外商投资第三产业，为新兴产业创新市场需求。再就是要鼓励外商投向高新技术产业和先进制造业，有利于促进加工贸易企业的转型升级，向附加值较高的生产经

营环节发展，加强国内产业配套，延长产业链。提升外资企业的研究与开发能力，从而优化外商直接投资产业结构，促进产业升级。

后危机时期，行业大洗牌、大重组在所难免，全球产业链的分工、合作体系在优化重组之后将迎来新的发展。[①] 江苏企业要利用多种方式与国际企业开展深层次的合作，鼓励外商以参股、并购方式参与国内企业改组改造和兼并重组；引进国外风投和私募基金，推进海内外投资基金与民间资本融合；要支持符合条件的本土企业到香港和其他境外证券市场发行证券融资。

六、要聚集高尖端人才，构筑人才高地

创新能力的核心就是人才，特别是拥有高技能的优秀人才。这些人才构成了从企业到行业到科研院所再到国家层面的创新主体。首先，要制定与产业发展规划相配合的人才战略计划。大力引进国内外顶尖人才及其团队，把高层次、紧缺专业人才引进与骨干企业、研发机构、大专院校等载体建设结合起来，特别是在重大技术领域要拥有一批国际顶尖人才。应进一步加大海内外创新人才、创业人才引进力度，以项目为载体，实现人才与项目的无缝对接，力争以最快速度组建一批国际一流的研发队伍，以世界级人才队伍支撑世界级科研和产业竞争。其次，江苏要探索并先行建立完善高技能人才的教育与培训体系，当前处于战略转型背景下的江苏，迫切需要像重视高级专家那样重视和尊重高技能人才，采取有效举措培养本土高技能人才，重现"八级工"辉煌，快速振兴国家的创新能力，加快江苏省由制造型大省向创新型大省转变。一方面，走高技能人才本土化培养道路，加强人才队伍建设和人力资源能力建设，实施人才培养工程，营造人才辈出、人尽其才的社会氛围。另一方面，努力营造有利于高技能人才成长的良好氛围。各级政府要重点实施高技能人才培养工程，建立一批高技能人才培训基地，加快培养一大批数量充足、结构合理、素质优良的技术技能型、复合技能型和知识技能型高技能人才，建立培养体系完善、评价和使用机制科学、激励和保障措施健全的高技能人才工作新机制。拥有

---

① 关秀丽：《中国经济国际化战略》，中国市场出版社 2011 年版。

大批掌握高科技的合格技术工人，这是江苏先进制造业与现代服务业转型升级的保证，也是未来竞争力的先行优势之一。

七、加强区域协同发展，提升区域经济国际化水平

首先，江苏应从提升本省区域经济协调发展水平入手，做好区域互补、跨江融合、南北联动来带动苏南、苏中、苏北经济联合向纵深发展。其次，要重视和积极拓展与长江经济带其他省市之间的多领域、多层次、多形式的横向经济联合与协作，特别是要在建立长江经济带区域大市场、大交通等方面加强资金、信息、人才、技术等方面的交流与合作，推动长江经济带各地区之间联动发展，同步发展经济国际化。要加快长三角一体化的市场开放，破除市场壁垒，建立区域的共同市场，同时要抓住产业调整升级的机遇，进一步推进区域产业布局调整和产业整合，在更广泛的区域进行互补型合作。

第三章 大力发展创新型经济

江苏经济在经历了改革开放三十多年的快速发展之后，目前正处在转型升级的紧要关头，亟须由要素驱动、投资驱动为主向创新驱动为主加快转变，以实现发展质量和综合竞争力的大幅跃升。在这一新形势下，当务之急就是要牢牢把握国家和江苏省创新驱动战略的实施、苏南现代化示范区、苏南国家自主创新示范区的规划与建设等一系列的重大机遇，冲破阻力，加快建设完善创新体系、营造浓郁的创新氛围、加快集聚创新资源要素和激发各类主体的创新活力，促进创新与产业融合并加快提升企业自主创新能力、高新技术产业基地建设，形成特色鲜明并具有一定全球影响力的区域创新中心和全国开放创新的先行区，以大力发展创新型经济和加快推进经济的转型升级。

第一节 大力发展创新型经济的背景及意义

一、国际竞争与发展环境发生了深刻变化

近十多年来，特别是 2008 年国际金融危机以后，美国实行"再工业化战略""亚洲再平衡战略"以来，国际竞争格局和经济发展环境已发生了显著变化。主要表现为：一是重要的矿产资源和大宗产品供应趋紧和价格趋高，越来越不利于粗放型经济的持续增长。以部分发展中国家的快速成长为主要标志的这一轮世界经济快速发展的势头，本质上是一轮劳动密

集型、低附加值、高资源消耗的产业规模的快速扩张，也由此带来了对世界矿产资源和大宗产品需求的快速增长，导致大多数矿产资源、一些关键性大宗产品价格的持续上升。这对发展中国家粗放型经济的持续增长构成巨大挑战和形成严峻的瓶颈制约。

二是发达国家对广大发展中国家的技术输入进行了越来越严格的限制，不利于发展中国家的技术积累和自主创新。自20世纪80年代中后期以来，发达国家通过技术专利法案、技术贸易壁垒等手段对高新技术输入广大发展中国家的过程进行了越来越严格的限制和多方面的阻碍，使得发展中国家难以通过技术引进获得真正的核心技术，所能获得的都是在发达国家已经或接近淘汰的技术，由此开发出来的产品必然远远落后于世界最新水平。除非融入世界产品价值链的低端环节从事新产品的加工组装，或者凭借低成本优势使落后的新产品能走低价格路线，否则几乎没有可能研发和生产出与发达国家有同等竞争力的新产品。特别是美国实行"亚洲再平衡战略"以来，作为世界主要技术中心的美国对中国的压制越来越强，严格禁止高技术产品出口中国就是最好的例证。

三是国际金融危机所导致的世界市场低迷严重冲击了发展中国家的产品出口，低附加值产业发展环境和现状进一步恶化。2008年国际金融危机以后，发达国家的市场需求显著疲软，发展中国家的低附加值产品出口遭受严重打击，低附加值产业被迫进行调整和升级。特别是美国开始实行"再工业化战略"，这对发展中国家尤其是中国的高新技术产业形成了较大冲击：一方面是发展中国家的高新技术产业失去了很大一部分来自美国的持续投资；另一方面发展中国家的高新技术产品在美国市场上将面临美国本土崛起的高新技术产业产品的激烈竞争。无疑这是一种巨大的挑战和冲击。

二、国内创新型经济发展的趋势、压力与机遇

相对于高消耗、粗放式、劳动与资本密集型的经济而言，创新型经济更加注重新知识、新技术和新设备的投入，更有利于资源的节约、环境的保护和新产品的研发生产，进而形成更强的市场竞争力、更良好的经济效益和更持续的发展能力。因此，近几年我国已开始重视和发展创新型经

济，特别是一些沿海发达省市如江苏、广东等，已经率先启动和实施创新驱动战略和大力发展创新型经济，包括一些中西部省市也开始认识到发展创新型经济的重要性，开始培育和强化发展创新型经济的基础和条件。但总的来看，我国大多数省份在发展创新型经济的过程中，在研发经费的持续投入、人才要素尤其高端人才的积累、企业自主创新能力、技术创新服务体系等方面，还十分欠缺和面临挑战。

不过，随着我国经济近三十多年来的较快速度增长，以及科技、教育、文化等社会事业不断发展，已经积累了较为坚实的开展科技创新的物质基础和人才储备，企业、高校和科研院所中的各类研发机构也在学习、模仿和研发中积累了较为丰富的实践经验，科技创新对经济发展和企业进步的带动作用也越来越明显，党和政府更加重视科技创新及其对国家经济社会长远发展的重要作用，这些都为我国及地方发展创新型经济提供了有利条件。特别是，近年来科教兴国战略、人才强国战略和创新驱动战略的实施，以及国家"十二五"科技发展规划的制定和实施，为发展创新型经济提供了前所未有的历史机遇，各地方省市在发展创新型经济过程必将大有作为。

三、江苏创新型经济发展的客观要求、基础条件

江苏是我国的一个经济大省，工业发展历史悠久，但同时传统的劳动密集型工业、低附加值工业、出口加工型工业等在整个工业中的占比依然较大。高新技术产业门类虽然较多，但真正掌握核心技术、拥有核心技术专利、具有完整产业链和价值链的高新技术产业则还很少。特别是，江苏工业中还存在不少高消耗、高污染企业，由此带来的成长中的烦恼依然很多，目前正面临原材料、土地、能源、水资源等供应紧张，劳动力供给偏紧，大量落后产能需要淘汰或升级。为此，只有加快技术创新和升级，更有效地发展集约型、集聚型、高附加值工业，更快推进落后技术和产能的转型升级，才能化解江苏经济发展面临的巨大难题和挑战，实现经济持续、优质、较快发展。

令人欣慰的是，江苏上下已较早认识到江苏经济发展面临的这些问题，认识到未来经济社会发展的客观规律、总体趋势和内在要求，并采取

了一系列的应对措施以破解上述难题，为江苏经济开辟了一条更长远的发展路径，促进经济在平稳中实现转型升级，即大力发展创新型经济。江苏作出发展创新型经济的战略选择，是具有坚实的现实基础和成功条件的。到目前为止，江苏在全国省市比较中已连续 6 年区域创新能力综合排名第一，并且江苏企业研发经费投入、专利申请总量等均排名全国第一，目前在江苏的国家"千人计划"总人数也居全国首位，同时，江苏拥有的全国知名高校、两院院士、研发人员、研发机构、公共研发平台和服务机构等在数量方面也居全国前列。特别是，江苏在全国率先实施了科教强省、人才强省、创新驱动等一系列战略、规划和政策，2012 年在科技创新示范区基础上发展起来的苏南现代化示范区以及后来的苏南国家自主创新示范区已上升为国家层面的示范先导区。因此，可以说，江苏发展创新型经济既具有内在的迫切要求又具有坚实的基础和现实的条件，并且也确实进入了加快发展的重要历史机遇期。

第二节　创新型经济的国内外研究综述

一、创新型经济概念、内涵与特征的相关研究

创新型经济的概念或理论基础包含了两个核心概念，即创新和经济。但创新与经济是既相互独立又紧密联系和相互促进的两个过程。经济学家熊彼特最先提出了创新的概念，他认为创新不同于科学研究和技术发明，创新是指在经济发展过程中引入一种新的生产函数，实现了生产要素的重新配置，产生了新的产品或服务。不过，后来的学者们在接受熊彼特的这一解释观点的基础上，也认为创新既包括技术创新也包括商业模式创新，因而，创新既以一定的经济发展为基础，又对经济具有一定的相对独立性，同时，经济社会的发展又会反过来促进创新的进一步发展。因此，创新型经济正是建立在创新发展与经济发展这一相互促进基础上的经济

模式。

创新型经济及其理论研究在 20 世纪后期和 21 世纪初受到了越来越多的重视，关于创新型经济的讨论开始逐渐增多。美国知名学者迈克尔·波特在《国家竞争优势》一书中把经济发展阶段分为生产要素导向、投资导向、创新导向和财富导向四个阶段，并且认为在经济发展的不同阶段，驱动经济增长的力量是不一样的，或者说国家竞争优势的发展变化将先后经历四个阶段，即要素驱动（factor-driven）阶段、投资驱动（investment-driven）阶段、创新驱动（innovation-driven）阶段和财富驱动（wealth-driven）阶段。迈克尔·波特进一步研究认为，随着科学技术的飞速发展，越来越多的国家开始从要素驱动阶段、投资驱动阶段逐渐进入创新驱动阶段。也就是，与过去严重依赖于自然资源、劳动力和资本等要素投入的经济发展模式相比，世界进入 21 世纪后已经有越来越多的国家或地区转入了依赖于国家和企业的技术创新构想和技术创新能力的创新型经济发展模式。

关于创新型经济的概念和涵义，吴晓波（2008）认为，创新型经济是指以信息革命和经济全球化为背景，以知识和人才为依托，以创新为主要推动力，持续、快速、健康发展的经济。它的基本特征：（1）不同于单纯依靠劳动力投入或资本的增加，以严重消耗资源作为代价的"增长型经济"，创新型经济是以现代科学技术为核心，以知识的生产、存储、分配和消费为最重要因素的可持续发展的经济；（2）不同于单纯依靠引进设备和技术，以照搬外来技术为主要推动力的"模仿型经济"，创新型经济是注重培育本国企业和 R&D 机构的创新能力，发展拥有自主知识产权的新技术和新产品，以自主创新为目标和主要推动力的经济；（3）创新型经济不仅强调企业和国民经济的发展，也重视创新带来的居民生活水平的改善，追求社会与经济的和谐统一。洪银兴（2009）认为，创新型经济是指体现资源节约和环境友好的要求，以知识和人才为依托，以创新为主要推动力，以发展拥有自主知识产权的新技术和新产品为着力点，以创新产业为标志的经济。它的基本特征为科技创新和产业创新相结合，知识创新主体和技术创新主体的合作创新，经济增长由主要靠物质投入（资本、劳动、土地）推动转向创新（知识、技术、制度）驱动，形成具有自主创新能力的现代产业体系，企业成为技术创新的主体，大学和科研机构介入技术创新体系。国内学者梁曙霞（2010）、马德秀（2010）、李建波（2011）、李存芳（2011）等对创新型经济的内涵和特征也进行了相关的研究。

甄美荣和杨晶照（2011）认为，创新型经济是指经济增长主要由物资投入（资本、劳动、土地）驱动转向主要由创新（知识、技术、智力资源、企业家精神、制度）驱动的经济发展模式，建立在动态的、弹性的网络式创新系统之上，以灵活、快速、个性化的反应为基本特点，企业、大学、各类研发机构、政府、服务中介、顾客是这一经济发展模式的主体，新一代信息技术、节能环保、新能源、生物、高端装备制造、新材料、新能源汽车等产业将成为其主流产业。并且，他们把创新型经济与传统经济在特征上进行了详细对比，见表 3 - 1。

表 3 - 1　创新型经济相对传统经济模式的特征

传统经济模式	创新驱动的经济模式
关注物质资源（资本、劳动、土地）和分配效率	注重无形资源（创新、知识、技术、智力资源）及长期的优质的经济增长
封闭的创新系统	开放的、网络式的创新系统
当地集聚	全球集聚
追求成本最小化，通过纵向一体化来缩减成本	注重高价值的投入和生产效率的增加，通过灵活的外包减少成本
生产不同内容产品的企业间分界清晰	边界变得模糊，所有的企业联系在一起
被迫快速变化的基础设施	基础设施足够就会快速变化
顾客接受标准化的商品、遵从大规模生产，非常有限、固定渠道的选择（注重顾客关系管理）	顾客个性化的需求及附加价值，多渠道的选择，并获得授权，成为创新的主体之一（注重顾客知识管理）
个体重点关注技能、工作、职业	高质量的工作、可观的人均收入及学习和职业生涯的灵活性
关注大企业，注重经济发展的规模	关注企业家，人才和基础设施的投入，注重灵活的商业发展模式
零和博弈	共赢博弈

二、创新型经济评价的相关研究

发达国家对创新绩效的评价非常重视，关于这方面评价的研究已经越来越趋于成熟，但对于创新型经济的总体评价及其研究却还不多，后者更多的是从国家或区域的角度进行评价，并且不仅重视创新绩效的评价还对创新的基础、过程、路径或模式进行评价。2000 年 3 月，在葡萄牙里斯本召开的欧盟理事会明确提出了建立欧盟创新评价指标体系的要求，并将此作为提高欧盟经济竞争力的重要手段和措施。2001 年欧盟开始正式发布"欧盟成员国创新计分卡"，建立创新指标体系用以对成员国及美国、日本等国的创新表现进行定量比较，如 2006 年欧盟创新指数报告对主要创新型国家创新绩效进行了定量分析（Hogo Hollanders，2006）。

在国内，吴晓波（2008）构建了创新型经济运行评价指标体系，并运用该指标体系，从创新资源、创新过程、创新产出等三个方面，对浙江、北京、上海、江苏、广东和山东六省市进行了比较分析。刘小煜（2008）在硕士学位论文《江苏省创新型经济初探》中收集了 30 个对创新型经济发展有影响作用的经济指标，采用总量分析方法和效用分析方法相结合的方式，评价了江苏创新型经济的地位。马露露（2011）采用功效系数综合指数法监测苏州创新型经济的发展过程、考量创新型经济的发展成果。熊强、张影（2011）通过构建创新型经济的评价指标体系，比较分析了江苏镇江、扬州、常州、南通和泰州五市的创新型经济的运行情况。其具体的评价指标体系见表 3 - 2。

表 3 - 2　创新型经济运行评价体系的指标结构

一级指标	二级指标	基础指标	权重
创新资源	教育资源	1. 每万人中普通高等学校在校生数量	1/33
		2. 每万人中中等职业学校在校生数量	1/33
		3. 教育经费总投入占 GDP 比重	1/33
	技术人力资源	4. 每万人中专业技术人员数量	1/33
		5. 科技活动人员数量	1/33
		6. R&D 折合全时人员	1/33

续表

一级指标	二级指标	基础指标	权重
	投资资源	7. R&D 经费占 GDP 比重	1/33
		8. 地方财政科技拨款占地方财政支出比重	1/33
		9. 企业 R&D 经费支出占产品销售收入比重	1/33
	基础设施资源	10. 国际互联网用户数	1/33
		11. 每万人拥有图书馆数量	1/33
创新过程	知识创新	12. 每 10 万人拥有授权专利、发明专利数量	1/33
		13. 每万名 R&D 活动人员科技论文数	1/33
		14. 每亿元 R&D 投入所取得专利数	1/33
	技术商业化	15. 技术市场成效额	1/22
		16. 每万人技术成果成效额	1/22
	创新组织与活力	17. 科技成果获奖数	1/22
		18. 国家级火炬计划数	1/22
创新产出	产业发展	19. 高技术产业产值占 GDP 比重	1/33
		20. 高技术产品出口额占商品出口额比重	1/33
		21. 第三产业产值占 GDP 比重	1/33
	居民生活	22. 居民就业率	1/22
		23. 城镇居民可支配收入	1/22
	经济效益	24. 人均地区生产总值	1/22
		25. 贸易顺差（逆差）	1/22
	发展成本	26. 单位 GDP 综合能耗	1/11

三、创新型经济发展模式、路径与对策的相关研究

自从英国政府 1998 年正式提出"创新驱动型经济"这个概念以来，发展创新型经济已经成为许多国家优先考虑的战略目标。2006 年，我国也正式提出建设创新型国家的战略目标。为此，专家学者和政府官员对发创新型经济的模式、路径与对策进行了大量的论述。

胡勇（2007）、戚文海（2008）、郭晓琼（2009）分别研究了芬兰和俄

罗斯发展创新型经济的经验。李建波（2011）比较了硅谷与深圳的创新型经济发展模式，指出"鼓励成功、宽容失败"的文化氛围、公平的制度规则和高效的激励机制、素质优良和数量充裕的创新型人才是两个城市共同的特征。祖强（2011）从转变政府职能、优化产业环境、提升开放型经济质量水平、构建循环经济发展模式、加快城市化战略等方面提出了发展创新型经济的新思路。王燕文（2010）、蒋宏坤（2011）、方建中（2011）等从不同角度论述了科技创新平台、科技金融、高层次人才以及产业创新等因素对创新型经济的重要作用。陈搏（2013）比较了美国硅谷、日本川崎市、韩国大德开发区、新加坡等国外创新型经济建设成就突出的地区和国内的深圳、苏州、天津等先行城市，对这些地区或城市的创新型经济建设模式进行了分析，概括了创新型经济在国内外发展的主要趋势，为国内其他城市发展创新型经济提供参照对象。熊强、张影（2011）认为，要实现镇江市创新型经济健康、持续发展，需要创新人才机制，注重引进和培养高层次人才，加大对中、青年人才的科技创新活动的经费支持、奖励；强化自主创新，提升创新组织与活力，加强产业和科技基础平台建设，激发企业自主创新的活力；加强高新技术产业的建设，创建高新技术产业链或产业集群，并通过集群内企业间的合作与知识、技术、人才的流动，形成优势合力，促进产业共同发展。

甄美荣和杨晶照（2011）对创新型经济的运作模式进行了总结分析。他们认为，创新是经济发展主要的关键的驱动力。人力资源、创新、企业家精神、基础投入共同构成了创新型经济的必要驱动力。企业、政府、大学等教育机构、中介机构、各类科研机构、顾客等创新主体，通过知识应用和开发子系统、知识产生和扩散子系统将各创新主体紧密的联系在一起，形成一个动态的、复杂的、交互的网络式创新体系。这个创新网络系统可以在不同的层次与其范围内的社会经济和文化环境互动，形成不同层次（国家、区域、产业）的创新系统网络。竞争力的提高、高质量的经济增长、就业和优质生活是这一系统的主要产出。

四、现有研究的不足和拓展方向

总的来看，目前国内学术界关于创新型经济的概念和涵义，还没有形成较统一的见解。进而，对创新型经济发展的模式、路径及对策，还没有一套成熟的理论可以作为指导。特别是，由于各国、各地区经济社会发展的基础不同，造成创新型经济发展的内生动力机制千差万别，因而，更需要针对特定城市、特定区域创新型经济发展的影响因素之间的交互机理以及关联程度等，进行有针对性的深度研究，并结合本地区创新型经济发展的动态定量评价，来进行发展路径探索和对策研究。

第三节　发展创新型经济的理论及创新

一、创新型经济的基本内涵

一个国家或地区经济发展的内涵、模式和路径是否是创新型经济，主要看是否积极组织和从事科技创新，并把科技创新成果成功地引入生产体系中去，以及把生产出来的产品成功地导入市场并满足社会需求，并对客户服务、商业模式、管理制度进行创新，以此来扩大财富、促进经济发展和提高生活质量。

因此，尽管目前对创新型经济的认识和理解还存在一些分歧，学者们的意见在短期内也难以统一，但对创新型经济内涵的把握上，至少包含以下三个基本方面：

一是创新型经济是一种新的发展模式。创新是这一经济发展模式的核心，并且将由此影响和引导社会资源的配置，创新提升了社会资源利用的效率，进而产生了自然资源、劳动力、资本等任何其他要素都难以比拟的推动经济社会持续发展的强大动力。

二是新知识、新技术、高端人才和企业家精神是创新型经济最重要的四个支撑要素。新产品、新服务是新知识、新技术的载体，并由此体现对新需求的满足、生活质量的提升和社会的新进步。同样，人才是新知识、新技术的载体，也是创新的主体，尤其是高端人才，更是重大的科技革命、知识创新的主要源泉。而所有上述过程，又是由企业家来组织、推动和完成的，或者说，这些创新过程的实现和加快必须要有企业家精神。因此，新知识、新技术、高端人才和企业家精神是创新型经济最根本的、不可或缺的要素。

三是创新型经济的本质是"人本经济"。一切创新的出发点和立足点是对人的需求的满足，离开人的需求，创新就不可能实现它的价值，对经济社会发展的推动也就无从谈起。因此，创新型经济体现了对人的需要、追求和存在的尊重，并在更深层次上促进了人的价值实现与自然演化、社会发展的融合，从根本上推动和实现了人与自然、经济与社会的和谐统一和可持续发展。

二、创新型经济的主要特征

与要素驱动型、投资驱动型经济相比，创新型经济一般具有以下特征：

一是新知识成为最重要的生产要素。在创新型经济发展过程中，新知识已成为重要的生产要素，新知识能有效地促进生产方式转变、产品换代和服务改善，因而知识要素的投入往往也具有较高的回报率。特别是，知识作为一种生产投入要素还具有显著的溢出效应，也就是新知识在创造、传播、转化、吸收和应用的过程中能够对所有参与主体、涉及对象产生指导、提升或启迪作用，从而相对于传统投入要素而言能够对生产率提高产生更显著的贡献作用。

二是生产新知识成为最重要的生产活动之一。在创新型经济发展过程中，人类生产的产出结构将发生显著变化。由于新知识作为最重要的生产投入要素将渗透到经济发展的各个部门和环节，并具有巨大的潜在需求和很高的投入回报率，因而，新知识也将具有很高的投资回报率，创造新知识将成为最重要的生产活动之一，新知识也将成为一种最有价值的产出成果。进而，人类的生产活动方式也将随之发生根本性的变化，其中最主要的区别就在于传统要素的生产与知识要素的生产在方式上的不同。

三是信息技术的广泛应用成为生产率持续提升所越来越倚重的促进因素。在传统经济领域，劳动生产率的提高往往是通过增加资本投入和提高劳动熟练程度来实现。但是，随着世界经济变得越来越复杂，发展变化越来越迅速，市场竞争越来越激烈，社会经济领域的各部门之间相互依赖程度越来越高，整个社会生产过程都将围绕着新的知识信息流来组织实施，因而，知识信息的创新、加工、处理与传播已成为经济发展、生产率提高和社会进步的关键环节和关键要素，信息技术在经济社会各部门的广泛应用已成为不可逆转的趋势和胜负成败的关键，并由此带来社会生产活动的组织与管理模式的根本变化。以电子计算机为基础的管理信息系统，将使社会生产组织的管理机构更具灵活性、适应性，使其中的每个成员对决策过程的参与成为必要与可能，社会生产管理将进一步科学化、规范化、服务化和市场化。

四是传统的生产方式、生活方式也将发生实质性变化。新知识和新技术将通过对传统生产力诸要素的渗透和改造，促进生产力的变革与发展，包括形成新的生产设备、生产过程和新的产品。同时，知识和技术的创新也必然会引起产品结构、产业结构、就业结构、生产组织和管理手段的显著变化，将进一步促进人们的知识结构、思想观念、生活方式和行为习惯的改变和发展。

五是创新型经济发展国际化趋势将进一步增强。随着信息技术的迅速发展和广泛应用，尤其是所谓信息高速公路的发展，投资、贸易、管理、金融等的流通和交流已大大超越了国界，各国经济社会发展的国际化趋势已不可逆转并越来越强劲，这又反过来使得世界各国之间的联系显著加强了。世界各国为在这种新的国际交流和分工格局下占据有利位置和形成新的竞争优势，会在发展创新型经济并形成更独特优势的同时，加快提升信息的加工、处理和迅速应用的能力和进一步提升经济社会的信息化水平。

三、创新型经济发展的内在动因

在 20 世纪 90 年代至 21 世纪前 10 年的 20 年间，在美国和中国之间分别经历了创新型经济和传统经济的快速发展，形成了鲜明对比，也最终导致了截然不同的结局。中国总体上一直保持着传统经济模式，依靠要素投入和投资驱动，但在经济保持高速增长的同时却埋下巨大隐患，如经济结构严重失衡、投资边际效率下降、投资的增长拉动效应下降且增长依赖型投资规模越来越大、国内消费严重不足和对出口产生严重依赖，并带来环境污染、资源消耗过快、技术层次较低、社会结构失衡、经济增长速度放缓等一系列问题。相反，美国在20世纪的最后10年里，却发生了一场被经济学家称之为"新经济"的彻底变革，技术创新的浪潮席卷全国，在微电子、半导体、激光、超导、生物工程、新材料、航天科技等许多尖端领域都形成了上佳的市场表现。所谓"新经济"，就新在由技术创新、制度创新、商业模式创新所引领下高科技产业群的快速扩张，并赢得整个世界市场的高度认可并获得了丰厚利润，推动了美国经济长达10年之久的内生性和可持续发展。尽管美国在21世纪前10年里，由于金融和房地产的疯狂投机并产生严重的经济泡沫，使得经济的良好发展势头出现快速逆转，但创新型经济所创造的美国历史上最长经济增长纪录却是毋庸置疑的。因此，深入比较中美两国经济发展的表现与影响因素，可以得出创新型经济具有更强的内在推动力。具体表现在以下方面：

一是创新型经济的关键投入要素具有巨大的公共溢出效应。新知识、新技术、新制度、新模式等作为创新型经济的核心和关键投入要素，与经济发展所需的其他资源要素相比，是一种可复制、可以反复多次使用的绿色资源，使用次数越多和使用范围越广其所发挥的公共溢出效应越大，特别是其被开发、创新和整合的次数越多往往结构越完善、功能越强大，产生的活力、能量就越大和效果越好。因此，创新型经济可持续发展的内在动因之一就在于创新驱动，或者说创新及其结果成为经济发展的核心要素。

二是创新能够产生稀缺要素和实现要素升级。任何经济发展都需要各种各样资源、要素的匹配和组合，当其中某一种资源或要素出现短缺时，经济发展就会受到抑制或呈现瓶颈。而创新的一个重要内容就是可以发现和创造新的资源或要素，或者创新产生新资源、新要素的技术方法，从而突破当前或未来经济发展可能出现的瓶颈，以此推动创新型经济实现持续发展。

三是创新型经济的发展方式解决了生产要素报酬递减的问题。一方面，新知识、新创意、新信息等不同于资源、劳动力、资本等传统要素，相反它却具有要素报酬递增的趋势；另一方面，新知识、新信息、新模式等与传统生产要素的结合，能够大大提高传统生产要素的投资回报率，能在很大程度上减缓传统要素因投入增加而导致的边际报酬递减的速度，从而为经济长期持续发展提供了可能。

四是知识创新、技术创新等与制度创新、模式创新等的有机融合。这两种创新的融合是创新型经济持续发展的主要动因之一。正如美国前总统克林顿在2000年4月5日"白宫新经济会议"上所言，美国经济增长的最主要原因有两条，即植根于技术创新中的进取心，并由此不断产生的创意，以及美国企业制度的力量，包括引进科技人才制度、科技创新的投资制度、高技术产业化的制度、技术专利保护制度、新技术扩散的特许制度等，这对美国科技创新产生"溢出效应"，推动产业规模经济和跨国公司成长等都起到十分重要的促进作用。

第四节　大力发展创新型经济的主要思路

一、发展创新型经济的总体思路

江苏发展创新型经济的总体思路是：在发展目标上，要构建体系完整、充满活力、具有全国一流研发能力和一定世界感召力的区域创新体系，以及构建技术先进、结构合理、具有较强国际竞争力的现代产业体系，率先建立符合科学发展要求的新发展模式，显著提升企业自主创新能力和国际竞争力，从根本上促进江苏"两个率先"目标的实现。在工作开展上，基于"两点一手"认识，即以推动经济发展方式转入创新驱动发展轨道上来为着眼点，以创新型环境的打造、创新链的培育和创新载体的建设为抓手，以迅速做大创新型产业"增量"和辐射带动传统支柱产业"存量"改造提升为落脚点。

坚持以创新和改革为根本动力，围绕建设区域创新中枢和现代城市功能区，以创新型优势产业集群及大型高新技术企业为支撑，以战略性新兴产业和高端服务业为突破口，以完善协同创新网络为保障，大力实施创新人才和知识产权战略，切实加强科研开发和服务功能建设，加快培育新的经济增长点和构筑新的国际竞争优势，努力建成以创新型经济为内核的现代产业体系，更好地发挥集聚、辐射、引领和示范作用，着力形成以南京和苏州为龙头，苏南现代化示范区、苏南国家自主创新示范区为核心区，苏中苏北为辐射带地区的全省创新型经济发展新布局，积极鼓励全省各板块之间开展产业、技术、资金、人才、信息等互利合作，加快形成各有重点、特色鲜明、分工合作、共同发展的创新型经济发展的新格局，率先实现以创新驱动发展、以创新引领发展，率先实现发展路径的战略性和根本性转变。

二、发展创新型经济的具体对策思路

一是不断深化科技体制改革，完善自主创新政策体系，优化创新创业环境，实现大力引进生产要素向创新资源聚集的根本转变。从传统经济向创新经济转型，需要政府的组织行为和政策方式发生相应的转变。要进一步转变发展观念，切实按照科学发展观的要求，坚决摒弃急功近利和传统工业经济发展思路，积极引导全省各级政府真正把科技创新摆上重要位置，加快实现从构筑有利于工业经济发展的物理环境转变为建设知识经济发展的社会环境。要加快形成新的政府行为方式，使全省各级政府不仅是创新型经济发展的政策推动者，更是创新型经济发展的制度建设者和市场保护者，成为实际创新过程和创新组织的参与者、创新价值的发现者和创新需求的服务者。特别是针对目前创新资源比较分散的实际，要着手建立更有效的协调机制，积极推进政府、企业、研究机构、高校、金融机构以及其他中介机构之间的合作，实现创新政策对创新链的全覆盖，实现对创新资源的整合利用，最大程度地促进和实现各类创新资源的共建共享，真正实现生产要素的大力引进向创新资源自由聚集的根本转变。

二是大力推进各类科技创新平台建设，构建江苏区域创新要素的富集载体和区域中枢。科技创新平台是科技创新体系的重要组成部分，是集聚创新资源、汇聚创新资本、凝聚创新人才的有效、有形载体，因而也是发展创新型经济的支撑基础和关键环节。江苏仍然需要大力推进各类科技创新平台建设，基本形成以企业重大研发机构为引领、重点实验室和工程技术研究中心为主体、各类科技公共服务平台为基础支撑的平台体系，加快建设一批重大科学工程和创新平台，大力扶持一批新型科研机构，加快建成一批重大创新型平台、区域性创新要素的富集载体，以及着力壮大汇集、整合和利用创新要素的区域性中枢，积极探索建设"前孵化器"，构建产学研合作战略新格局，完善从研发到科技产业的创新链条，支撑全省创新型经济快速发展。

三是加快集聚国内外创新资源，大力培植创新动力源，健全发展创新型经济的区域创新体系。要清醒认识和牢固树立开放创新的新形势和新观念，充分发挥江苏对外开放的先发优势，进一步扩大对高层次知识载体的引进，继续大力引进国内外一流的研发机构、重点实验室和相关领域具有影响力的专家、学者和团队，提高知识层次和高智力资源的密集度，提升知识吸收、消化和创造能力，进一步化解江苏发展创新型经济在高端资源要素方面的瓶颈制约，为创新型经济发展提供更优质、更坚实的资源禀赋。

四是大力发展创新型产业集群，加快形成创新型经济的强劲增长极。结合江苏现有产业基础，确立江苏省产业在全球产业体系中的定位，建立新的产业发展导向，以国家级经济开发区、高新区为依托，以营造更加优越的创新创业环境为助力，大力发展战略性新兴产业，积极培育高端服务业，要更加重视产业的内生性技术创新，力争在重大科技产业发展上有新突破，在主导产业领域内形成领先的自主创新技术，加快形成一批具有引领能力和全球竞争优势的创新集群，成为国内产业和全球价值链中的"技术极"，着力培育和发展能够高效收获创新价值的企业群体，着力发展紧密关联的产业集群、创新集群，积极促进产业价值形态向高端转移，要更加注重对具有全球竞争力的优势产业集群的打造，并在集群的产业发展布局、集群创新和集群的规模经济等多个方面拥有优势。当前，尤其要大力发展高端商务、高端教育、高端研发、高端技术和高端服务业等新兴经济成分，实现集多元知识、技术、人才、资本、文化创意等创新要素的融汇与流动，努力把江苏部分创新创业高地打造成为全球创新要素流动的枢纽和世界级的科技研发与成果产业化基地。

五是培育大型龙头创新型企业，壮大创新型经济主体力量。要十分注重对科技创新型大企业的培育，通过政策引导和市场推动，加快培育出一批研发、支撑、引领能力较强，核心技术拥有自主知识产权，在产业链中处于高端，在区域创新体系中处于主体地位的科技创新型大企业。通过制定和实施企业创新路线图、建设科技企业创新平台等措施，促进产业链、技术链和创新链的加快融合，推动创新型企业尽快成长为规模上 100 亿、500 亿、1000 亿元的大型骨干企业。

六是打造良好的科技金融环境。要针对创新型企业成长的特点，进一步强化政府对科技创新的投入，积极鼓励和引导设立创新种子基金、创业投资基金、科技项目配套及产业化基金，大力发展风险投资和中小科技企业担保基金，探索设立国家非上市企业股权交易代办系统，支持高成长性企业上市融资，吸引全社会力量加强对科技创新型企业的金融服务与支持。

七是推动科技创新区域合作。为适应长三角一体化发展趋势，致力于在更大范围内拓展创新合作与平台建设，要着手建立多层次、多方位、多形式的技术与创新合作，推进产学研合作的国际化进程，使江苏成为全球创新价值链的重要组成部分和国际创新网络的重要环节。

第四章 提高经济运行质量

提高经济运行质量，是江苏经济深入转型升级的重要方面。本章在论述提高经济运行质量对深入推进江苏经济转型升级的重要意义和评述相关研究文献的基础上，从经济运行的稳定性、经济增长的动力结构、经济增长效率、财政与金融的运行质量、实体经济运行质量、经济增长的福利分配等角度对改革开放以来江苏经济的运行质量进行了细致的分析，对制约江苏经济运行质量的因素进行了深入的研究，由此提出了提高江苏经济运行质量的政策建议。

第一节 提高经济运行质量对于经济
转型升级的意义

一、提高经济运行质量是经济转型升级的核心内容

2011年4月，中共江苏省委十一届十次全会作出了《关于又好又快推进"两个率先"在新的起点上开创科学发展新局面的决定》，提出全面贯彻"六个注重"、全力实施"八项工程"、又好又快推进"两个率先"，并且明确将转型升级工程作为首项工程。江苏省委、省政府又进一步出台了《转型升级工程推进计划》（以下简称《计划》），提出江苏将通过5年的努力，加快推进"五个突出"，实现"五个转变"。"五个突出""五个转变"具体包括：突出发展服务经济，推动产业结构向"三二一"转变；突

出扩大消费需求，推动经济增长向消费主导、内外需协调拉动转变；突出提高科技创新能力，推动经济增长向创新驱动为主转变；突出节约资源和保护环境，推动经济增长向集约节约、环境友好型转变；突出调整城乡区域关系，推动城乡区域发展向协调互动转变。

之所以提出转型升级，首要的原因是我们的经济增长方式面临着可持续发展的压力。长久以来，江苏乃至整个中国的经济增长主要依靠投资驱动，经济增长方式粗放，高投入、高消耗、高污染和低效率成为传统经济增长方式的主要内容，这种增长方式对人口资源和自然资源禀赋条件依赖较高。随着人口红利的逐渐消失，资源、劳动力成本不断上升，传统的经济增长方式逐渐失去优势，传统经济结构面临转型。因此，转型的目的要求转变经济增长方式，而提高经济运行质量的实质正是转变经济增长方式，正因为此，提高经济运行质量成为转型升级的核心内容。

二、提高经济运行质量是提高江苏竞争力的内在要求

关于区域竞争力，不同学者给了不同定义。华东师大地理系陆骏认为，区域综合竞争力主要表现在经济竞争力上。微观层面上的经济竞争力就是企业竞争力。在开放的市场经济环境中，企业的竞争力决定了企业的生存和持续发展能力。劳动力和人才、技术和研发能力以及管理水平等构成了企业的竞争能力。经济竞争力的中观层面，体现在产业能级和产业结构上。吴先满研究员主持的江苏省社科院"提高江苏综合竞争力研究课题组"根据国际竞争力的定义，给出地区竞争力的基本内涵：一个地区在一定的社会经济制度和人文自然条件下，在参与国际国内市场竞争的过程中，从全局的高度，根据可以调度的资源，以提高市场占有率为目的，比其他竞争对手生产出更多财富的竞争能力。黄善明认为，区域核心竞争力是区域经济在长期发展中形成的、能使整个区域保持长期稳定的竞争优势，是有效配置资源的区域自我发展能力和自组织能力，具有稀缺性、长期性和独特性。其演变根源在于生产力系统要素的演进，当前在科技、管理与信息等要素上具有优势的区域就具有了核心竞争力。

根据"提高江苏综合竞争力研究课题组"的研究，目前江苏省的竞争力水平在江苏、上海、浙江、山东和广东这五个东部沿海发达省份中大致

处于中游水平，在构成竞争力要素的一些领域如基础设施竞争力、政府管理竞争力和资源环境竞争力方面并不占明显优势。而经济运行质量是提高一个地区综合竞争力的基础，只有经济质量上去了，经济实力、产业、科技、国民素质、资源环境水平等才有可能提高，因此，我们必须提高经济运行质量，以提升江苏在全国的竞争力。

三、提高经济运行质量是解决产能过剩问题的客观需要

国际上，产能过剩的概念最早出现在张伯伦（Chamberlin，1933）的《垄断竞争理论》一书中，他提出垄断竞争导致平均成本线高于边际成本线，从而出现持续的产能过剩，显然，这是从微观经济学角度出发给出的定义。我国学者更多从中观和宏观的角度来解释产能过剩。江涛（2006）认为，产能过剩是在经济的周期性波动过程中，所出现的市场上产品实际生产能力大大超过了有效需求能力的状态。周劲（2007）认为，一定时期内，当某行业的实际产出数量（或产值）在一定程度上低于该行业的生产能力时，通过行业的相关经济指标所反映出来的这种程度超过了行业的正常水平范围时，表明该行业在此时期内出现了产能过剩问题，会对整体经济运行产生危害。曹建海、江飞涛（2010）认为，产能过剩是指企业提供的生产能力和服务能力超过了均衡价格下的市场需求。产能过剩与过去耳熟能详的重复建设、过度投资、恶性竞争以及过度竞争所指的是同一现象。

从江苏的情况来看，2013年，江苏机械、建材等传统行业，光伏、风电等新兴行业产能过剩问题比较突出。机械行业完成投资 6913.1 亿元，同比增长 18.3%，增幅比上年同期回落 10.5 个百分点。光伏、风电行业完成投资 765.6 亿元，同比下降 2.6%。江苏七大支柱产业中，除纺织业之外，电子、化工、电气、钢铁、通用设备、金属制品这六个产业均表现出极为显著的产能过剩现象，平均过剩水平在 60%—70% 左右。产能过剩的原因，既与地方政府盲目追求 GDP、强势推动投资驱动型经济发展有关，也与江苏省传统的产业发展模式如依赖外需、重复投入、创新能力不强有关，反映了以往在经济发展过程中过于追求经济增长速度而忽略经济运行质量的问题。在面对外界经济危机的情况下，这种产能过剩的局面更会进

一步恶化。因此，要解决产能过剩问题，必须高度重视经济运行质量的提高。

四、提高经济运行质量是提高人民生活水平的必然选择

经济增长的最终目标是实现人的发展，提高经济运行质量，最终目的是为了给人民带来利益，使人民享受到经济增长的成果。通过改革开放以来的三十多年经济的快速发展，江苏人民的生活水平普遍得到了提高，现在需要质量上的提高。2014 年年初，《中国经济周刊》旗下智囊机构中国经济研究院通过统计全国 31 个省份公布的 2013 年的最新经济数据（截至2 月 23 日），以北京大学中国区域经济研究中心主任杨开忠提供的"单位GDP 人均可支配收入比值"计算公式（"人均可支配收入"除以"人均GDP"）为基础，计算得出"2013 年 31 省份 GDP 含金量排名"。结果显示，2013 年，中国大陆 31 个省份 GDP 含金量排名依次为：上海、北京、广东、浙江、云南、江西、安徽、海南、重庆、山西、福建、黑龙江、广西、贵州、四川、湖南、湖北、江苏、天津、辽宁、河南、甘肃、河北、宁夏、吉林、山东、陕西、青海、新疆、内蒙古、西藏。2013 年，广东、江苏、山东、浙江 4 省的 GDP 虽然位居全国前四位，但 GDP 含金量却分别排在第 3、18、26、4。江苏 GDP 总量虽然排名第二，但 GDP 含金量的表现却并不突出，甚至有些落后。说明经济增速虽然上去了，人民从经济增长中所享受到的成果却没有得到同等程度的增加，江苏在经济增长的福利分配方面还亟待改善。

第二节　经济运行质量研究的文献综述

一、经济运行质量内涵的界定

从现有文献来看，对经济运行质量的研究基本上是从经济增长质量的

视角展开，对经济运行质量本身进行界定的文献较少。因此，经济运行质量的定义又可有狭义和广义之分。

从狭义上来看，经济运行质量主要指宏观经济运行情况，包括经济增长速度、三大产业、投资与消费、财政与金融、外向型经济、物价水平等方面的基本运行状况。刘淑茹、黄德安（2006）在界定经济增长内涵时曾经指出，经济运行质量与经济整体素质、经济社会效益体现了经济增长质量的三个基本方面的状况。他们认为经济运行涉及运行主体、运行动力、运行机制等重大问题。从经济增长的角度考察，经济运行质量主要在增长方式和增长轨迹上得以体现。增长方式指经济增长是以粗放型经营为主还是以集约经营为主、以外延扩大再生产为主还是以内涵扩大再生产为主。增长方式的优劣，以一定时期的生产力状况、一定的经济增长阶段为根据，如在为起飞创造前提阶段，可能以粗放经营为主、以外延扩大再生产为主较有质量；而在经济进入起飞阶段后，逐步转变为以集约经营为主、以内涵扩大再生产为主，则更能提高经济运行质量。增长轨迹主要指经济增长是平衡增长还是不平衡增长。不平衡增长主要是通过集中投资于某些部门，诱导投资最大化，逐步扩大对其他部门的投资，进而带动整个经济增长。它相对于各业齐头并进的平衡增长，能够更充分地利用现有资源，更有力地推进产业结构的优化，因而有较高的经济运行质量。但要明确，这种较高的质量是以不平衡增长中的协调发展为前提的。经济增长不断在协调中不平衡推进，这是经济运行质量高的显著标志。而经济增长大起大落、各部门绝对平衡，则是经济运行质量低的突出表现。参考任保平、钞小静、魏婕等（2012）在其《中国经济增长质量报告：中国经济增长质量指数及省区排名（2012）》一书中对于经济增长内涵的文献回顾，可以发现，这里的经济运行质量定义等同于书中对狭义的经济增长质量的界定，即资源要素投入比例、经济增长效果或经济增长的效率，即进行经济活动时所消耗和使用的要素投入与经济活动总成果之间的比较。对于一定时期的全部经济活动或一项经济活动而言，如果给定投入下的产出越多，或达到一定产出目标所使用的投入越少，就表明经济增长效率越高，经济增长质量越高。

从广义上来看，经济运行质量不仅仅考虑经济增长速度，将速度以外其他反映经济发展质量的因素纳入到经济运行质量的定义中来。这等同于宽泛意义上的经济增长质量。温诺·托马斯等（2001）认为经济增长质量作为发展速度的补充，是指构成经济增长进程的关键性内容，比如机会的分配、环境的可持续性、全球性风险的管理以及治理结构，并从福利、教育机会、自然环境、资本市场抵御全球金融风险的能力以及腐败等角度对各个国家或地区的经济增长质量进行了比较。研究发现即使水平相近的经济增长率也会给人民的福利带来截然不同的结果，这说明过去的经济政策往往偏重于考虑增加实物资本的投资规模，而忽略了这仅仅是构成高质量增长的众多重要因素中的一项，其实同样重要的因素还包括对人力资本和社会资本的投资，以及对自然资源和环境资本的投资。罗伯特·巴罗（2002）认为经济增长质量是与经济增长数量紧密相关的社会、政治及宗教等方面的因素，包括受教育水平、预期寿命、健康状况、法律和秩序发展的程度以及收入不平等。彭德芬（2002）认为经济增长质量范畴是相对于经济增长数量而言的一个动态概念，是指一个国家伴随着经济的数量增长在经济、社会和环境等方面所表现出的优劣程度，其本质特征是鼓励经济的数量平稳增长；经济的数量增长与资源环境的承载能力相适应，以持续的方式使用自然资源；以先进技术的应用、结构的优化和效率的提高为基础；以提高生活质量为核心内容，消除贫困，体现社会的进步。钞小静（2009）认为，从经济增长的过程来看，经济增长质量是指经济增长结构的优化以及经济运行的稳定性；从经济增长的结果来看，经济增长质量是指经济增长带来的居民福利水平的变化、分配状况以及资源利用和生态环境的代价。

二、经济运行质量的评价与测度

对经济运行质量的评价与测度主要涉及两个问题：一是使用什么样的指标来评价经济运行质量，二是采用什么样的方法来测度经济运行质量。

如何评价经济运行质量，通过哪些指标可以衡量经济发展，国内外很多学者都对此问题进行了相关的探讨。通过文献检索发现，对经济运行质量的评价指标很多，具体来说可以分为单一指标、多元指标体系和综合指标体系（如表 4 - 1）。

表 4 - 1　指标体系种类说明

序号	指标体系名称	指标体系解释
1	单一指标	仅用一个指标测度经济运行质量
2	多元指标体系	用两个或更多个指标测度经济运行质量
3	综合指标体系	运用一定的统计分析方法，将多个指标综合成一个指标。实质上是单一指标体系与多元指标体系的融合

1. 单一指标

即仅用一个指标测度经济运行质量（见表 4 - 2）。

表 4 - 2　单一指标

序号	指标名称	相关参考文献
1	GDP	1934 年，美国哈佛大学经济学家西蒙·史密斯·库兹涅茨（Simon Smith Kuznets）在给美国国会的报告中正式提出 GDP 这个概念，1944 年的布雷顿森林会议（联合国货币金融大会）决定把 GDP 作为衡量一国经济总量的主要工具
2	人均预期寿命	是联合国千年发展目标的重要内容，也是计算一些国际对比指标如人口质量指数 PQLI、人类发展指数 HDI 等的基础
3	全要素生产率	郑京海、胡鞍钢（2005），章祥荪、贵斌威（2008）

2. 多元指标体系

所谓多元指标体系，就是用两个或更多个指标测度经济运行质量（见表 4 - 3）。

表 4 - 3　多元指标体系

序号	指标名称	相关参考文献
1	人口、国民生产总值、人均国民生产总值、人均国民生产总值年均增长率、平均每年通货膨胀率、平均寿命、成人扫盲率、人均粮食产量、人均摄取热量、人均摄取热量占所需要热量的百分比、人均能源消费量	胡延照（1986）

序号	指标名称	相关参考文献
2	经济发展的有效性指标：劳动生产率、投资产出率、贷款产出率、耕地产出率； 经济发展的充分性指标：经济增长率、就业弹性系数、生产能力利用率； 经济发展的协调性指标：产业结构比、城市化率、对外开放指数； 经济发展的持续性指标：资源供求系数、单位产值能源消耗量、环境质量成本变化率； 经济发展的创新性指标：研究与开发投入占 GDP 的比重、高技术产业增加值占 GDP 的比重、专利授权指数； 经济发展的稳定性指标：经济增长波动率、价格指数波动率； 经济发展的分享性指标：居民收入增长率、恩格尔系数、城乡居民收入比	冷崇总（2008）

3. 综合指标体系

所谓综合指标体系，就是运用一定的统计分析方法，将多个指标综合成一个指标，其实质是单一指标与多元指标体系的有机融合（见表 4-4）。

采用什么样的方法来测度经济运行质量主要是针对综合指标体系。目前相关研究文献主要采用熵值法、相对指数法、主成分分析法和因子分析法。

熵值法通过熵值来确定各分类指标的权重。相对指数法是将一系列指标变成可比的指数形式，然后进行简单加总或加权加总来评价的一种统计方法。

主成分分析法，就是设法将原来众多具有一定相关性的变量或指标（比如 P 个指标），重新组合成一组新的、互不相关的几个综合变量或指标，同时根据实际需要从中选取几个较少的综合变量或指标，来尽可能多地反映原变量或指标的信息。主成分分析法较为客观，避免了人为因素的影响；通过主成分的构造，可以消除指标之间的相关影响；各主成分是按方差大小依次排序的，在分析问题时可以舍弃一部分主成分，只取方差较大的几个主成分，同时还可以客观地确定出各个指标的权重，从而减少工作量。

表 4 - 4　综合指标体系

序号	指标名称	相关参考文献
1	ASHA 指标法：用平均国民生产总值增长率、就业率、识字率、平均估计寿命、出生率、婴儿死亡率 6 个指标综合成一个指标	徐寿波（1982）
2	国民生产总值、人均国民生产总值、国民生产总值中第三产业产值所占比重、居民人均消费水平、通货膨胀率、识字率、出生率、平均寿命、婴儿死亡率、城镇就业率、城镇人口占总人口比重、人均年闲暇时间总数综合成一个指标	施祖辉（1991）
3	经济增长稳定性与持续性指标：经济增长率变动幅度、经济增长持续度；经济结构状态指标：第一产业增加值比重、第三产业增加值比重、影响力系数和感应度系数、第三产业就业人数比重、城市化率、高新技术产业增加值比重、基本建设投资与更新改造投资比重、出口贸易总额占世界贸易总额的比重、贸易依存度、工业制成品出口份额、区域发展均衡度；经济增长效率指标：综合要素生产率增长率、社会劳动生产率、投资效果系数、能源利用率、劳动力增长贡献率、资本增长贡献率、科技进步对经济增长的贡献率、R&D 支出占 GDP 比重；财政与金融运行指标：财政收入占 GDP 的比重、赤字率、外债偿债率、负债率、债务率、商业银行不良贷款比重、经常项目逆差占 GDP 的比重、外汇储备增长率占 GDP 增长率的比率；企业运营质量指标：工业增加值率、工资创税率、企业家创新意识、大中型工业企业新产品实现利税占实现利税总额比重、大中型工业企业新产品开发占技术开发经费比重、全面质量管理的广泛程度、国内产品的价格质量比是否优于外国竞争者。将以上指标综合成一个指数	彭德芬（2002）
4	经济增长结构指标：工业化率、一产比较劳动生产率、二产比较劳动生产率、三产比较劳动生产率、二元对比系数、二元反差指数、投资率、消费率、投资消费比、M_2/GDP、进出口总额/GDP；经济增长的稳定性指标：经济波动率、通货膨胀率、失业率；经济增长的福利变化与成果分配指标：人均 GDP、人口死亡率、人均受教育年限、人均住房面积、基尼系数、城乡收入比、泰尔指数；经济增长的资源利用和生态环境代价指标：全要素生产率增长率、资本生产率、劳动生产率、单位产出能耗比、单位产出大气污染程度、单位产出污水排放数、单位产出固体废弃物排放数。将以上指标根据主成分分析法综合成经济增长质量总指数	钞小静、惠康（2009）

　　因子分析法其基本思想是根据相关性大小对变量进行分组，使得同组内的变量之间相关性较高，不同组的变量相关性较低。每组变量代表一个

基本结构，因子分析中将之称为公共因子。因子分析法的思想与主成分分析法大致相同，也是要计算出一个综合值，但这里综合评价值是对公共因子的合成，而不像主成分分析法是对原有变量的合成。

三、影响经济运行质量的原因

刘亚建（2002）论述了影响我国经济增长质量的生产力因素，认为科技竞争力对于经济增长质量至关重要，而促使科技竞争力增长的基础则在教育，目前我国的教育投入太低，导致我国教育困难重重，影响了经济增长质量的提高。戴武堂（2003）认为影响经济增长质量的因素主要有劳动生产率、经济效益、就业率、居民消费水平和消费质量、收入差距的合理程度。从劳动生产率来看，劳动生产率的提高可以加快社会主义国家现代化进程，增强国民经济整体素质，促进经济效益的增长，促进产业结构高级化和生产方式的现代化，与经济增长质量按相同方向变化。从经济效益来看，提高经济效益可以保证经济增长速度，引起产业结构优化，引起产品质量的提高，即经济效益越高导致经济增长质量越高。从就业状况来看，就业率决定劳动者参与社会经济发展的程度，影响劳动者生活水平提高和社会稳定，影响资本积累，与经济增长质量按相同方向变化。从居民消费来看，居民消费水平和消费质量是经济增长质量提高的强大动力，提高消费水平和消费质量可以提高劳动者素质，促进产业结构优化。从收入分配来看，收入差距的合理程度影响经济效率和社会稳定，从而影响经济增长质量。刘海英、赵英才、张纯洪（2004）分析了中国的人力资本对经济增长质量的影响，认为以技术进步为依托的经济增长不仅是高质量的，而且是可持续的，人力资本积累是经济增长的最重要的因素之一，是高质量经济增长循环的基点。人力资本由知识、技能的累积构成，知识、技能在经济系统内的分配状态体现了人力资本的"均化"水平。他们在借鉴基尼系数反映收入差距的经典理论基础上，量化了人力资本"均化"指标，对人力资本与经济增长质量的关系进行了实证研究。刘淑茹、黄德安（2006）认为影响经济增长质量的因素主要有经济效益、社会效益、资源利用水平、生态环境状况、经济结构状况、技术进步程度等，这些方面可选用适当的指标加以反映。如，经济效益方面可以选用劳动生产率、资金产出率、投资效果系数等指标；社会效益方面可以选用经济增长率与通胀率之比、居民收入增长系数、恩格尔系数、就业率等来反映。

四、对现有研究的评价

综上所述，国内外关于经济运行质量的研究文献是比较多的，且有如下几个特点：第一，对经济运行质量的内涵界定由狭义到广义呈现不断深化的过程；第二，对经济运行质量评价指标的研究经历了由单一指标到多元指标进而再到综合指标体系转变的过程；第三，指标的设置在反映国民生产总值的基础上不断发展到衡量经济增长的稳定性、经济增长的结构、经济增长的福利变化和成果分配等多种方面。这些研究发展的特点都表明了对经济运行质量的研究考虑得越来越全面，研究也日益成熟。

前人的研究虽然丰富，但仍存在一些不足。目前的文献主要集中于对经济增长质量的分析，对经济运行质量进行界定和分析的文献较为缺乏。同时，即使是对经济增长质量的界定也存在广义和狭义之分，在定性方面由于对经济增长质量的指标选择随意性较大，得出的结论差异也比较大。

我们认为，衡量经济增长质量高低主要包含这样几点内容：

（1）经济增长的稳定性。过度的经济波动对动态效率的损害很大，一是破坏了经济长期稳定增长的内在机制，造成资源的巨大浪费，影响了经济增长的长期绩效；二是加大了宏观经济运行的潜在风险，经济过热会导致泡沫膨胀，经济过冷会导致失业率上升。（2）经济增长的动力结构。经济增长的长期动力是什么？是依赖物质要素的简单扩张还是依靠扩大内需和先进技术的应用？（3）经济增长效率。主要指经济发展过程中投入与产出关系。如果生产要素投入数量在经济增长中起主要作用，说明经济增长质量较差；反之，单位投入获得的产出越多，表明经济增长质量较好。（4）财政与金融的运行质量。政府的财政状况，负债情况如何？信贷总量和结构情况？利率市场化情况？金融机构不良贷款率？（5）实体经济运行质量。主要指企业的经济效益、创新能力等直接关系实体经济的发展等方面运行情况。（6）经济增长的福利分配。居民生活质量有没有得到提高？因为人是经济增长的主体，实现有质量的增长最终目的是为人类提供更好的生存和发展条件。

在测量方法上，本书选择多元指标体系并尽可能选择学界和世界公认的指标，通过纵向和横向的比较来具体分析江苏各个方面的运行情况，以期得到江苏运行质量方面准确、客观、有可比性的结论。

第三节　经济运行质量分析

一、经济运行的稳定性

1. 周期性

改革开放以来的三十多年来，江苏经济呈现高速增长态势，1978 年以来年平均增长率达到 11.7%。同时，经济增长也经历了多次波动。按照阿瑟·刘易斯"谷—谷"划分方法，结合国内学者对我国经济周期的研究，对 1977—2013 年间江苏的经济增长划分为 5 个周期。每个周期的年平均增长率均达到了 10% 以上，说明江苏经济一直在高位运行。从 2002 年开始，

表 4 – 5　改革开放以后江苏各经济周期经济增速

单位:%

周期起止年份	时间长度（年）	波动幅度①	最高增长率	最低增长率	平均增长率	波动系数②	变异系数③
1977—1980	4	19.8	24.6	4.8	11.7	7.8	0.7
1981—1986	6	7.5	17.3	9.8	12.7	2.8	0.2
1987—1989	3	17.1	19.6	2.5	11.6	7.1	0.6
1990—2001	12	20.6	25.6	5.0	12.9	5.3	0.4
2002—							

注：①指每个周期内经济增长率上下波动的离差；②为年增长速度的标准差；③为标准差/区间内样本平均值。

资料来源:《江苏统计年鉴 2013》。

江苏经济进入新一轮快速增长通道，至今已有10余年时间，从图4－1可以看出，第五轮周期较前几轮表现为更加稳定，波动幅度较小。2002—2007年属于这一轮周期的扩张阶段，2008年后进入收缩阶段。

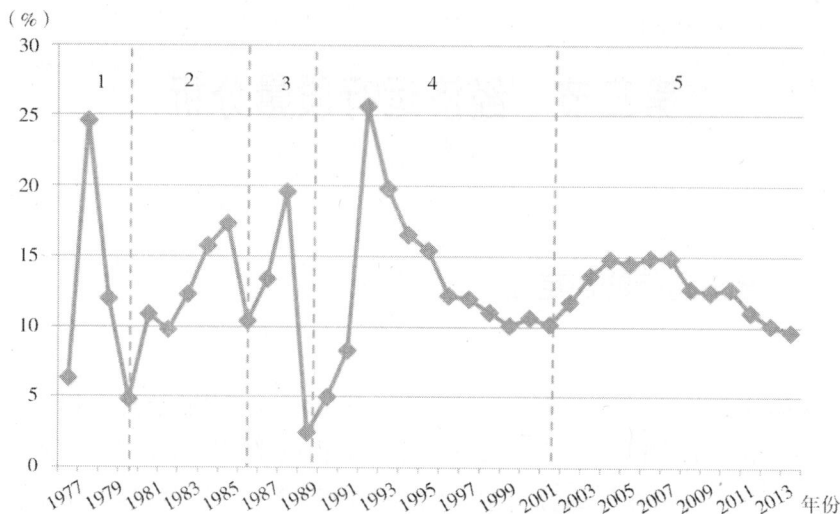

图4－1　改革开放以来江苏经济增长率波动曲线图

资料来源：《江苏统计年鉴2013》。

2. 增长稳态与质量

从五年规划角度来看，经济增长速度最高的是"八五"时期，平均经济增长率达到17%，但经济增长最稳定的却是"九五"时期，增长稳态系数达到0.072。

表4－6　江苏各发展时期经济增长稳态和增长质量

五年规划时期	平均增长率（％）	波动系数	增长稳态系数	增长质量系数
"六五"时期	13.2	2.85	0.216	4.632
"七五"时期	10.0	6.09	0.609	1.642
"八五"时期	17.0	5.66	0.333	3.004
"九五"时期	11.2	0.81	0.072	13.827

续表

五年规划时期	平均增长率（%）	波动系数	增长稳态系数	增长质量系数
"十五"时期	12.9	1.76	0.136	7.330
"十一五"时期	13.5	1.13	0.084	11.925

注：增长稳态系数为波动系数与增长率之比，值越小稳定性越好；增长质量系数为增长率与波动系数之比，值越大质量越高。

资料来源：《江苏经济周期波动的新特征与定量测度》，江苏统计局网站；以及根据《2013年江苏统计年鉴》数据测算。

二、经济增长的动力结构

1. 经济增长的动力结构趋于合理

从对经济增长的贡献率来看，2011年以来，消费对江苏经济增长的贡献率稳步上升，2013年，消费对经济增长的贡献率达到50.4%，比2007年提高5.4个百分点。投资对江苏经济增长的拉动作用较稳定，净出口对江苏经济增长的拉动作用总体呈现下降趋势。

表4-7　2007—2013年江苏投资、消费、净出口对经济增长的贡献率

单位:%

年份	消费贡献率	投资贡献率	净出口贡献率
2007	45.0	40.4	14.7
2008	45.3	40.1	14.5
2009	50.3	59.2	−9.5
2010	46.6	47.8	5.6
2011	50.3	48.8	0.9
2012	49.1	49.0	1.9
2013	50.4	—	—

资料来源：2006—2012年数据根据《江苏统计年鉴2013》数据计算，2013年数据来源于2014年江苏省政府工作报告。

2. 投资驱动特征仍然明显

从结构上看，"十二五"时期，江苏的投资率在50%左右，最终消费

率在 42% 左右，净出口率在 10% 以下。这表明，投资的 GDP 占比仍然最高。

表 4 - 8　2007—2013 年江苏最终消费率、投资率及净出口率

单位:%

年份	最终消费率	投资率	净出口率
2007	42.0	48.1	9.9
2008	41.5	48.5	10.1
2009	41.7	51.0	7.3
2010	41.6	51.1	7.3
2011	42.1	51.0	6.9
2012	42.0	50.4	7.6
2013	45.0	48.4	6.6

资料来源:《江苏统计年鉴 2014》。

3. 净出口对经济增长的贡献趋于下降

近年来，在江苏经济增长的动力结构中，净出口对经济的拉动不断下降，这种趋向是合理的。说明江苏正在开始从出口导向型经济增长方式向内外源并举的经济增长方式转变。2007 年净出口贡献率为 14.7%，2009 年受国际金融危机影响较大，表现为负的贡献率，到 2012 年只有 1.9%。

4. 最终消费率仍然偏低

统计资料表明，不同发展水平国家的消费率是不同的。霍利斯·钱纳里和莫伊斯·塞尔昆（Hollis B. Chenery & Moises Syrquin，1975）在其《发展的型式 1950—1970》一书中通过实证研究得出了与不同收入水平相对应的消费率的标准值。

2013 年，江苏人均 GDP 74607 元，折合成美元后约 12046.6 美元，折合成 1964 年的美元为 2077.7 美元，与钱纳里的标准值相比，江苏目前的消费率还是明显低于钱纳里模型中的标准值。

表4－9　钱纳里—塞尔昆结构化发展模型中的投资率和消费率标准值

人均收入（美元）	100 以下	100	200	300	400	500	800	1000	1000 以上
投资率	0.136	0.158	0.188	0.203	0.213	0.220	0.234	0.240	0.234
消费率	0.898	0.857	0.820	0.802	0.790	0.783	0.769	0.765	0.765

注：人均收入按1964年美元计算。

资料来源：霍利斯·钱纳里，莫伊斯·塞尔昆：《发展的型式1950—1970》，经济科学出版社1998年版。

　　与世界主要国家相似发展阶段相比，以美国为例，1929年人均GDP为850美元，当年消费率和投资率分别为83.9%和15.9%。经过20世纪30年代大萧条后，1941年人均GDP达到950美元，当年消费率和投资率分别为85.4%和14.3%。1962年美国人均GDP达到3140美元，当年消费率和投资率分别为80.6%和18.7%。在其后的20世纪60年代和70年代，消费率基本保持在78%—80%左右，投资率基本保持在18%—21%之间，1978年美国人均GDP达到10000美元，此时消费率为78.7%（见表4－10）。以日本为例，在20世纪60年代和70年代，日本经济高速发展。1966年人均GDP约1000美元，当年消费率和投资率分别为65.9%和32.6%，1973年人均GDP约3000美元，当年消费率和投资率分别为61.8%和38.2%，1980年消费率和投资率分别为68%和32.2%。日本1984年人均GDP达到10000美元，此时消费率为69.1%。因此，与相同发展阶段的国家相比，江苏的消费率偏低。

表4－10　主要发达国家在人均GDP10000美元时的消费率

国家	人均GDP达到10000美元	
	年份	消费率（%）
美国	1978	78.7
德国	1979	80.2
法国	1979	76.5

续表

国家	人均 GDP 达到 10000 美元	
	年份	消费率（%）
英国	1986	82.7
日本	1984	69.1

资料来源：世界银行世界发展指标数据库，http://data.worldbank.org/data-catalog/world-development-indicators/。

同时，江苏消费率与其他国家消费率在时间横截面上的差别也相当明显。在相同的年份，与人均 GDP 相似的典型的发展中国家（阿根廷、巴西、俄罗斯）相比，江苏消费率也偏低，如表 4 – 11 所示。

表 4 – 11　2013 年不同收入水平国家（地区）投资率与消费率的比较

国家/（地区）	人均 GDP（美元）	投资率（%）	消费率（%）
印度	1500	30.0	73.6
阿根廷	14700	18.4	81.9
巴西	11200	17.9	84.6
俄罗斯	14600	22.6	71.5
韩国	26000	29.0	65.9
中国香港	38100	23.8	75.4
日本 *	38500	20.6	81.4
新加坡	55200	29.1	47.9
美国 *	53100	19.1	84.6

注：日本、美国消费率和投资率为 2012 年数据。
资料来源：世界银行世界发展指标数据库。

三、经济增长的效率分析（投入产出）

1. 投资效率分析

"资本—产出比率"（简称 ICOR），是资本存量的边际产量（dY/dK），即产出的增量与资本存量变动的比率，ICOR = I/dGDP，该指标是宏观经济理论中用来衡量投资效率的工具，表明每增加一单位 GDP 需要增加投资单位数量，该数字越大，则投资效率越低。从该指标横向比较来看，2013 年江苏的投资效率高于上海、广东和浙江，但低于山东和全国平均水平。

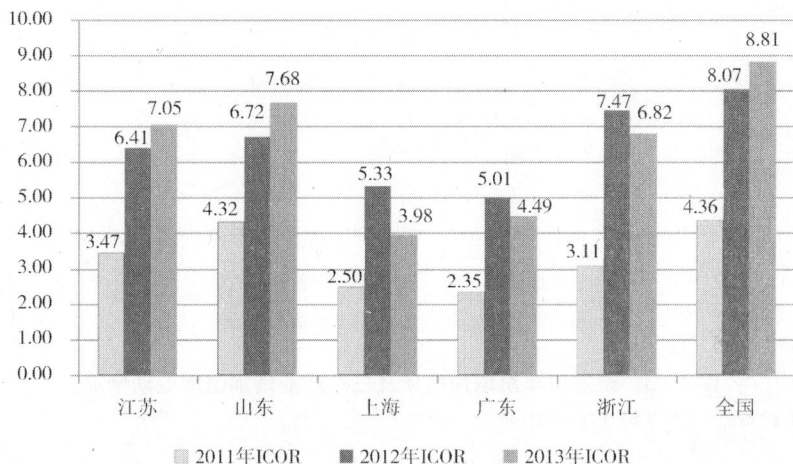

图 4 – 2　苏沪浙鲁粤与全国投资效率比较

资料来源：各省市相关年份统计年鉴。

2. 增加值率

增加值率指增加值占总产出（总投入）的比例，也即单位总产出中所包含的新增加价值。它是从宏观上度量一个经济体投入产出效益及经济增长质量的综合指标。增加值或总产值比重变化可以反映经济结构调整，增加值率变化则可以反映产业经济效益。

从总增加值率来看，江苏近几年表现较为平稳。从 2000 年到 2013 年，江苏增加值率最高出现在 2005 年，为 32.8%，最低出现在 2007 年，为 31.0%，两者相差仅为 1.8 个百分点。

分三次产业看，2000—2013 年，第一产业增加值率呈现上升趋势，而第二产业和第三产业增加值率呈下降趋势。第一产业和第三产业增加值率明显高于第二产业增加值率。第二产业增加值率较低是由于工业增加值率较低所至。工业目前低附加值的制造业仍占主体，因此整体工业增加值率偏低。2005 年工业增加值率最高，为 24.2%，2013 年降至 22.0%。

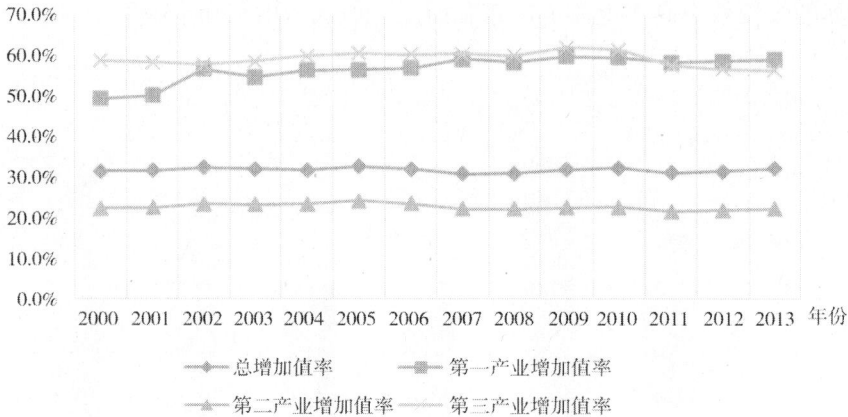

图 4-3 江苏历年总增加值率及三次产业增加值率变动情况
资料来源：《江苏统计年鉴 2014》。

从第三产业内部各行业来看，不同行业之间增加值率差异较大。2007年，增加值率较高的有房地产业、教育、金融业、租赁和商务服务业、信息传输计算机服务和软件业，增加值率均在 55% 以上，增加值率较低的行业如卫生社会保障和社会福利业、研究与试验发展，增加值率均不到40%。从 2002—2007 年增加值率的总体变化趋势来看，第三产业 16 个行业中，6 个行业呈上升趋势，包括邮政业、信息传输计算机服务和软件业、住宿和餐饮业、租赁和商务服务业、综合技术服务业、文化体育和娱乐业，其他 10 个行业均呈下降或者持平趋势，其中下降幅度较大的包括批发和零售业、研究与试验发展、公共管理和社会组织。

表 4-12 江苏第三产业各行业增加值率

单位：%

行　业	2002 年	2005 年	2007 年
交通运输、仓储业	47.7	48.4	45.7

续表

行　业	2002 年	2005 年	2007 年
邮政业	49.5	49.8	53.7
信息传输、计算机服务和软件业	54.0	55.9	56.1
批发和零售业	77.1	75.6	50.4
住宿和餐饮业	39.1	37.5	56.1
金融业	73.3	69.3	59.7
房地产业	81.2	83.5	75.9
租赁和商务服务业	32.3	34.3	56.5
研究与试验发展	53.7	40.0	39.4
综合技术服务业	38.7	51.3	48.7
水利、环境和公共设施管理业	53.6	43.4	53.2
居民服务和其他服务业	50.1	51.5	48.3
教育	69.8	73.2	64.2
卫生、社会保障和社会福利业	45.2	43.6	38.5
文化、体育和娱乐业	53.4	52.8	54.5
公共管理和社会组织	64.4	46.1	41.8

资料来源：根据 2002 年、2005 年、2007 年《江苏投入产出表》数据计算。

与其他地区比较的情况来看，2011 年，江苏总增加值率为 31.2%，仅次于广东（33.0%），高于山东（29.7%）、浙江（28.5%）以及上海（28.1%）。但与发达国家相比存在着较大差距，美国、日本、德国、英国、澳大利亚总体增加值率保持在 40% 以上，其中日本和美国高达 50% 以上。可见，江苏虽然经济增长速度较快，但经济运行质量方面仍存在较大差距，这就为江苏经济发展质量的提高指明了方向，只要提高增加值率，就可以在少增加投入的基础上继续保持经济较快增长。

四、财政与金融运行质量

1. 财政运行质量

财政运行质量是指一个地区的财政收入、支出基本维持在稳定、持续增长的平衡状态，对地方经济的平稳增长起到重要的支持作用。

财政收入占国内生产总值或地区生产总值（GDP）的比重，又称为财政依存度，它是衡量一个国家或一个地区经济运行质量的重要指标，在一定程度上反映了财政在国民经济分配中支配权的大小，同时也反映了政府对经济和社会发展调控的能力。一般来说，财政收入占 GDP 的比重越高，说明国家或地方财力越充足。财政收入占 GDP 比重的高低，不仅与国家或地区的产业结构、经济运行质量有着直接的关系，而且受到国家财税政策、税收征管强度等多方面因素的影响。同时，由于在单个核算期内 GDP 的变化与财政收入可能不同步，因此以单个核算期来看，财政收入占 GDP 的比重会上下波动。但从较长时期来看，财政收入占 GDP 的比重有相对的稳定性和一定的变化趋势。

自 1994 年分税制改革以来，江苏省财政总收入占 GDP 比重、公共财政预算收入占 GDP 比重均呈现不断上升趋势，这说明，随着江苏经济的快速发展，经济结构不断优化，加之各项税收政策不断健全和完善，提高政府财力集中度，财政收入占 GDP 的比重在不断提高。

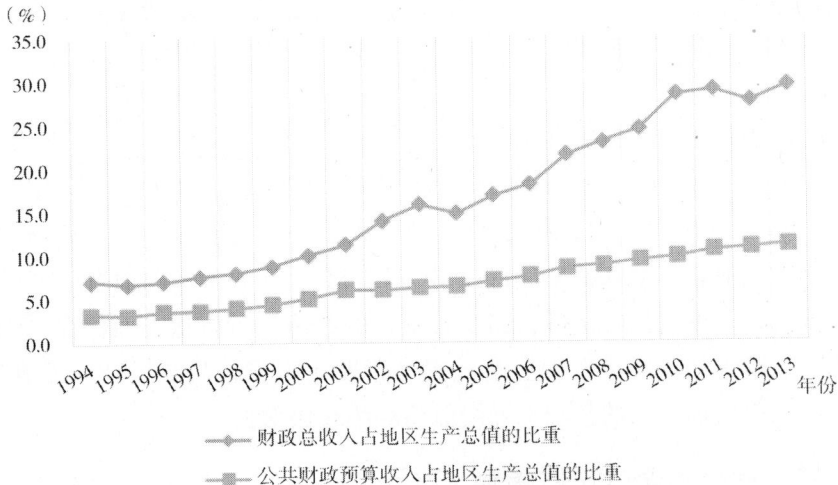

图 4 - 4 1994 年以来江苏财政收入占 GDP 比重

资料来源：《江苏统计年鉴 2014》。

同时，江苏财政总收入占 GDP 比重与公共财政预算收入占 GDP 比重的差距在不断拉大，这也说明江苏财政对国家的贡献比较大，另一方面也说明预算外收入占财政总收入的比重在不断增加，这可能与近几年江苏地方土地出让收入增加有关。

与其他省份相比，2013 年江苏公共财政预算收入占 GDP 比重为 11.1%，在全国居于第 15 位，低于上海（19.0%，全国第一）、广东（11.4%，第 13 位）和全国平均水平（12.1%），高于浙江（10.1%）和山东（8.3%）。

事实上，财政收入占 GDP 比重处于什么状态为宜，国际上并没有通行的标准。一般来说，随着经济的发展，财政收入占 GDP 比重是逐步提高的，而达到一定比例后则趋于稳定。目前，大部分发达国家财政收入（相当我国全口径公共财政预算收入）占 GDP 比重达到 30%—40%，发展中国家基本上处于 25% 以上。2013 年我国全口径公共财政预算收入占 GDP 比重为 22.7%，江苏省为 29.3%，高于全国平均水平。

2. 金融运行质量

人民币存款增速下降。截止到 2014 年 4 月末，江苏省金融机构人民币存款余额 91045.19 亿元，同比增长 9.6%，但增速较上年同期回落 11.4 个百分点。存款在经历 2011 年大幅缓增后，2012 年重新恢复增势，但自 2013 年 4 月以后，增速又开始持续下降。住户存款的大量流失是金融创新和利率市场化加强的结果。当前，包括表外理财、信托计划、资管计划、投资基金、互联网金融在内的新型金融机构和产品越来越多，相当部分的资金运作游离于银行体系以外。由于新型金融产品对现金和企业活期存款的加速替代，导致存款分流趋势更为明显。但是，银行存款增速如果持续下降，必然会增加银行的盈利压力和资本补充压力，并危及银行业的稳定。

人民币贷款增长平稳。截止到 2014 年 4 月，江苏省金融机构人民币贷款余额 64916.92 亿元，同比增长 12.9%，增速较上年同期回落 1.1 个百分点。人民币贷款余额增速自 2012 年以来基本上维持在 13%—14% 左右，增长较为平稳。2014 年全年，江苏新增人民币贷款 7546.6 亿元，比上年末增长 12.5%。

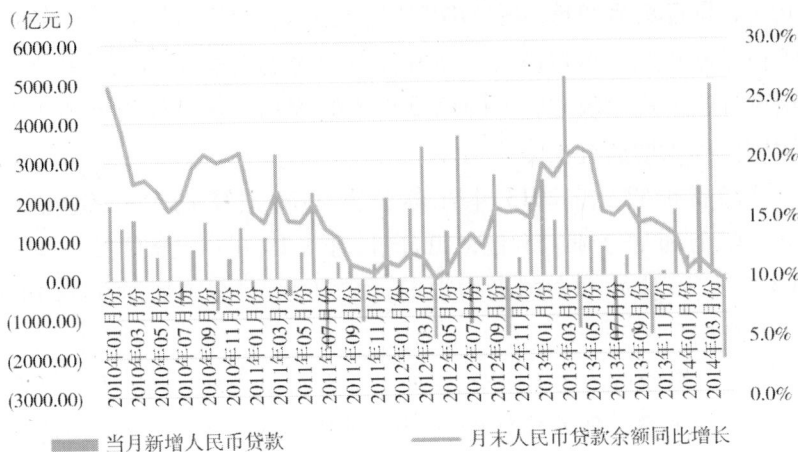

图4－5　2010年以来江苏金融机构人民币存款增长变化

资料来源：根据江苏省统计局网站数据计算。

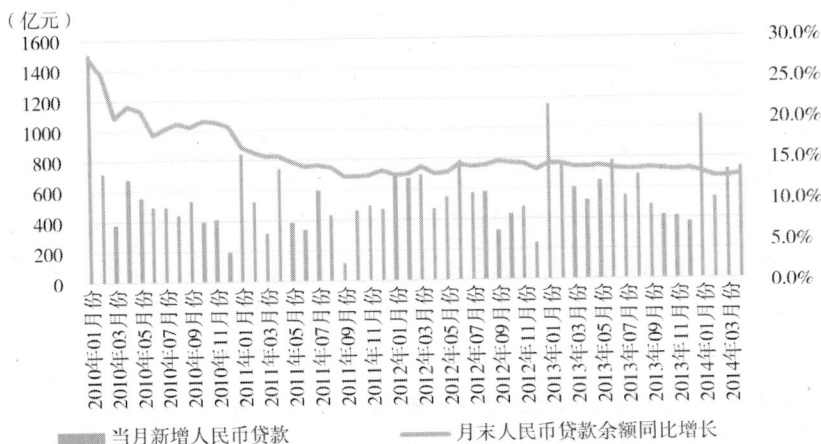

图4－6　2010年以来江苏金融机构人民币贷款增长变化

资料来源：根据江苏省统计局网站数据计算。

债券融资发展较快。债券市场对企业融资的支持作用进一步显现，初步统计，2014年1—3月，江苏省企业累计发行各类债券（含企业债、公司债、直接债务融资工具）925亿元，发行量仅次于北京。其中，直接债务融资工具发行 669 亿元，同比多增 31 亿元，占全国发行量（5730 亿元）的 11.7%。不含央企，江苏直接债务融资工具发行排名全国第一。

证券保险业稳步发展。IPO 重启后，股票融资明显增加，初步统计，2014 年，江苏省企业境内股票融资 701.5 亿元。2014 年，江苏省保险公司保费收入 1683.8 亿元，同比增长 16.4%，其中，财产险 606.3 亿元，同比增长 16.9%，人身险 916.7 亿元，同比增长 13.3%。

小微企业和涉农贷款增长比较稳定。其中小微企业信贷总量持续增长。2014 年 3 月末，江苏省小微企业本外币贷款余额为 16435.9 亿元，同比增长 12.2%，增速较同期本外币贷款增速高 0.6 个百分点。1—3 月，全省小微企业本外币贷款增加 553.5 亿元，同比少增 20.6 亿元。3 月末，全省本外币涉农贷款余额为 22949.6 亿元，扣除南京溧水、高淳撤县建区和泰州姜堰撤市改区因素影响，同比增长 14%，较同期本外币各项贷款增速高 2.4 个百分点。1—3 月，全省本外币涉农贷款增加 966.6 亿元，同比少增 17.98 亿元。其中，3 月份增加 271.9 亿元，同比多增 31.4 亿元。

五、实体经济运行质量

在经济运行中，"实体经济"是用于描述物质资料生产、销售以及直接为此提供劳务所形成的经济活动的概念。它主要包括农业、工业、交通运输业、商业、建筑业、邮电业等产业部门。实体经济始终是人类社会赖以生存和发展的基础。企业是实体经济的载体，也是一个国家经济运行的微观主体，企业的经济效益、创新能力等直接关系实体经济的健康发展。

1. 企业经济效益

企业是以追求利润为目的的，企业的生产和经营必须讲求经济效益，才能不断提高自我改造、自我发展的能力。企业经济效益取决于企业的盈利能力、偿债能力、营运能力等，在此用总资产贡献率、资产负债率、流动资产周转率、成本费用利润率和产品销售率指标来衡量企业的经济效益。从江苏工业企业实际情况来看，从 1998 年到 2013 年，工业企业总资产贡献率由 7.33% 上升到 15.22%，提高了 7.89 个百分点，说明企业的资产质量在不断提高；资产负债率由 62.25% 降低到 56.78%，下降了 5.47 个百分点，说明企业偿债能力在提升；流动资产周转次数由 1.73 次/年提高到 2.63 次/年，表明企业以相同的流动资产完成的周转额多，流动资产利用的效果提升，企业的营运能力提高；工业成本费用利润率由 2.1% 提高到 6.2%，"成本费用利润率"是指工业全部生产投入与实现利润之比，反映工业成本和费用的经济效益，该指标值的增长说明企业的盈利能力有所增强；产品销售率由 95.96% 提高到 98.45%，说明企业的生产与销售衔接程度提高，产品符合社会现实需要的程度有所提升。

表 4-13　江苏规模以上工业企业经济效益指标

年份	总资产贡献率（%）	资产负债率（%）	流动资产周转次数（次/年）	工业成本费用利润率（%）	产品销售率（%）
1998	7.33	62.25	1.73	2.1	95.96
1999	7.82	61.81	1.8	2.93	96.48
2000	8.92	61.8	1.91	3.87	97.15
2001	9.42	60.03	1.99	3.88	97.06
2002	9.67	59.78	2.15	4.28	97.59
2003	10.06	61.95	2.31	4.63	97.86
2004	11.51	62.2	2.43	4.77	97.9
2005	10.5	61.66	2.55	4.51	98.2
2006	11.62	60.58	2.71	4.88	98.53
2007	12.96	60.76	2.77	5.6	98.31
2008	15.03	58.87	2.73	6.42	98.14
2009	13.72	58.14	2.52	6.12	98.32
2010	15.1	57.28	2.53	7.09	98.64
2011	15.63	58.19	2.56	6.97	98.74
2012	15.43	57.26	2.62	6.39	98.82
2013	15.22	56.78	2.63	6.20	98.45

资料来源：中经网中国经济统计数据库、《江苏统计年鉴 2014》。

分不同所有制工业企业类型来看，私营企业的总资产贡献率、流动资产周转次数和工业成本费用利润率最高，说明私营企业较外资和国企运用资产的收益能力较高，流动资产利用效果最好，企业的盈利能力也最好；外商投资和港澳台投资工业企业资产负债率最低，说明外资企业偿债能力最好；国有及国有控股工业企业的产品销售率最高，说明国企的生产与销售衔接程度最高。

表 4-14　2013 年不同所有制工业企业经济效益指标

企业类型	总资产贡献率（%）	资产负债率（%）	流动资产周转次数（次/年）	工业成本费用利润率（%）	产品销售率（%）
国有及国有控股	12.57	62.82	2.18	5.65	100.01
私营	21.04	58.73	3.24	6.50	98.05
外商投资和港澳台投资	12.61	52.80	2.40	6.20	98.44

资料来源：《江苏统计年鉴2014》。

不同省份对比来看，江苏省总资产贡献率高于上海、广东和浙江，低于山东，说明江苏工业企业资产的收益能力在五省市中水平较高；资产负债率低于浙江和广东，但高于上海、山东，说明江苏企业偿债能力在五省市中一般；流动资产周转次数高于上海、浙江和广东，但低于山东，说明江苏企业流动资产利用效果较好；成本费用利润率高于浙江和广东，但低于上海和山东，说明江苏企业盈利能力在五省市中表现一般；产品销售率高于浙江、山东和广东，低于上海，说明江苏企业生产与销售衔接程度较高。

表 4-15　2013 年苏沪浙鲁粤规模以上工业企业经济效益指标

省市	总资产贡献率（%）	资产负债率（%）	流动资产周转次数（次/年）	成本费用利润率（%）	产品销售率（%）
江苏	16.22	56.78	2.75	6.34	98.82
上海	13.71	50.35	1.82	7.59	98.94

续表

省市	总资产贡献率 （%）	资产负债率 （%）	流动资产 周转次数 （次/年）	成本费用 利润率 （%）	产品销售率 （%）
浙江	11.83	60.01	1.85	5.82	97.45
山东	20.21	55.79	3.74	6.97	98.61
广东	13.85	57.29	2.42	6.03	98.07

注：产品销售率为各省市 2012 年数据。

资料来源：国研网统计数据库。

2. 企业创新能力

企业是技术创新的主体，一个地区创新能力的高低最终取决于该地区企业的创新能力。创新既是企业发展的源泉，也是提升企业竞争力、促进可持续发展的关键。因此，了解企业的运行质量，创新能力是必然要考察的对象。

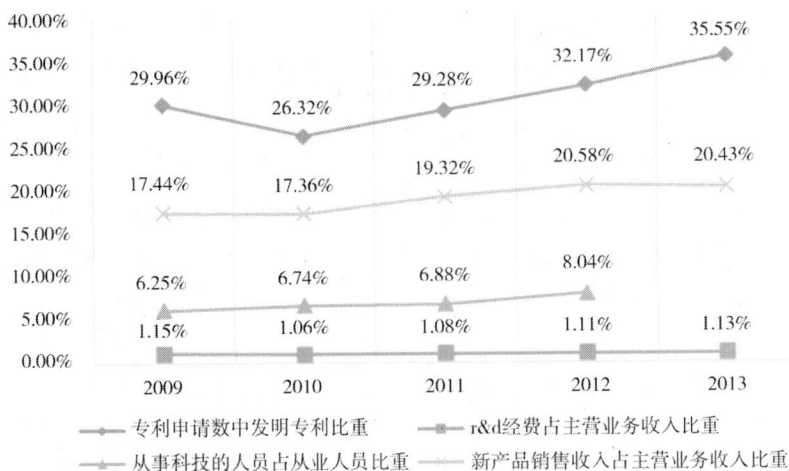

图 4-7　江苏大中型企业创新能力比较

资料来源：《江苏统计年鉴 2014》。

在此我们用 R&D 人员（从事科技的人员）占从业人员比重、R&D 经费占主营收入比重代表企业自主创新投入能力；专利申请数中发明专利比重、新产品销售收入占主营业务收入比重代表企业自主创新产出能力。

纵向来看，江苏省大中型企业近几年创新人才投入有所增加，2009 年从事科技活动的人员占从业人员比重为 6.25%，2012 年增加到 8.04%，但对于创新的资金投入有所下降。创新产出情况表现较好，专利申请数中发明专利的比重由 2009 年的 29.96% 增加到 2013 年的 35.55%，新产品销售收入占主营收入比重由 2009 年的 17.44% 提高到 2013 年的 20.43%。

与沪浙鲁粤四省市相比较，2012 年江苏规模以上企业 R&D 人员占从业人员比重为 4.1%，高于山东和广东，低于上海和浙江，R&D 经费占主营收入比重为 0.94%，仅高于山东，低于上海、广东和浙江，说明江苏企业科技人员投入一般，科技资金投入水平较低。从科技产出情况来看，2012 年江苏专利申请数中发明专利比重为 32.78%，仅高于浙江，低于广东、上海和山东，新产品销售收入占主营业务收入比重为 14.96%，仅高于山东，低于上海、浙江和广东，说明与其他省市相比，江苏企业科技产出相对较低。

表 4-16 2012 年苏沪浙鲁粤规模以上工业企业科技情况比较

单位：%

省市	R&D 人员占从业人员比重	R&D 经费占主营收入比重	专利申请数中发明专利比重	新产品销售收入占主营业务收入比重
上海	4.20	1.20	39.81	21.70
江苏	4.10	0.94	32.78	14.96
浙江	4.25	1.07	18.89	19.56
山东	3.34	0.81	35.18	10.94
广东	3.79	1.20	50.72	16.42

资料来源：《中国科技统计年鉴 2013》、中经网中国经济统计数据库。

六、经济增长的福利分配

经济增长的福利分配是指经济发展的结果对于提高居民生活水平的作

用，高效益的经济发展应使更多的人从中受益。经济发展的福利分配可用劳动者报酬占 GDP 比重、居民收入、收入增长率以及城乡居民收入比等指标来衡量。

按照收入法计算，GDP = 劳动者报酬 + 生产税净额 + 固定资产折旧 + 营业盈余。劳动者报酬占 GDP 比重反映了居民收入在初次分配中的比重。2005 年以来，江苏省劳动者报酬占 GDP 比重基本维持在 40% 左右，2012 年达到 42.3%。同其他省市比较来看，江苏要高于浙江、上海和山东，但低于广东。从国际比较可以看出，随着经济发展水平的提高，劳动报酬份额不断增加，到一定阶段后趋于相对稳定。美国、加拿大、英国等一些发达国家的数据表明，在与我国现有产业结构相似时期，劳动者报酬与业主收入相加，在业主收入占 GDP 比重快速下降的情况下，劳动报酬与业主收入两个账户总和占 GDP 比重仍快速提高。例如：1920—1929 年，美国劳动报酬和业主收入总和占国民净收入的比重为 78.1%，1950—1954 年这一比重增加为 82.1%，1980—1984 年为 81.8%，其中劳动报酬比重由 1920—1929 年的 60.5% 上升到 1980—1984 年的 74.3%，而业主收入比重由 1920—1929 年的 17.6% 下降到 1980—1984 年的 7.5%。因此，江苏省提高劳动报酬的空间非常大。

表 4 - 17　2007 年以来江苏居民收入情况

年份	劳动者报酬占 GDP 比重（%）	城镇居民人均可支配收入（元）	城镇居民收入增长率（%）	农村居民人均纯收入（元）	农村居民收入增长率（%）	城乡居民收入比
2007	37.3	16378.0	16.3	6561.0	12.9	2.50
2008	31.7	18679.5	14.1	7356.5	12.1	2.54
2009	43.6	20551.7	10.0	8003.5	8.8	2.57
2010	41.4	22944.3	11.6	9118.2	13.9	2.52
2011	41.8	26340.7	14.8	10805.0	18.5	2.44
2012	42.3	29677.0	12.7	12202.0	12.9	2.43
2013	43.1	32538.0	9.6	13598.0	11.4	2.39

资料来源：国研网统计数据库、《江苏统计年鉴 2014》。

从居民收入的总量与增速来看，2007 年以来江苏省城乡居民收入总量上有很大提高，2013 年城镇居民人均可支配收入 32538.0 元，比 2007 年增加 16160 元，2007 年到 2013 年年均增长 12.12%；2013 年农村居民人均纯收入 13598.0 元，比 2007 年增加 7037 元，2007 年到 2013 年年均增长 12.91%。与其他省市对比来看，2013 年江苏省城市居民收入绝对量上仅高于山东，低于上海、浙江和广东，城镇居民收入增长率高于上海、浙江和广东，低于山东；农村居民人均纯收入江苏高于山东和广东，低于上海和浙江，增速高于上海、浙江和广东，低于山东。

从衡量城乡居民收入差距的城乡居民收入比指标看，2007 年以来，城乡居民收入比由 2007 年的 2.5 降低到 2013 年的 2.39，城乡居民收入差距在不断缩小。与其他省市对比，低于广东和山东，高于上海和浙江。

表 4–18　2013 年苏沪浙鲁粤居民收入情况比较

省市	劳动者报酬占GDP 比重（%）	城镇居民人均可支配收入（元）	城镇居民收入增长率（%）	农村居民人均纯收入（元）	农村居民收入增长率（%）	城乡居民收入比
江苏	42.3	32538.0	9.64	13598.0	11.44	2.39
上海	41.6	43851.4	9.11	19595.0	10.06	2.24
浙江	42.1	37851.0	9.55	16106.0	10.68	2.35
山东	38.5	28264.1	9.74	10610.0	12.42	2.66
广东	47.7	33090.1	9.47	11669.3	10.68	2.84

注：其中各省市劳动者报酬占 GDP 指标为 2012 年数据。
资料来源：国研网统计数据库。

七、小　结

通过对江苏经济运行的稳定性、动力结构、增长效率、财政与金融运行、实体经济运行、福利分配等方面进行分析，我们将目前江苏经济运行质量状况总结如下：（1）增长率非常高，波动性也较大。（2）典型的投资驱动型经济增长。（3）投资率较高，但投资效率较低。（4）财政金融运行较为平稳，但人民币存款增速下降。（5）工业企业经济效益有所提高，但创新能力不足。（6）城乡居民收入增长较快，但收入福利分配不平等影响了运行质量。

第四节　影响经济运行质量的因素分析

一、传统的发展观念和意识

三十多年来，以低成本要素、高投入和生态环境为代价形成了高速增长的生产能力。一方面，现行的干部考核制度助长了地方政府官员的投资冲动。在中国地方官员的选拔标准中，经济发展是考核地方官员业绩的最重要指标，地方 GDP 的增长更是居于核心地位。在这种考核制度刺激下，地方政府官员为了晋升，纷纷投资上新项目，搞形象工程、政绩工程，最终表现为超前发展、过度投资。地方政府竞争导致政府投资冲动。地方政府竞争是指一个国家内部不同行政区域的地方政府之间为吸引资本、技术等生产要素而在投资环境、政府效率、公共服务等方面开展的跨区域政府间的竞争。地方政府为了经济发展，吸引外部企业，通常更多地通过公共品供给、制度上的创新和政策上的优惠吸引资源流入，从而形成新的税源，实现政府和企业及居民共赢。因此，为了强化地方竞争优势，地方政府需要不断加大基础设施投资，提供更有吸引力的基础环境。传统的投资驱动型经济发展模式形成了经济高速增长的强劲推动力。

二、经济增长的物质依赖

现代经济学认为，经济增长的动力主要来之资本、土地、技术和人力资本。经过多年的努力，江苏在转变经济增长方式方面取得了一定成效，但总体而言，经济快速增长在很大程度上仍然是依靠资本、劳动和资源的高强度投入，因而经济发展的投入成本、资源消耗和环境代价仍然很大。

根据新古典经济增长理论，资本投入在短期内会推动经济的增长，但是其对经济增长的贡献会随着资本边际报酬的递减而不断降低。对苏联、东亚地区以及近期中国经济增长的研究近乎一致地认为，单纯依靠资本、劳动要素投入实现的"粗放型"经济增长是不可持续的，必须依靠技术的进步和生产率水平的提高。现实的情况是，高资本投资的重化工业仍是江苏省的重要支柱产业，2012年江苏重工业产值占全部工业产值比重为74.2%，而同期山东为68%，广东为62.5%，浙江为60.7%。长期以来江苏依靠发展重化工业实现了经济的快速增长，但为此付出了环境污染的沉重代价。2013年，江苏多个城市连续出现雾霾天气。南京、南通、无锡、苏州等地，多个监测站点AQI指数已突破400。雾霾的产生除了气候的原因外，最主要还与高污染、高耗能的重化工企业排放的大量污染物有关。传统的依赖发展重化工业的粗放型经济增长方式亟待转型。

三、长期经济结构失衡的累积

虽然多年来江苏经济增长速度达到两位数水平，但结构失衡问题一直存在并长期累积，影响了经济发展质量的提高。首先是供给结构问题突出，特别是一、二、三产业比例不协调。农业现代化程度不高、工业以重化工业为主、现代服务业发展相对滞后。2012年江苏的三次产业结构为6.3：50.2：43.5，与苏南地区、长三角地区及毗邻的沿海地区相比，广东、山东、浙江等沿海地区的产业结构均较为合理，其中广东最优，而江苏的产业层次最低。其次，需求结构问题突出，投资消费关系不协调。经济增长主要靠投资拉动，导致消费低迷，内需严重不足。第三，城乡之间、地区之间发展失衡。苏南的外贸、外资总量远高于苏北地区，净出口对经济增长的支撑强度要高于苏北，2012年苏南外贸依存度是89.3%，而同期苏北的外贸依存度是15.1%；苏南2012年三次产业比重为2.3：51.5：46.2，苏北2012年三次产业比重为12.7：47.5：39.8，农业比重较大，土地等自然资源丰富，但土地生产率较低；苏南地区城市化水平已经超过70%，进入城市化高级阶段，而苏北地区城市化水平刚刚在50%以上。正是由于江苏长期存在的经济结构失衡，影响了经济运行质量进一步提升。

四、虚拟经济与实体经济的背离

随着信用的发展，以及金融衍生品的增多，虚拟经济与实体经济的背离程度日趋增大，也构成了对经济运行质量的巨大威胁。虚拟经济与实体经济的背离，表现在以下几种情况：一是证券市场。20 世纪 70 年代以来，以证券市场为代表的虚拟经济不断发展，逐渐出现虚拟经济与实体经济背离的情形。以股票、债券市场为例，股票、债券资产本身具有二重性，一方面，以股票、债券筹集的资本进入工商企业，开始现实资本的运动，这是实体经济；另一方面，投资者将所持有的股票作为所有权证书进入股市，这是虚拟经济。股票持有人不仅可以凭借资本所有权定期获得收入，也可以在证券市场上进行交易，规避风险，减少损失以及获得更多的利润。这时，就出现了虚拟资本运动和现实资本运动分离的情况，随着股票在证券市场的反复交易，股票价格的涨落和它们所代表的实体经济运动已经无关，尤其是受证券市场的虚假信息、投机心理等因素影响，股票价格的变动很大程度上已经取决于证券市场的行情。通过比较近年来 GDP 增长率和上证指数收益率，可以看出江苏实体经济与股市存在明显的背离，上证指数的年收益率波动幅度要明显大于 GDP 年增长率，尤其是 2006—2008这三年出现较大波动，2006 年上证指数收益率高达 130.4%，2008 年则降低至 -65.4%；而 GDP 增长率在近 20 年的时间里基本上保持在 10% 左右。

二是房地产市场。近几年由于房地产市场的发展，房地产也逐渐成为虚拟资本的一种形式。一方面是目前房地产的定价并不是以住房成本为依据，这使得住房价格具有较大波动性；另一方面住房的销售价格和租金已经严重的背离，这说明房地产作为虚拟资本发展到一定阶段，房地产业的资本增值和实体经济领域的产品生产和劳务提供无关，这也体现了虚拟经济运行的相对独立性。从图 4-9 可以看出，2003 年以来，相较于 GDP 增速，江苏房价变动呈现出明显的波动性，以南京为例，最高时房价增长率达到 43.4%，最低时为 -8.8%，这种波动反映房地产市场存在明显的投机行为，这种投机行为使得房地产市场与实体经济逐渐呈现出背离。

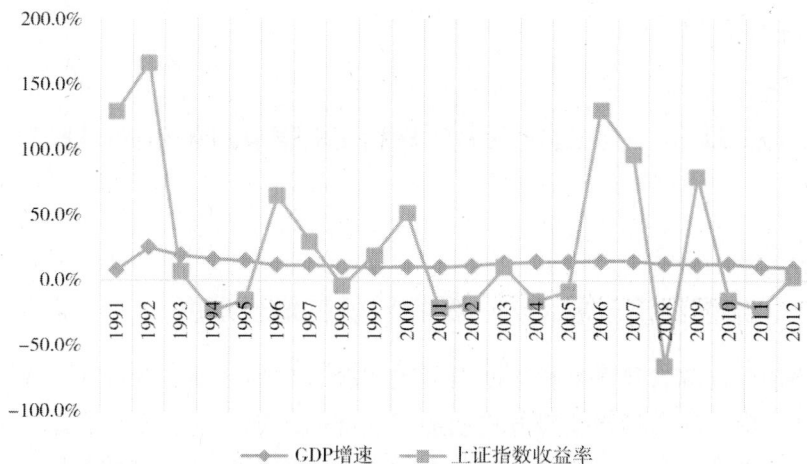

图4－8　股市与实体经济的背离情况

资料来源：GDP 数据来自于《江苏统计年鉴2013》，指数收益率数据来源于 RESSET 金融研究数据库。

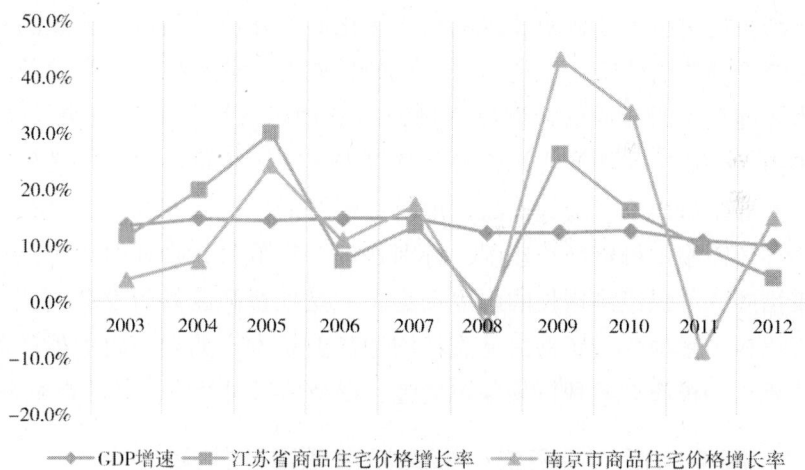

图4－9　江苏房地产市场与实体经济的背离情况

资料来源：GDP 数据来自于《江苏统计年鉴2013》，房价数据来源于中经网产业数据库。

第五节　提高经济运行质量的政策建议

一、增强经济发展动力，保持较快的增长速度

当前，江苏省经济增长速度回落到比较合理的区间，为深化改革、进行结构调整、转变经济发展方式创造了良好的宏观环境。提高江苏经济运行质量，首要的是增强经济发展动力，同时促进经济平稳较快发展。一是刺激和扩大居民消费。从世界发达国家的实践看，消费是拉动经济增长最稳定最持久的动力。近些年来，社会消费品零售总额保持较快增长，对拉动江苏经济增长做出了巨大贡献。要继续刺激和扩大居民消费，最根本的措施是合理增加城乡居民特别是低收入群众收入，提高中等收入者比重。同时，加快构建扩大消费的长效机制，优化消费环境，制定完善鼓励和引导居民合理消费的政策。二是稳定投资增长速度。消费扩大需要较长时间的努力才能见到明显成效，而投资增速对拉动经济增长见效较快。同时，近年来由于发达国家经济增长乏力、进口需求减少和贸易保护主义等因素影响，江苏出口面临严峻的挑战，出口对经济的拉动力较弱。在这种情况下，江苏还需稳定投资增长速度，特别是进一步落实鼓励和引导民间投资的政策措施，增强经济增长的内生动力。三是加快转变外贸发展方式，努力扩大出口。增加一般贸易的比重，增加高新技术产品和高附加值产品出口的比重。积极应对各种贸易保护措施，提高出口对经济增长的贡献率。

二、保持合适的投资率，提高投资质量和效率

树立科学的发展观，从单纯追求经济增长，转变为注重速度与结构、质量与效益相统一；从片面强调经济增长，转变为注重经济发展与人口、资源、环境相协调。以适度投资率作为宏观调控目标，逐步把过高的投资率降下来，优化投资结构，提高投资效率，保持消费和投资长期合理的比

例关系，促进消费的稳定增长。

要积极发挥政府的引导作用，拉动更多的民间投资。进一步放开市场准入，把更多的民间资本引导到国家需要发展的领域中。允许民间资本进入铁路、航空、电信、电力等垄断行业。引导民间投资进入卫生、文化等社会事业领域。鼓励民间资本进入金融服务领域，允许民间资本兴办金融机构和金融中介服务机构。积极拓宽融资渠道，切实解决中小企业融资难问题。发展风险投资基金，建立和完善债券市场，为民间投资者进行高新技术项目投资提供资金支持。进一步深化投资体制改革，建立健全民间投资服务体系，加强服务和指导，清理和修改不利于民间投资发展的政策法规，努力营造民营企业和其他类型企业公平竞争的市场环境，为扩大民间投资提供体制保障。

三、努力提高劳动生产率

前三十年江苏乃至全国基本上都是依靠要素投入保持较高的增长速度，如今，"人口红利"正在消失，据调研，江苏不少企业面临招工难、用工贵问题，企业成本不断增加。而单纯依靠物质资本的投资，对于经济增长来说是不可持续的。从保持经济增长潜在增长率的意义上看，在劳动力出现短缺之后，物质资本继续投入将遇到报酬递减现象的制约。因此，提高劳动生产率，对于保持未来经济持续增长，具有重要的意义。2012年江苏省全社会劳动生产率为113578.9元/人，只有上海的53%，尽管是全国平均水平的1.66倍，但与世界主要发达国家相比，仍有较大差距。一是提高制造业劳动生产率。强化企业技术设备升级，淘汰落后产能，通过减税、上市等市场方式激励企业从制造转向创造。打造"智慧工厂"，在重点领域推广智能制造技术的应用。二是提高服务业劳动生产率。减少低技能劳动密集型的传统服务业的发展，鼓励发展技术密集型的现代服务业，最主要是要放松管制，让社会资源加快进入管制和垄断较多的现代服务业。推广信息技术和网络技术在服务业中的运用，如发展科技金融、科技服务、网络消费等行业，加大对服务业的科技投入力度，促进其技术进步，从而提高生产率。

四、推动优化信贷结构，加强金融监管

引导银行机构加大对在建续建重点基础设施项目、新型城镇化、小微企业、"三农"、消费、创业就业等领域的金融支持。加快发展一批小额贷款公司和村镇银行，满足中小微企业、个体工商户和"三农"的资金需求，促进区域特色产业发展。设立消费金融公司，开展个人消费贷款业务，培育新的信贷增长点，支持居民扩大消费需求。鼓励设立小企业金融服务、私人财富管理、信用卡专营机构等各类新型金融机构。

建立和完善法制体系和监管体系，通过立法规范、执法规范和经营规范，来达到规范金融活动和金融市场运作的目的，防止由于经济主体行为异化和金融运行失常所引发的泡沫经济。提高金融市场监管水平，建立防范虚拟经济演变成泡沫经济的预警机制。可以通过研究经济周期性波动及其规律，找出一些指标，以建立和完善开放性的金融风险预警体系。理顺虚拟经济系统的运行规则与监管方式，积极引导、循序发展。强化国际金融组织合作监管，防范国际游资对国内金融体系的冲击。

五、努力打造创新型产业

重点促进高新技术产业和新兴产业发展。一是大力发展新型光电、电子信息、生物医药、轨道交通装备、先进船舶制造等高新技术产业，打造一批在国际国内领先、具有自主知识产权的品牌、技术和产品。加快实施一批对产业优化升级起关键作用的重大技改项目，引进一批先进设备，利用高新技术和先进适用技术改造传统产业。二是加快推动新能源、新医药、新材料、环保等新兴产业发展。把培育新兴产业与打造特色基地结合起来，努力实现集聚效应。抓好新兴产业重大项目，培育重大整机和终端设备企业，构建完整新兴产业链条，加强产业基础设施和公共服务设施建设，打造高科技、专业化新兴产业特色集群，在部分产业建成国家新型工业化产业示范基地。选择少数的龙头骨干企业，重点给予支持，使其成为具有产业竞争力的发展新兴产业的核心企业。推动建立健全有利于新兴产业发展的财税、金融支持政策，创造各种条件扶持战略性新兴产业，努力为新兴产业发展创造良好的环境。

六、调整收入分配结构，努力缩小收入分配差距

积极调整收入分配政策，切实提高各阶层尤其低收入居民的收入水平，建立居民收入增长的长效机制。要在国民收入初次分配时提高劳动者报酬，使国民收入分配适当地向居民倾斜。要通过制定最低工资标准和严格执行最低工资标准，建立规范的工资增长指导线，形成职工工资正常增长机制。积极采取措施提高低收入阶层支付能力，比如针对收入落后的农民，需要提高农产品价格，增加农业生产的补贴；针对城市低收入阶层提高各地的退休、下岗、待业和其他贫困群体的收入，加大对贫困群体的补贴。为了减少居民的后顾之忧，应加大对社会保障体制的建设力度，进一步健全社会保障体系，补充完善保障项目和保障种类，根据经济发展水平相应提高社会保障水平，降低人们对未来支出预期的不确定性，从而降低居民的预防性储蓄，增加即期消费。

第五章　深入推进产业转型升级

深入推进产业结构调整与产业转型升级，是深入推进江苏经济转型升级的重要内容或任务。长期以来，江苏的产业经济全面发展，产业结构与层次渐次调整与提升，目前，江苏已成为中国乃至国际上重要的现代农业、先进制造业和现代服务业密集发展的基地，这为江苏经济发展乃至全国经济发展作出了历史性的贡献。现在，江苏经济发展步入新常态，总体经济发展也已进入由中期工业化向中后期工业化演进的阶段，适应这样的情况，江苏的产业亟待深入转型升级。本章在分析研究的基础上，给出两条重要而又切实可行的产业转型升级的方向与路径，这就是：发展现代服务业——提高第三产业在经济发展中的比重；发展战略性新兴产业——推动战略性新兴产业向价值链高端提升。

第一节　路径一：发展现代服务业
——提高第三产业在经济中的比重

一、发展现代服务业是产业结构高级化的基本特征

1. 主要先进国家现代服务业的发展都有共同的趋势规律

第一阶段是主要面向消费性的生活服务时期。服务业在国民经济中处于次要地位，只起到一些补充作用。国民经济中三次产业呈现"一、二、三"的特征。第二阶段是商业、交通和通讯发展时期。这一时期服务业作

用提高，但在国民经济中比重仍然较低，工业开始占据重要地位。国民经济中三次产业呈现"二、一、三"的特征。第三阶段是金融、保险和专业服务迅速成长时期。此时期第二产业在国民经济中仍居主导地位，但金融等专业服务成为调整社会资源的重要手段。国民经济中三次产业呈现"二、三、一"的特征。第四阶段是服务业全面提高和发展时期。此时第三产业在国民经济中居主导地位，科学技术和信息产业成为经济增长的主要推动力。国民经济中三次产业呈现"三、二、一"的特征。

2. 科技进步成为服务业成长的主导因素

当代服务业的蓬勃发展，是现代科技对其广泛渗透的结果。新科技在服务领域的应用，不仅大大提高了运营效率，促进了社会生产力的提高，同时还能开发差异化的服务产品。今天，各国都把促进技术进步和服务业的发展作为繁荣经济、增加就业的重要手段。实际上，诸如法律、信息、管理、金融、技术等服务业已成为经济发展的主要推动力。

3. 信息技术产业成为服务业中最有发展潜力的行业

信息产业的大发展是服务业膨胀的最重要内容。信息已成为社会生产和生活不可缺少的宝贵资源，成为提高经济竞争力的关键。1991年被称为是美国工业时代和信息时代的分水岭，这一年美国企业在电脑和通讯方面的支出，第一次超过工业制造方面的支出。美国1993年初宣布兴建"信息高速公路"的计划，这种能把全国以至全球的部门、企业和家庭联结起来，并提供各种服务的电子信息网络，对世界经济生活产生了重大影响，也为信息产业的发展提供了巨大空间，一度受到削弱的美国经济再现生机。1994年美国的国际竞争力超过居首位的日本，重新居领先地位。这正如美国斯坦福大学的经济学家、诺贝尔奖获得者肯尼思·阿罗所说，信息的作用正在改变经济的性质。

4. 生产性服务业成为国际市场竞争的新焦点

服务作为满足市场需求的一部分，也开始被工业生产企业所关注。因为服务经济具有以下三个突出特点：首先是以产品为基础的经济要向以服务为基础的经济转变；其次是企业竞争策略不仅要注重有形产品的竞争，更要注重无形服务的竞争；最后是服务经济要求新的职业培训体系，使员工受到各种专业教育与培训，具备现代科技知识、技能和素养，能够面对新的挑战。

5. 全球经济危机对服务业发展的方向性启示

发展虚拟经济必须和实体经济紧密结合。大力发展生产性服务业，既可实现产业升级，又可有效防止虚拟经济脱离实体经济变质为泡沫经济。美国的教训还警示我们，在开发金融衍生产品的同时必须加强相应监管，避免过度开发，从而控制风险规模，加强对金融衍生产品的监管。金融衍生产品的创新，本来可以分散风险、提高银行等金融机构的效率，但当风险足够大时，分散风险的链条也可能变成传递风险的渠道，美国的次贷危机很充分地说明了这一点。当前我国正在鼓励国有控股商业银行进行业务创新和产品创新，美国的教训警示我们，在开发金融衍生产品的同时必须加强相应监管，避免金融衍生产品过度开发，从而控制风险的规模。

二、现代服务业带动产业转型升级作用机理

1. 通过参与全球产业分工，站稳产业链高端

在全球经济发展仍存在诸多变数的后危机时期，跨国公司必将着手于新一轮全球产业布局的调整，从而使得服务业的国际转移成为重要趋势。一方面，制造业的国际转移仍是全球产业格局调整的重心；另一方面，服务业向新兴市场国家转移的趋势也渐趋明显，并成为热点。从服务业的国际产业转移来看，主要呈现在三个层面：一是与跨国公司有战略合作关系的服务企业，如物流、咨询、信息等服务企业，为了给跨国公司在新兴市场国家开展业务提供配套服务而将服务业进行国际转移，或者是服务企业为了开拓东道国市场和开展国际服务贸易而进行的服务业国际转移；二是跨国公司业务的离岸化，即跨国公司将一部分服务业务转移到低成本国家；三是服务外包，即企业把非核心的辅助型业务委托给国外其他公司。对于东道国而言，第一和第二层面的服务业国际转移都表现为服务业的外商直接投资。

对于正面临经济转型的国家来说，许多传统产业都面临改造和提升，这为现代服务业发展提供了无限商机。因此，在传统产业发展的基础上，通过参与全球分工与融合促进传统产业得以提升，并带来对现代服务业的新需求，这是发展现代服务业的正确选择。从我国和江苏的实际出发有选

择地承接国际服务业的产业转移，不仅可以加速现代服务业的发展，也可以通过引入新型业态、先进技术和完善的企业治理结构，加快提升服务业的现代化水平和国际竞争力。

2. 从制造业中分离出来，通过专业化过程推动制造业产业价值链增值

现代服务业是那些依靠高新技术和现代管理方法、经营方式及组织形式发展起来的，主要为生产者提供中间投入的知识技术信息密集型服务的部门，如金融服务、商务服务、信息技术与网络通讯服务、教育培训与卫生保健服务、第三方物流服务，以及一部分被新技术改造过的传统服务等。随着社会专业化分工的不断深化和泛化，生产者服务会逐步从企业整体的价值链当中垂直分离出来，并成为市场中独立的、专业化的企业或产业部门，它是企业价值链中增值最大、最具竞争优势、也最具战略性的高级环节。

生产者服务是制造业产业集群嵌入全球价值链的关键。在全球化的背景下，只有能够提供各种专业化支持服务、能够不断吸引专业人才和关联企业、能够嵌入全球价值链以及具有高度灵活信息流的制造业产业集群才能快速成长。在制造业产品价值链形成过程中，要经过研发、融资、投入品采购、人力资本组织与培训、生产制造、储存、运输销售等环节，其中大部分环节是处在生产制造过程之外的产品价值形成与实现的服务性过程，这些过程可以在企业内部，通过内部组织完成，也可以外包给专业化服务企业来完成。在现代制造业工艺日趋精细复杂、科技含量不断提高、产品创新加快、生命周期缩短、市场竞争日益激烈的情况下，现代制造业企业必须把资源配给到关乎企业未来发展的核心竞争力的核心生产过程上，而把生产过程的其他方面特别是生产者服务环节占有的资源释放出来，将生产者服务活动交由专业化企业完成，这是制造业降低成本、增加产品附加值的有效途径。

3. 通过改造传统产业，推动产业结构升级

长期以来，我国的经济增长都是粗放式和低成本扩张，资源和环境消耗非常大，江苏的情况也是这样。目前我国单位 GDP 的能源消耗是发达国家的 5—6 倍，随着重化工业的发展，物资资源的消耗强度增加，污染物排放也将进入高增长时期，资源和环境的压力越来越大。服务业尤其是现代

服务业具有高需求和低自然资源依赖的特点，同时对工业化具有较强支撑作用，大力发展现代服务业能够带动产业结构升级，适应经济社会可持续发展和人民生产生活需求的提高。

现代服务业是产业结构优化升级的强大动力。信息传输业协调生产与消费的关系，使产业结构适应需求结构的变化而升级。科技、计算机服务、软件业等生产服务业为三次产业提供服务形式的生产资料，提高产业效率，推动产业升级。教育、物流、金融业为三次产业提供高素质人力、充足的物力和强大的财力，推动产业效率提高。商务服务业提高资源配置的综合效率，促进产业优化。投资环境改善，农业、工业和服务业生产效率提高，信息化、社会化和国际化程度的提高，产业竞争力的加强，都离不开现代服务业的作用。

就第一产业农业来说，围绕着产前、产中、产后的分工与融合，不仅可以促进传统农业向现代农业过渡，而且可以衍生出农业的生产销售服务、科技服务、信息服务和金融服务等新型服务业态及其产业体系。就第二产业来说更是如此，通过专业化分工与产业化融合，对传统制造业实行主辅分离，改变大而全、小而全的企业组织方式，不仅可以提高企业的核心竞争力，促进传统制造业提升为先进制造业，又可以增加制造业对生产性服务的市场需求。而作为第三产业的传统服务业，无论是零售、餐饮等传统的消费性服务业，还是生产资料供应等传统的生产性服务业，也同样需要逐步加以改造和提升，在条件成熟时有的还可以成为现代服务业的新型业态，从而实现由传统服务业向现代服务业的产业转型与升级。

4. 现代服务业对拉动产业升级有着关联效应

关联效应（linkage effect）是美国经济学家赫希曼提出的概念。他认为关联效应是指某一产业投入产出关系的变动，对其他产业投入产出水平的影响和波及。现代服务业通过关联效应可以带来其他行业劳动生产率提高和产出增长。服务业主导产业部门的选择与工业化阶段和产业结构演进规律有密切联系。

关联效应在产业间衔接的链条上是双向的。如果我们把生产终端产品的部门规定为前向，把生产中间产品的部门规定为后向，又假设有三个产业A，B，C，其中A产业为外商投资的生产性服务行业，B产业向A产业提供中间产品，A 产业再向 C 产业提供中间产品。这样，当现代服务业主导产业 A 扩大（或收缩）时，如果诱发了向其提供中间产品的 B 产业的扩大（或收缩），则叫做服务业主导产业的后向关联效应，如果又诱发了把 A 的产品作为中间投入的 C 产业的扩张（收缩），这就称为现代服务业主导产业的前向关联效应。

对于我国和江苏而言，大力发展现代生产性服务业主导产业，不仅意味着我们能够充分利用和发挥自身潜在的比较优势，通过提供高效、优质服务中间产品提高最终产品竞争力，而且还意味着产品竞争力增强所创造出的相当可观的外部经济效益，从而广泛有效地动员国内资源来促进各个行业的发展，并进一步推动国民经济的良性循环和持续增长。

三、服务业主导产业及其选择与培育

1. 主导产业的定义

主导产业是指在经济发展的一定阶段上，本身成长性很高并具有很高的创新率，能迅速引入技术创新，对一定阶段的技术进步和产业结构升级转换具有重大的关键性的导向作用和推动作用，对经济增长具有很强的带动性和扩散性的产业。在产业的生命周期中，主导产业处于成长期。

2. 主导产业的特征

区域或产业大类中的主导产业应该具备以下特征：第一，主导产业应该是能对较多产业产生带动和推动作用的产业，是前后向关联和旁侧关联度较大的产业。第二，由于主导产业的存在及其作用会受特定的资源、制度和历史文化的约束，因此不同的国家或同一个国家在不同的经济发展阶段主导产业也是不一样的，它会受所依赖的资源、体制、环境等因素的变化而演替。第三，主导产业应具有序列演替性。由于主导产业应能够诱发相继的新一代主导产业，因此，特定阶段的主导产业是在具体条件下选择的结果。一旦条件变化，原有的主导产业对经济的带动作用就会弱化，被新一代的主导产业所替代。第四，主导产业应具有多层次性。由于发展中国家在产业结构调整和优化过程中，既要解决产业结构的合理化问题，又要解决产业结构的高度化问题，因此，处在战略地位的主导产业应该是一个主导产业群，并呈现多层次的特点，实现多重化的目标。

目前，江苏省正处于经济转型升级的关键时期，三次产业结构加速调整。国务院要求加快发展服务业，提高服务业在三次产业结构中的比重，使服务业成为国民经济的主导产业，尤其提出要大力发展现代服务业，江苏省的服务业发展的主导产业选择必然要体现出自身经济发展的优势和特征。

3. 主导产业选择的依据和方法

国务院要求大力发展面向生产的服务业，其中包括优先发展运输业、积极发展信息服务业、有序发展金融服务业、大力发展科技服务业、规范发展商务服务业以及提升改造商贸流通业。作为东部地区发达省份，站在经济转型、产业结构调整升级的风口浪尖，江苏省现代服务业主导产业选择显得尤为重要，一方面要通过主导优势产业带动整体经济联动式快速发展；另一方面要为新一轮经济腾飞积蓄资本和动力。

（1）主导产业的选择依据

主导产业选择的理论起源于亚当·斯密的绝对优势理论和大卫·李嘉图的比较成本分析方法，而比较成本分析方法与资源禀赋学说则共同构成了比较优势理论；美国经济学家赫希曼从产业关联的视角研究主导产业的选择问题，使主导产业这一概念得以明确。美国经济学家罗斯托的经济成长理论又为主导产业的选择与研究提供了新的思路；而日本产业经济学家筱原三代平提出"筱原基准"，将主导产业选择的研究向前又推进了一步。

比较优势理论。该理论主张每个国家在国际贸易中充分利用生产要素或资源的相对优势，根据"两利相权取其重，两弊相权取其轻"的原则形成具有本国优势的产业结构。各个国家按照比较利益原则加入国际分工，从而形成对外贸易的比较利益结构。发达国家进口劳动密集型和自然资源密集型产品，出口资本、技术密集型产品；发展中国家进口资本、技术密集型产品，出口劳动密集型产品。

产业关联理论。赫希曼提出产业关联链中必然存在一个与其前向产业和后向产业在投入产出关系中关联系数最高的产业，这个产业的发展对其前后产业的发展有较大的促进作用。

经济成长理论。罗斯托提出国民经济发展的每个阶段，都存在经济增长最快的部门，称之为"主导部门"，主导部门易于通过科技进步获得新的生产函数，易于形成持续高速的增长率并具有很强的带动其他产业部门发展的能力，从而形成扩散效应，而扩散效应最大的产业即为一国的主导产业。

筱原基准。筱原三代平提出了选择主导产业的两条重要基准，即"收入弹性基准"和"生产率上升基准"。收入弹性基准是指选择收入弹性高的产业作为主导产业，这里收入弹性是指需求的收入弹性，从需求的角度提出的选择标准。生产率上升基准是指将生产率上升快、技术水平高的产业部门为主导产业部门，表明了在一定时期内，各产业生产率上升幅度不同，生产率上升越快，相应地生产成本下降也快，生产率上升基准是从供给角度提出的立足于生产的选择标准。

波特的钻石理论。波特的钻石模型主要由生产要素、需求条件、企业战略结构与竞争、相关与支持性产业四个基本要素和机会、政府两个辅助要素组成。波特的钻石体系是一个动态的、双向强化的系统。他强调产业的要素创造能力对于竞争力的作用比简单拥有要素更为重要，这也是国际管理发展研究所（IMD）等研究机构评价各国国际竞争力的理论基础。国家优势的关键要素联结成一个复杂的钻石体系。在体系内，产业要保持既有的竞争优势，同样依赖关键要素的互动、强化，方能形成其他国家可以仿效的产业环境。

（2）现代服务业主导产业的选择方法

①区域性服务业主导产业选择基准

根据前述主导产业选择理论依据，综合考虑产业的比较优势和竞争优势以及区域服务业外向功能的特征，我们这里提出了江苏区域性现代服务业主导产业选择基准。如表5－1所示。

②区域性服务业主导产业选择的指标体系

结合生产性服务业的特点，以客观、科学、可行为标准，江苏区域性现代服务业主导产业的选择应遵循以下原则：（1）面向城市经济和社会协调可持续发展的战略需求，突出特色，发挥优势。（2）坚持市场导向原则。（3）坚持经济效益与社会效益相结合的原则。（4）坚持整合资源和强化优势相结合，强调选择的产业能辐射带动的原则。

表 5 - 1　江苏区域性现代服务业主导产业选择基准

类型	制定基准的角度		基准名称
决定基准	现代服务业主导产业基本特征	产业发展速度快、成长潜力大	需求基准
		产业能将自身的高增长渗透到其他部门，对促进国民经济发展作用较大	产业关联基准
		产业发展依赖的各要素具有比较优势	要素基准
		区域范围和全国范围内的产业竞争情况	竞争基准
		政府对产业的发展起着指导作用，主要考虑产业发展带来的社会效益和经济效益	政府导向基准
参照基准	其他因素	宏观环境的影响	机会基准

　　根据江苏区域性现代服务业主导产业选择的指标体系建立原则，考虑产业发展的规模和发展速度、区域内同产业的竞争情况，综合考虑统计数据的可得性，我们构建了江苏区域性现代服务业主导产业选择的指标体系，如表 5 - 2 所示。

表 5 - 2　江苏区域性现代服务业主导产业选择的指标体系

一级指标	二级指标	三级指标（指标解释）
需求条件	需求规模	用产值贡献表示。产业增加值/区域服务业增加值比重越大，反映该产业需求规模越大
	增长潜力	用"需求收入弹性"衡量，反映收入变化对需求的影响
产业关联度	产业影响力系数	描述了一个产业影响其他产业的程度
	产业感应度系数	感应度指受其他产业影响的程度
生产要素	资本投入要素	用产业"固定资产年均增速"表示，产业资本投入反映产业发展的实力
	人力、技术水平、基础设施等要素	用"相对劳动生产率"衡量。该指标高说明产业要素收益高，效益好，技术进步快。相对劳动生产率 = 区域某产业的劳动生产率/全国范围内社会平均劳动生产率

续表

一级指标	二级指标	三级指标（指标解释）
产业竞争	区域产业专业化程度	描述该产业在某区域的规模化优势，反映在该区域内产业的竞争情况。区域产业相对专业化程度 =（某地某产业增加值/某地服务业增加值）/（区域某产业增加值/区域服务业增加值）
	产业外向度	描述产业对外输出情况，表明在全国范围内产业的竞争情况。产业外向度 =（产业专业化系数 -1）/产业专业化系数，产业专业化系数 =（产业增加值/服务业增加值）/（全国某产业增加值/全国服务业增加值）
政府导向	就业贡献	用"就业规模"和"就业年均增长率"反映。就业规模反映就业总量水平，就业年均增长率反映产业提供就业机会的发展速度，按1：1的比例进行加权
	税收贡献	用"生产税净额"和"生产税净额年均增长率"反映产业生产税净额规模和增长的速度，按1：1的比例进行加权

③现代服务业主导产业选择指标体系算法

a. 第一步确定指标权重

运用德尔菲法（Delphi Method）确定一级指标、二级指标和三级指标的分值。经过专家组反复征询确定指标权重如表5-3所示。

表5-3 江苏区域性现代服务业主导产业选择指标体系权重

一级指标	指标权重	二级指标	指标权重	三级指标	指标权重
需求条件	20	需求规模	10	产值贡献率	10
		增长潜力	10	需求收入弹性	10
产业关联度	20	产业影响力系数	10	产业影响力系数	10
		产业感应系数	10	产业感应度系数	10
生产要素	20	资本投入要素	10	固定资产投资增速	10
		人力、技术水平、基础设施要素	10	相对劳动生产率	10

续表

一级指标	指标权重	二级指标	指标权重	三级指标	指标权重
产业竞争	20	区域产业专业化程度	10	区域产业专业化程度系数	10
		产业外向度	10	产业外向度系数	10
政府导向	20	就业贡献	10	就业规模	5
				就业年均增长率	5
		税收贡献	10	生产税净额	5
				生产税净额年均增长系数	5
合计					100

b. 第二步对指标无量纲化处理

对指标进行无量纲化处理，即对指标进行标准化，使不同的各类指标值转化为可以直接进行计算的数值。i 代表区域中现代服务业的可选择的产业，j 代表对每一个产业的评价指标。

$$y_{ij} = \frac{x_{ij}}{MAX(x_{ij}i = 1, \wedge, n)}$$

$i = 1 \cdots n$, $j = 1 \cdots m$。　　　　　　　　　　　　　　　　(5-1)

c. 第三步对指标进行分值计算

设 Y_{ij} 为第 i 个产业第 j 个三级评价指标的得分，a_j 为三级评价指标权重。则

$$Y_{ij} = y_{ij} \times a_j \tag{5-2}$$

d. 第四步分值加总

$$Y_i = \sum_{j=1}^{m} Y_{ij} \tag{5-3}$$

e. 第五步通过分值比较甄选主导产业

根据表 5-3 对江苏区域性现代服务业主导产业选择的指标体系的分值处理，用百分制评分法，按照各产业得分高低甄选出产业贡献比较大的现代服务业主导产业。需要说明的是：我们在评判选择的过程中没有给出各

个指标的绝对标准评价值，因而各个产业的评价指标是根据相对发展水平的比较来评断的，分值也只是通过比较得出的相对发展水平。

4. 现代服务业主导产业选择

（1）现代服务业分类

根据统计部门提供的分类方法，统计意义上的第三产业包括：交通运输业、仓储和邮政业，信息传输、计算机服务和软件业，批发零售业、住宿和餐饮业，金融业，房地产业，租赁和商务服务业，科学研究、技术服务业和地质勘查业，水利、环境和公共设施管理业，居民服务和其他服务业，教育，卫生、社会保障和社会福利业，文化、体育和娱乐业，公共管理和社会组织，国际组织。本书研究主张将住宿和餐饮业、批发零售业、居民服务业、公共管理和社会组织以及国际组织行业纳入传统服务概念中，甄选出的现代服务业的分类如表5-4所示。

表5-4 江苏现代服务业行业分类目录

行业门类	行业名称
F	交通运输、仓储和邮政业
G	信息传输、计算机服务和软件业
J	金融业、保险业
K	房地产业
L	租赁和商务服务业
M	科学研究、技术服务和地质勘查业
N	水利、环境和公共设施管理业
P	教育
Q	卫生、社会保障和社会福利业
R	文化、体育和娱乐业

（2）数据收集和处理过程

根据2010年公布的《江苏省第二次经济普查数据》，以及历年《江苏统计年鉴》与《中国统计年鉴》数据，依据式（5-1）对各指标实际值做无量纲化处理以使其标准化，处理结果如表5-5所示。

表 5 - 5　江苏现代服务业各行业主导产业选择竞争力指标数值

指标	交通运输、仓储和邮政业	信息传输、计算机服务和软件业	金融业、保险业	房地产业	租赁和商务服务业	科学研究、技术服务和地质勘查业	水利、环境和公共设施管理业	教育	卫生、社会保障和社会福利业	文化、体育和娱乐业
产值贡献率	0.621	0.091	0.195	1.000	0.152	0.044	0.041	0.163	0.087	0.061
需求收入弹性	0.536	0.176	1.000	0.951	0.584	0.124	0.052	0.008	0.007	0.043
产业影响力系数	0.609	0.565	0.715	0.908	0.764	1.000	0.631	0.611	0.714	0.595
产业感应度系数	0.569	0.723	1.000	0.214	0.956	0.338	0.272	0.331	0.422	0.300
固定资产投资增速	0.227	0.216	0.547	0.650	1.000	0.451	0.529	0.000	0.272	0.483
相对劳动生产率	0.426	0.483	0.975	1.000	0.129	0.141	0.177	0.157	0.166	0.426
区域产业专业化程度系数	0.515	0.187	0.180	1.000	0.496	0.183	0.458	0.275	0.282	0.493
产业外向度系数	0.328	0.960	1.000	0.153	0.342	0.981	0.372	0.643	0.627	0.343
就业规模	0.745	0.196	0.314	0.384	0.668	0.260	0.162	1.000	0.425	0.097
就业年均增长率	0.353	0.235	0.126	0.661	1.000	0.360	0.299	0.119	0.199	0.206
生产税净额	0.100	0.006	0.051	0.011	0.043	0.159	0.131	1.000	0.666	0.114
生产税年均增长系数	0.128	1.000	0.000	0.000	0.576	0.589	0.293	0.424	0.451	0.086

（3）计算结果

将表 5 - 5 的指标处理结果与权重相结合，通过式（5 - 2）算出各个评价三级指标的分值，再通过式（5 - 3）对各项指标进行分值加总，各指标分值和加总计算结果如表 5 - 6 所示。

从各行业的得分情况来看，房地产业得分为 64.04 分位居第一位，金融业、保险业得分 58.57 分位居第二位，这两个产业在江苏省的服务经济发展中占据举足轻重的位置，也取得了骄人的成绩，在当今服务经济发展中已经起到了主导产业的作用。租赁和商务服务业得分为 55.67 分，排在行业竞争力第三位，在江苏现代服务业发展中发挥着重要作用。交通运输、仓储和邮政业，信息传输、计算机服务和软件业得分分别为 44.96 分和 41.21 分，排在第四和第五位，科学研究和技术服务业得分为 39.45 分，排在第六位。排在第三位到第六位的江苏省服务业竞争力较强的几个行业连同排在第二位的金融业、保险业都是现代生产性服务业的代表性行业。从指标体系评价的结果中可以得出重要结论：生产性服务业已经在江苏经济中展现了突出实力和重要作用。

表 5-6 江苏现代服务业各行业主导产业选择竞争力评价得分

指标	交通运输、仓储和邮政业	信息传输、计算机服务和软件业	金融业、保险业	房地产业	租赁和商务服务业	科学研究、技术服务和地质勘查业	水利、环境和公共设施管理业	教育	卫生、社会保障和社会福利业	文化、体育和娱乐业
产值贡献率	6.21	0.91	1.95	10.00	1.52	0.44	0.41	1.63	0.87	0.61
需求收入弹性	5.36	1.76	10.00	9.51	5.84	1.24	0.52	0.08	0.07	0.43
产业影响力系数	6.09	5.65	7.15	9.08	7.64	10.00	6.31	6.11	7.14	5.95
产业感应度系数	5.69	7.23	10.00	2.14	9.56	3.38	2.72	3.31	4.22	3.00
固定资产投资增速	2.27	2.16	5.47	6.50	10.00	4.51	5.29	0.00	2.72	4.83
相对劳动生产率	4.26	4.83	9.75	10.00	1.29	1.41	1.77	1.57	1.66	4.26
区域产业专业化程度系数	5.15	1.87	1.80	10.00	4.96	1.83	4.58	2.75	2.82	4.93
产业外向度系数	3.28	9.60	10.00	1.53	3.42	9.81	3.72	6.43	6.27	3.43
就业规模	3.73	0.98	1.57	1.92	3.34	1.30	0.81	5.00	2.13	0.49
就业年均增长率	1.77	1.18	0.63	3.30	5.00	1.80	1.49	0.60	1.00	1.03
生产税净额	0.50	0.03	0.26	0.05	0.22	0.79	0.66	5.00	3.33	0.57
生产税年均增长系数	0.64	5.00	0.00	0.00	2.88	2.94	1.46	2.12	2.26	0.43
总分	44.96	41.21	58.57	64.04	55.67	39.45	29.75	34.60	34.47	29.96

（4）主导产业选择

一是房地产行业需要积极引导。

房地产业的产值贡献率、相对劳动生产率、区域产业专业化程度系数是江苏省现代服务业十大产业中最高的，此外，房地产业的前向和后向关联效应非常大，产业的影响力系数也很大，带动其他行业发展的能力很强，在服务业经济中占有重要地位。房地产行业的这些优势，使其在行业竞争力表现中显得尤为突出。但从对国民经济的税收贡献方面来评价，房地产业贡献略显不足。房地产行业具备自身优势，从宏观经济的角度来说，它是一把双刃剑，如果调控得力，房地产市场得以健康发展，将对经济起到正向带动作用，反之对经济的不利影响也很大。江苏省现在外部经济环境是国际金融危机后期影响还未结束，内部正处在经济转型升级的关键时期，房地产对服务业乃至对于经济的影响需要进一步调控引导。

二是金融业、保险业实力强大，主导产业基础雄厚。

江苏省金融业、保险业实力雄厚，已经具备了成为江苏省现代服务业主导产业的基础。从金融总量和人均指标看：从 20 世纪 90 年代中期以来，江苏金融总量在全国省市中名列前茅，与浙江水平基本持平。2013 年上半年，江苏金融机构人民币存款余额 25860.5 亿元，贷款余额 18485.0 亿元，存贷款余额之和为 44345.5 亿元，存款列广东、上海后居第 3 位，贷款居广东、浙江、上海后排第 4 位，存贷款之和在广东、浙江、上海后列第 4 位。从变化情况看，1996 年以来的十年间，江苏金融机构存款、贷款余额分别年递增 18.6%、17.0%，位于上海和广东之后。江苏经济金融化指数与广东水平接近，在金融业增加值占 GDP 比重、保险密度等方面在全国名列前茅，说明江苏金融机构体系、市场体系和服务体系在不断发展，规模逐步扩大，实力明显增强，全国金融大省的地位已初步确立。

从江苏省现代服务业指标体系评价结果（表5－6）来看，金融业、保险业的需求收入弹性、产业感应度系数和产业外向度系数都是十大现代服务行业中最高的，支持地方经济发展的作用日趋明显。从对 2012 年江苏省投入产出表的分析来看，金融部门对第三产业的直接消耗系数为 0.04564，远远高于第一、第二产业。说明金融部门与第三产业的经济联系非常密切，金融业、保险业为第三产业发展提供强有力的保障，两者相互依存，互相影响。从依存度分析来看，金融业、保险业对第三产业部门存在较强的依赖性。

三是租赁和商务服务业是典型的新兴生产性服务业。

租赁和商务服务业在服务业竞争力评价中也表现出较强的竞争力，其固定资产投资增速在十大服务业中最高，就业年均增长率得分也最高。这说明该产业的增长速度在十大服务业比较中增长最快。是典型的新兴生产性服务业主导产业。其迅猛的发展速度得益于江苏省蓬勃发展的"总部经济"、服务外包等主要商务服务业行业。

商务服务业是服务业发展中的一个新兴领域，是一个范围广，与生产、生活、消费密切相关，成长性好，专业性强，多门类的行业，主要指在商业活动中涉及的服务交换活动，既包括个人消费的服务，也包括企业和政府消费的服务。具体可细分为：专业性（包括咨询）服务、计算机及相关服务、研究与开发服务、不动产服务、设备租赁服务、中介服务、广告业、知识产权服务、企业管理服务、市场管理、旅行社、其他商务服务。近年来，租赁和商务服务业行业不仅涉及法律、税务、咨询、评估、旅游、广告、租赁等类型，而且随着产业结构调整、优化升级需要，与之相配套的商务服务业如会展、研发、软件开发、技术检测、服务外包等高端服务业产业模式应运而生。

商务服务业的发展与一个地区经济的成长和发展密不可分，同时随着政策的放开，社会商务服务企业迅速发展，成为服务业行业发展最快的一个领域，在安排就业、增加税收、提升服务业比重等方面已起到积极作用。

四是交通运输、仓储和邮政业是生产性服务业重要产业。

交通运输、仓储和邮政业一般称为物流业，也是生产性服务业的重要产业。在评价体系得分中各个评价指标的得分都比较平均。其产值贡献率、产业感应度系数、产业影响力系数以及产业专业化程度系数得分都比较高。

江苏省是交通大省，独特的经济区位优势和雄厚的经济基础为江苏发展物流业创造了有利条件，江苏支撑物流业的交通基础设施投资建设规模大，层次高。江苏一系列务实有效的服务业鼓励政策，都给物流业在江苏的顺利发展奠定了坚实的基础。

2013 年上半年，江苏省物流业运行态势良好，主要物流指标好于往年：全省社会物流总额达到 44207.89 亿元，同比增长 22.3%。其中，工业品物流总额为 33950.7 亿元，同比增长 24.0%，占社会物流总额的 78.0%；进口物流总额为 6033.79 亿元；全省社会物流总费用为 2328.7 亿元，同比增长 18.5%。社会物流总费用与 GDP 的比率为 16.35%，同比下降了 0.38 个百分点。2013 年上半年江苏省物流业实现增加值 834.86 亿元，同比增长 15.4%。

但从物流总量来看，江苏自身总物流供给能力目前还不能满足省内的总需求；在全省物流总需求中，有近一半是由其他不同地区的物流供应商提供的。从物流的效率来看，江苏的物流费用与地区生产总值的比重为 16.75%，比全国低 1.65 个百分点，处于偏高水平，但与发达国家的 10% 相比，仍需大幅度削减。从物流分工来看，江苏物流业务的自营比例约为 75% 左右，外包比例目前仅为 25%。

五是信息传输、计算机和软件服务业是引领产业转型的重要产业。

信息传输、计算机和软件服务业是江苏省十大现代服务业竞争力评价指标体系中的新兴优势主导产业，与交通运输、仓储和邮政业同属于现代生产性服务业。其税收增长率评分是十大行业中最高的，尽管行业的发展时期并不长但发展速度很快，其产业相对劳动生产率很高，产业的外向程度也很高，对江苏产业结构向轻型化、高端化转型意义重大，是潜力巨大的新兴主导产业。

江苏省软件业发展具备丰富的人才资源。江苏省有普通高校 80 余所，在校大学生总人数居全国第一，南京市在人才和科教资源方面列全国第三，而且许多高校都设有计算机、软件等相关专业，还有两所国家示范性软件学院，即南京大学软件学院和东南大学软件学院，每年都培养了大量的软件人才。近年来，江苏和周边地区经济高速发展，整个长三角经济区工业化和信息化的步伐大大加快，带动了软件产品旺盛的需求，再加上江苏全省特别是苏南地区良好的对外开放环境，这些都为计算机软件产品提供了广阔的市场。近年来，江苏省委、省政府对软件产业的战略地位予以高度重视，把软件产业作为第一优先发展的产业来抓，并采取了一系列政策措施。在全面贯彻落实国务院《鼓励软件产业和集成电路产业发展的若干政策》的同时，江苏省政府和南京、苏州、无锡、常州等市政府都制订了相应的配套政策，设立了专门的软件产业发展基金，仅省级财政每年就安排1亿元的软件产业专项资金。南京市和苏州市还颁布了对软件企业高级人才的专项奖励办法。宽松、优惠的政策环境吸引了一大批软件专业人才在江苏发展事业，并从这里将优秀的软件产品推向全国、推向世界。

六是科学研究和技术服务业需要政策、体制双重支持。

科学研究和技术服务业的产业影响力系数在十大现代服务业产业中最高，其产业的外向程度也较大，是经济转型乃至后工业社会中社会转型的重要基础产业。丹尼尔·贝尔就曾强调过后工业社会的产业特征之一就是以科技服务业为主导产业。但从评价指标得分来看，目前江苏省科学研究和技术服务业的产值贡献率、就业规模、利税额度还比较低，产业发展的雏形刚刚建立，要成长为主导产业还需要政策和体制的双重支持。

江苏省已经形成了门类齐全、公共机构和民间机构互补的共同发展格局，科技服务产业初具规模，初步形成了一批科技服务业的骨干企业，也形成一部分科技服务的聚集区，重点园区配备了国家级重点实验室、博士后科研工作站等。现有科研门类较为齐全，其中有科研院所218家，技术推广机构319家，生产力促进中心64家，科技咨询机构173家，科技信息服务机构52家，科技创新创业机构75家，专利服务机构30多家，行业协会18家，技术监督机构29家。但目前众多科研机构尚未形成市场化的运作机制，导致行业的竞争力不强，不少服务机构官办色彩较重，缺乏市场竞争的主动性和积极性，服务效率不高。目前省内还缺乏具有核心竞争力的骨干科技服务机构。

第二节 路径二：发展战略性新兴产业

——推动战略性新兴产业向价值链高端提升

一、目前战略性新兴产业仍在重复传统产业的增长模式

2010 年 8 月，江苏省委、省政府确定重点发展新能源、新材料、节能环保、软件和服务外包、物联网六大新兴产业，2012 年 1 月，江苏省政府又印发了《江苏省"十二五"培育和发展战略性新兴产业规划》，明确江苏省"十二五"期间将重点发展十大战略性新兴产业。回顾江苏新兴产业近几年的发展历程发现，大部分新兴产业仍然沿袭传统产业的发展模式，表现在：（1）在国际产业分工体系中，新兴产业主要集中在制造环节，终端产品很少，过分依赖国外市场，国内对新兴产业的终端产品需求不旺盛。（2）加工生产能力不断扩大，但产品附加值低。江苏企业单个太阳能电池板附加值只有德国企业的 26%，低价格仍然是江苏企业国际竞争的主要手段。（3）一般加工技术不断提高，但居于世界先进水平的核心技术缺少。世界先进水平的核心技术、关键技术需要从欧盟、美国购买。（4）企业之间缺乏深度合作。产品相似度高，同质竞争严重。

可见，江苏战略性新兴产业的发展路径和传统产业没有区别，仍然在走产业链中端，价值链低端的老路。没有形成对全产业链全价值链的控制力，在产业链、价值链的各分工环节，存在发展速度的"失同步化"和生产能力分布的不均衡。在某些环节上存在能力过剩和无序竞争，在另一些核心环节上则又缺少掌控力，因而制约着全产业链全价值链整体能力的提升。如此长期发展下去，很可能导致的后果是：已过度拥挤的环节更加恶性竞争，已显脆弱的环节因缺少市场竞争力而被淘汰出局，从而造成新兴产业的"虚胖"与"断环"，无论哪一种情形都将影响和制约整个战略性新兴产业的健康发展。因此，进一步优化产业能力布局，提高对全产业链

和价值链的控制力，将是江苏战略性新兴产业发展面临的迫切而艰巨的任务。

传统体制和新兴产业的不匹配，成为导致新兴产业的发展沿袭传统产业粗放型扩张老路的土壤。江苏不少地方积极发展新兴产业主要是想以此拉动投资，创造"升级版"的 GDP，进而形成新一轮的技术大引进、雷同式布局、概念炒作、低层次竞争等诸多问题。目前，江苏已经有城市将新能源作为本地区的支柱型产业，很多县级城市也提出打造物联网产业。这表现为发展战略性新兴产业成为很多地方政府政绩竞争的又一诱饵。这绝非简单的地方政府"赶时髦"，在我国有着深刻的体制基础。江苏当前战略性新兴产业发展中普遍存在着用老的体制、老的办法来发展战略性新兴产业的倾向和竞争现象。

二、提升战略性新兴产业价值链关键在于提高对全产业链的控制力

商业竞争发展的趋势从原有的企业对企业之间的点竞争转化为产业链对产业链、价值链对价值链的链条式乃至网络式竞争。全产业链、全价值链以企业具备从零部件生产到集成、从研发到服务的产业链、价值链的控制整合能力为基础，以更加高效的价值创造来满足市场需求为目标，是在产业链、价值链上具有相互衔接关系的企业业务的网络集成。所谓"全"，并不意味着企业必须要涉足产业链、价值链的所有环节，其要义在于对产业链、价值链的把控、协调能力。提升战略性新兴产业价值链关键在于提高对全产业链的控制力：一是外聚，即以自信开放的心态，广泛地吸收各方的力量共同发展产业链、价值链，同时要把握住产业链、价值链上的关键业务环节，确保产业链、价值链上的资源为我所用；二是内合，即通过自身的协调管理让全产业链、全价值链上的各业务环节都能协同运营、齐心协力，共同打造全产业链全价值链竞争优势。

目前，世界新兴产业的全产业、链全价值链的发展过程中主要有两种模式。一种是以欧盟新兴产业为代表的以风险共担伙伴关系为纽带、以强力的供应链整合控制形成集成网络的全产业链、全价值链发展模式；另外一种是美国为代表的以本国新兴产业为基础、整合打造自身完整产业能力

的全产业、链全价值链发展模式。欧美新兴产业的两种不同全产业链、全价值链发展模式是基于各自的产业环境和产业基础的现实选择。

就欧盟的全产业链、全价值链发展模式而言，核心环节的系统集成商掌握着产业链、价值链的关键环节和价值创造能力，如设计、集成、市场、营销和市场服务等，而大部分部件和产品的研发、制造及服务由供应商或风险合作伙伴承担。这样不仅使这些系统集成商降低了成本和风险，集中能力向产业链、价值链的高端进一步拓展，同时，也增强了他们对供应商和风险合作伙伴的管控能力，并构建起协同竞争优势，建立起风险共担、利益共享的战略联盟，同时对产业链、价值链的上下游企业具有强大的控制和整合能力，形成了世界新兴产业的全产业链、全价值链的竞争能力。

美国新兴产业的发展模式是依靠其自成体系、配套完整的高技术产业，主要通过对新兴产业内部整合重组，提升自己的全产业链、全价值链竞争能力。力求形成一个从技术研发到市场推广，从原材料供应到标准件加工，从专业化零部件生产到大型结构件组装，从系统集成到产品制造，从技术支持到售后保障的巨型全产业链、全价值链体系，形成面向全球新兴产业市场的全产业链、全价值链竞争力。

江苏战略性新兴产业的发展道路，就是要在吸收欧美新兴产业发展模式优点的基础上，改变技术和市场两头在外的产业发展路径，构建外需和内需相结合的国内外产业分工体系和价值链体系，实现对全产业链全价值链的控制。一方面，以开放合作的模式充分吸纳外部力量，创造与国内外多方合作伙伴的互促共赢局面，使全产业链、全价值链上的各方通过产业的关联效应达到相互配合、相互推动，从而建立一种远远大于单个企业的竞争优势，从点优势向链优势、群优势发展，实现整个新兴产业的全产业链、全价值链的资源整合与优势互补。另一方面，要加大对国内终端消费市场的扶持和开发，逐步形成新兴产业在国内市场的盈利模式和价值链体系。

首先，从开放合作的角度看，利用欧洲债务危机及美国经济没有完全复苏时机，灵活运用"走出去"战略，加强与国际间相关产业的技术合作，在合作过程中获得技术"溢出"，在模仿中创新；加强与新兴市场经济体国家在战略性新兴产业领域内的合作，不仅可以摆脱因过份依赖少数欧美国家而遭受的利润压榨，实现市场的多元化发展，还可以回避西方国家针对中国的贸易壁垒。

其次，扩大国内市场对战略性新兴产业最终产品的生产和需求，把战略性新兴产业的发展和扩大内需结合起来，构建战略性新兴产业的国内分工体系和价值链体系。例如，风力发电并网、太阳能电站的建立，预示着国内对新能源终端消费市场已经在逐步形成和扩大。

再次，提升战略性新兴产业内部协同竞争能力。政府要引导和促进相关企业之间的上下游深度配套合作，逐步形成国内战略性新兴产业集聚区，改变过去一味为国外企业提供零配件，为国外企业代工的合作模式。全产业链、全价值链发展，关键不在于"求全"，而在于"理顺"，形成真正的"链"乃至"网"上的整体协同。

对江苏新兴产业而言，就是要沿产业链、价值链进行整体布局和统筹规划，使"链"上的各个环节都有专长与配合，使"网"上的各个节点都能协调与合力。要改变目前这种单纯依靠引进国外技术加工产品再销往国外市场的发展模式，真正形成合理分工、整体配合、无缝链接、协调发展的新兴产业集群，和以产业集群为平台，以全产业链、全价值链为基础，相互依存、相互衔接的上下游企业间的链式效应，实现充分整合和利用全产业链、全价值链中各方资源能力，建立起发展结构合理、发展秩序良好、分配规则合理、利益关系和谐的产业生态环境，为江苏战略性新兴产业的跨越式发展提供宝贵的空间和资源。

三、推动战略性新兴产业由全球价值链模式向国家价值链转型

战略性新兴产业发展存在的突出问题主要表现为战略性新兴产业的发展有沿袭传统产业粗放型扩张老路的风险、在低端环节竞争过度、自主创新积累能力低和政府介入过度等。因此，由单纯的全球价值链（GVC）模式向国家价值链（NVC）转型，形成 GVC 和 NVC 高端竞争优势，是提升战略性新兴产业价值链的重要路径。

1. 战略性新兴产业发展的价值链转型的阶段模型

基于价值链转型的战略性新兴产业发展的阶段模型由以下五个阶段构成：第一阶段即现阶段，采取单纯 GVC 的战略性新兴产业发展模式。第二阶段，采取 GVC、NVC 构建并重的战略性新兴产业发展模式。用相对独立

的 NVC 替代 GVC，是相对后进的国家实现产业链攀升并最终取得国际竞
争优势的根本路径。第三阶段，采取以 GVC 为辅、NVC 为主的战略性新
兴产业发展模式。第四阶段，采取单纯 CVC（中国价值链体系）构建的战
略性新兴产业发展模式。第五阶段，以 CVC 和 RVC 构建为主体的新 GVC，
构建战略性新兴产业发展模式。战略性新兴产业发展的价值链转型模型强
调由低级阶段向更上层次阶段转型、升级的战略思路和理念。这种基于价
值链转型的战略性新兴产业发展的阶段模型既对应着国家和区域经济发展
方式的转型和升级路径，也对应着战略性新兴产业发展的基本思路。

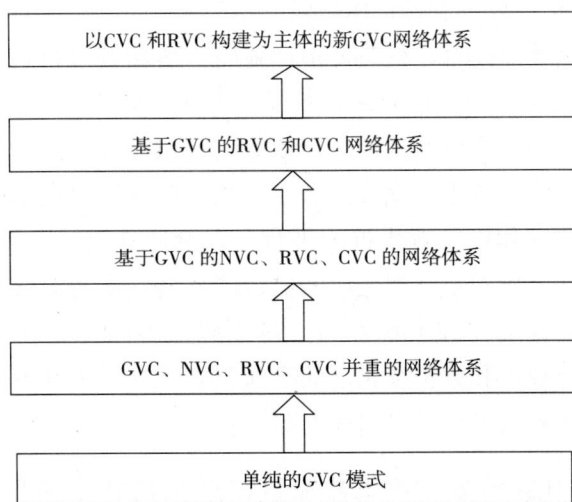

以CVC 和RVC 构建为主体的新GVC网络体系

基于GVC 的RVC 和CVC 网络体系

基于GVC 的NVC、RVC、CVC 的网络体系

GVC、NVC、RVC、CVC 并重的网络体系

单纯的GVC 模式

图 5 - 1　战略性新兴产业发展的价值链转型的阶段模型

2. 单纯 GVC 模式制约着战略性新兴产业价值链提升

单纯 GVC 模式是我国改革开放以来传统产业包括多数高新技术产业增
长的主导模式。虽然这种模式促进了我国成为世界制造业大国，但内在缺
陷也特别明显，这决定了该模式的过渡性。基于单纯 GVC 的产业发展模式
本质上等同于基于 FDI 偏好的产业增长模式，是一种外源型产业扩张模
式。传统 GVC 理论的价值假设相对应着地方产业集群"伪升级"路径。
这种以 FDI、GVC 为偏好的产业集群模式在带来我国制造业高速增长的同

时，也不可避免具有内在劣势，表现为过度依赖 GVC 中主导型跨国公司与内生增长、自主创新受压困境、处于 GVC 低端的"价值链接"与我国国家和江苏区域层面的"价值链断"的多重矛盾。Arndt 和 Kierzkowski 强调，生产过程全球性的地区分离现象对应于 GVC 的"片断化"。金碚也认为，由于发展中国家企业长期处于低端产业价值链、产业价值链的低端环节中，致使企业净收益较低，产品附加价值不高。这表明，单纯嵌入 GVC 的产业发展模式，虽然能推动我国不少产业包括高新技术产业迅速形成集群规模和总量扩张的比较优势，但成为 GVC 统治者包括实现产业增长过程的 GVC 功能升级和链条升级并构建出新型价值链体系如 NVC、CVC、RVC，却一直是个问号。一方面，基于单纯 GVC 的外源型产业发展模式更多的是传统要素集聚机制，技术和知识溢出效应一直低微。另一方面，基于单纯 GVC 的外源型产业扩张模式在缺乏本土企业自主创新支撑的同时，也失去了国内市场高端需求的有力支撑。由于缺少本土性或内源性的有力支撑，即使形成了产业集聚能力，但难以形成集群升级能力，进而也很难促进本土领导企业成长和产业集群升级能力提升。另外，该模式还抑制了我国现代产业体系建立与完善性。如果在经济增长方式转型和升级的今天和未来，我们没有形成 NVC 甚至中国价值链体系（CVC），就意味着我们的经济发展方式转型和升级没有成功，战略性新兴产业也没有形成自己独立的世界品牌，也就不可能进入多层次现代产业体系的顶端。固守于低端制造环节的所谓"新兴产业"，若没有自己的技术发明和专有技术，也不能分享产业和产品升级后的经济利益。因此，不能高估该模式对当前和未来我们经济发展方式特别战略性新兴产业发展的适用性，要着手解决基于单纯 GVC 的外源型产业发展模式对战略性新兴产业发展的巨大障碍。

3. 基于单纯 GVC 的产业发展模式转型和升级成为必然

目前，我们的经济增长既面临着区域经济发展不平衡的矛盾，也面临着经济增长的短期增长与长期发展的两难选择。虽然就目前来看，外商直接投资和对外贸易虽然对我国和江苏经济增长和产业扩张的影响很大，但由于这种产业集群只是处于 GVC 的低端，因此，与我国和江苏的经济可持续发展目标相背。从本质上讲，我国区域经济发展不平衡与 GVC 分布的片段化和非均衡化基本对应，同时，即使借助 GVC 实现了经济高速增长的地区，也只是处于 GVC 价值分布"微笑曲线"的低端，不可能获得产品设计、知识产权、前沿技术的研发和生产"战略性环节"的竞争优势。这与战略性新兴产业发展的战略目标相背。因此我们的战略性新兴产业发展必须以 GVC 转型和升级并建立 NVC 网络体系为前提。中国改革开放过程中形成的全球价值链和国内价值链之间缺乏显著的正相关关系。长期定位在 GVC 底端的外源型产业发展模式不可能实现我们的经济和战略性新兴产业的可持续发展。这需要加快基于单纯 GVC 的产业增长模式向基于国内市场需求的新型价值链体系转型和升级。

4. 基于 NVC 网络体系的战略性新兴产业发展新模式成为方向

战略性新兴产业发展战略处于转型与创新的节点，如何避免我们的新兴产业发展在单纯 GVC 模式上重蹈覆辙，从被"俘获"与"压榨"的 GVC 中突围出来，构建以本土市场需求、本土企业、本土自主创新能力为基础的 NVC 网络体系，是我们的战略性新兴产业发展能"后来者居上"的关键。英国《金融时报》首席经济评论家马丁·沃尔夫提出，中国非常依赖国外的专业技术知识和技能。我们的战略性新兴产业发展路径必须走出这类困境。基于 NVC 网络体系的产业发展新模式，有利于形成我们的战略性新兴产业的内生增长综合竞争优势，能充分利用我们的对外开放的企业基础和政策基础，有利于形成江苏地区开放型经济规模优势和竞争优势，更能形成本土企业、自主创新和国内有效需求"三位一体"的新制度安排。采取基于 NVC 网络体系构建的战略思路，是提升战略性新兴产业价值链的的重要战略创新。

5. 基于价值链转型的战略性新兴产业发展模式的竞争优势

建立和完善价值链转型和升级机制是战略性新兴产业发展竞争优势积累与提升的根本。基于 GVC 和国内市场需求的价值链转型升级机制是我们的战略性新兴产业及其领军企业摆脱单一地依赖 GVC 的出口导向、促进战略性新兴产业可持续发展的重要条件。战略性新兴产业发展的重要标志之一是 NVC 和 CVC 的形成和发挥作用。一方面，我们的战略性新兴产业发展及其模式转型过程中 NVC 和 CVC 的形成离不开 GVC 的辅助作用。另一方面，基于价值链转型升级的战略性新兴产业模式就是从单纯 GVC 外源型模式向基于 GVC 的 NVC 网络体系模式及向基于 CVC、RVC 的内源型模式转型与升级。作为一种内源型模式，其竞争优势来源于基于自主创新能力的有力支撑、企业家精神、国内市场需求培育、本土企业家成长、地方政府行为创新、本土企业创业景气和高成长机制等。

四、价值链向高端转移对产业转型升级的意义

1. 价值链转型和升级是江苏产业转型升级的战略导向

迄今为止，我们还缺乏在掌握领先技术领域催生战略性新兴产业的成熟经验。包括对技术价值的判断、产业化前景的评估、经济可行性的研究；也包括专利、标准和知识产权战略、商业模式、切入市场方式；还包括如何走出产业化初期"先有鸡、先有蛋"困境。何时能成为 GVC 统治者，如何实现我们的产业发展 GVC 功能升级和链条升级，改变我们的制造业企业在 GVC 低端锁定困境，构建出新型价值链体系如 NVC、CVC、RVC，是我们的战略性新兴产业发展战略转型与升级的关键问题。如果我们的战略性新兴产业没有自己的 NVC 甚至中国价值链体系（CVC），就意味着我们的战略性新兴产业没有实现真正意义上的产业突破与创新，也就不能肩负起我们的产业转型升级支撑和引领的使命。必须强调，基于单纯 GVC 的外源型产业扩张模式具有致命的脆弱性，不能成为我们的战略性新兴产业发展的长期主导模式或终极模式，亟须向基于 GVC 的 NVC 转型与升级。温家宝同志指出，"选择关键核心技术，确定新兴战略产业直接关系中国经济社会发展全局和国家安全。选对了就能跨越发展，选错了就贻误时机"。如何根据自身已有条件和价值链治理模式来找到我们的战略性新兴产业发展最适合的切入点或价值环节，推进价值链转型升级，是我们的战略性新兴产业发展模式创新的战略方向。因此，价值链转型升级不仅是我们的产业升级的必由途径，也是战略性新兴产业发展的内在要求。

2. 形成 GVC 和 NVC 高端竞争优势是战略性新兴产业发展的核心

形成基于 GVC 的 NVC 网络体系，是基于价值链转型的我们的战略性新兴产业发展的现实选择。在五种不同类型和性质的价值链类型中，从事战略性新兴产业的本土企业可以发挥"杠杆能力"，把在低层次价值链阶段中学到的东西运用到高层次的价值链阶段中来，从而实现低成本的产业升级。价值环节重组"空间"的选择和产业集聚程度的变化，都是为了提

高不同价值环节企业的收益或降低其成本。从事战略性新兴产业的我们的本土企业，既要加入 GVC，同时又要成为 NVC 网络体系的最重要微观行为主体，在 NVC 网络体系中形成本土企业生产能力和设计能力积累和商业化机制，牢固掌握和控制设计环节、销售广告环节、研发环节等战略环节的控制能力及其国内市场应用能力，形成引领国内高端市场需求、专业性市场平台体系的商业网络，建立完善战略性新兴产业的销售终端渠道和国内销售虚拟网络、产品和行业标准的制定，培育基于国内高端市场的世界品牌、本土的领军型跨国本土企业，奠定我们的战略性新兴产业竞争优势的核心力量。对应 NVC、CVC、RVC，形成一批掌握关键环节控制终端市场的"龙头企业"和"领军型企业"，积累基于功能升级、链条升级等的"自主创新"能力，并最终成为 NVC 甚至新 GVC 网络体系的治理者和统治者，这是我们的战略性新兴产业发展战略创新的主要内容。

第六章　推进农业现代化

农业现代化是中国和江苏现代化的重要组成部分。发展现代农业，是深入推进江苏经济转型升级以及产业转型升级的重要内容。本章对江苏积极推进农业现代化进行分析研究。

第一节　农业现代化与江苏率先发展

一、农业现代化：概念与特征

现代农业脱胎于传统农业，又与传统农业有着内在的本质差别。传统农业所对应的是自然经济状态，其重要特点是农业活动主要依靠人力和畜力，并在相对封闭的环境内进行，与外部缺乏能量交流，在遵循自然规律的基础上周而复始、缓慢发展。传统农业虽然是传统社会最重要的主导产业，但因为缺乏抵御各类自然灾害的能力同时也是低效率的弱质产业。在传统农业社会，解决好社会成员的温饱问题始终是一件难以完成的难题，因为即使某些年度因风调雨顺获得丰收，一旦遇到大规模自然灾害，农业依然会面临灾难性打击。

现代农业的产生是对传统农业的深刻革命，它是在工业革命和商品经济共同驱动下产生的，外部能量的持续注入彻底改变了农业的面貌。第一，农业逐步被纳入到现代化社会大生产当中，成为现代产业体系的重要组成部分，不仅现代农业内部分工趋于深化、细化，农业与其他产业之间的关系日益紧密，在此过程中，农业在国民经济中占比趋于下降但重要性并未下降；第二，随着现代科技的广泛应用，农业进入到一个快速成长的轨道，农业生产率大幅提升；第三，农产品不再是满足自给自足的内部需求，而是着眼于满足外部市场需求，农业活动成为市场活动，随着外地农产品的大量涌入，消费者对农产品的选择范围大大提高，这也进一步增加了本地农业的竞争压力；第四，农业生产的区域分工日益显著，各国和各地区依据各自的资源禀赋从事农业生产，农产品的跨境流通成为现代农业的一大趋势；第五，现代农业以现代化管理为标志，生产经营呈现专业化、组织化、社会化和产业化特征。

在现代化语境中，农业现代化意指应用现代科技、现代组织方式、现代理念从事农业活动，既是农业高度发达的一种稳态状况，同时也是不断高级化的动态状况。简而言之，农业现代化是现代农业的世界前沿，以及达到和保持世界前沿的行为和过程。[①] 对于后发追赶的经济体而言，农业现代化是追赶、达到和保持世界农业领先水平的过程。总体而言，在一个经济体的现代化进程中，农业在国民经济中的占比持续下降，并大致稳定在比重较低即约 10% 的水平。但比重下降，并不能改变农业在国民经济中的基础地位，农业在现代产业体系中仍然发挥着不可替代的独特作用。对于中国这样的大国经济体而言，发展现代农业，推进农业现代化更是有着特别重要的意义。大国经济体有条件也有必要形成比较完整的现代产业体系，而现代农业尽管比重不高，但在国民经济体系中有着不可替代、不可或缺性，这种独特地位正是现代农业日益凸显的特质。

二、江苏率先实现农业现代化：必要性与可能性

2014 年 12 月，习近平总书记在视察江苏时提出，发达地区在农业方面一定要带好头、领好向，把工业化、信息化、城镇化、农业现代化同步发展真正落到实处。江苏要加快建设现代农业，力争在全国率先实现农业现代化。江苏肩负在全国实现"两个率先"的历史使命，需要也有条件率

---

① 中国科学院中国现代化研究中心：《农业现代化的趋势和路径》，科学出版社 2013 年版，第 34 页。

先实现农业现代化。率先实现农业现代化是江苏率先基本实现现代化的重要环节。在三次产业中，农业份额虽小，却是三次产业这个"陀螺"的尖，无"尖"不转，无"尖"不活。江苏率先实现农业现代化，意味着农业生产摆脱"靠天吃饭"向发展可控的生产转变，其理想图景是在全国率先达到生产技术先进、经营规模适度、市场竞争力强、生态环境可持续的状态。所谓"生产技术先进"是现代农业的基本标志，在育种、栽培、管理、加工、运营等各个环节广泛应用现代科技；所谓"经营规模适度"，就是改变传统小农生产模式，但不盲目追求规模，为此要培育种植大户、家庭农场、合作社等新型经营主体，提高规模效益；所谓"市场竞争力强"，就是农产品生产销售以市场为导向，不依赖国家提供支持保护，而在开放条件下具备独特竞争优势，特别是未来部分农产品面对更加开放的国际市场时仍具有高竞争力；所谓"生态环境可持续"，就是以发展生态农业为导向，转变农业生产方式，把农业生产与生态环境治理与保护、资源的培育与高效利用融为一体，实现高产、优质、高效与持续发展的目标，达到经济、生态、社会三大效益统一。

1. 江苏率先实现农业现代化的必要性

（1）加快农业现代化建设是推进"四化同步"的客观要求。党的十七届五中全会提出，在工业化、城镇化、信息化深入发展中同步推进农业现代化。"四化同步"中的四个子系统相互促进，构成一个系统整体：其中，工业化创造供给，拓展社会生产可能性边界；信息化降低交易成本，增强经济密度；城镇化释放需求，提升经济质量；农业现代化稳固国民经济基础，并创造新的产业成长空间。农业现代化是"四化同步"的有力保障，江苏发展现代农业的产业基础好，有条件在"四化同步"中推进农业现代化，实现向农业要效益，使"土地产黄金"。

（2）加快农业现代化建设是江苏实现"两个率先"的重要内容。"小康不小康，关键看老乡"。同样，衡量现代化的核心指标，是看群众特别是农民是否从现代化中受益，是否达到与现代化相匹配的生产生活状态。江苏实现"两个率先"，重点和难点在农业农村。没有农民的全面小康，就没有江苏全省人民的全面小康；没有农业的现代化，就没有江苏全省的现代化。农业不仅不能成为江苏产业体系中的短板，而应成为保障全省经济持续健康发展的"压舱石"。在"两个率先"大局中审视农业现代化，就是要找准农业定位，夯实农业基础，释放农业潜能，使农业现代化成为"两个率先"的可靠战略依托。

（3）加快农业现代化建设是转变农业发展方式的迫切需要。当前，在环境资源瓶颈加大、生产成本高企、市场竞争加剧等多重压力下，江苏农业亟待通过转变发展方式以提高农业比较效益和综合竞争力。在经济新常态下，转变农业发展方式的基本原则在于坚持以改革为动力，以科技为引领，以法治为保障；重点是推动农业发展由数量增长为主真正转到数量质量效益并重上来，由依靠资源和物质投入真正转到依靠科技进步和提高劳动者素质上来。

2. 江苏率先基本实现农业现代化的可能性

（1）江苏推进农业现代化已有一定的基础。江苏是全国唯一同时拥有大江、大河、大湖、大海的省份，国土主要由适合农业的平原、丘陵、水面构成，其中平原面积占陆域国土空间的68.8%，主要由苏南平原、江淮平原、黄淮平原和东部滨海平原组成，江河湖泊密布，水面面积占16.9%，平原和水面面积比重均居全国各省区之首。低山丘陵环绕，集中在西南和北部地区，面积占14.3%。全省四季分明，地势平坦，水土资源丰富，自然灾害少，是我国不可多得的承载能力强、开发适宜性高、人居环境优的区域，在发展农业上具有得天独厚的资源禀赋。2010年，江苏建设用地面积为2.16万平方公里，农用地面积6.59万平方公里，分别占全省的20.2%和61.8%；未利用地面积（含水面）占18.0%；后备土地资源丰富，尚未围垦的海域滩涂资源达5000平方公里，约占全国的四分之一。长期以来，重农始终是江苏产业发展的基础，无论是发达的苏南，还是相对欠发达的苏北，尽管农业在国民经济中的占比不断下降，但所受到的重视程度有增无减。目前，江苏现代农业已达到较高水平，推进农业现代化已具备良好基础。一是农业产出效益明显提高，2013年，粮食十年增产190多亿斤，粮食单产达到425.7公斤，高于全国67.2公斤，创建"亩产吨粮县"14个，创建高产增效万亩示范片1065个，水稻单产565.6公斤，连续多年居全国主产省之首。二是农业科技推广普遍加强，2013年，江苏省农业科技进步贡献率达63.2%，居全国第一；全省拥有国家级育繁推一体化种业企业 3 家，育成超级稻品种 16 个，占全国的 1/6，育成国家级畜禽新品种 11 个，总量居全国第二；产业关键技术，促进农业科技成果的集成创新和转化应用，推行"首席专家＋创新团队＋推广单位＋示范户"模式；农村持证农业劳动力占农业劳动力的比重、农业公共服务体系健全率、新型农业信息服务覆盖率进一步提升。三是农民收入快速增长。2013 年，江苏省农民人均纯收入达 13598 元，比上年增长 11.4%，增幅连续 4 年超过城镇居民；城乡居民收入比为 2.39 ∶ 1，是城乡收入比全国最小省份之一。四是生态友好型农业快速发展。2013 年，江苏省大中型规模畜禽场畜禽粪便无害化处理与资源化利用率达到 83%，农作物秸秆综合利用率达到 85%，全省已有 12.8 万个村完成村庄环境整治任务，全省休闲观光农业年综合收入已超过 180 亿元。五是农业龙头企业带动能力明显。2013 年，江苏省共有县级以上农业龙头企业 5645 家，其中省级 546 家，国家级 61 家；国家级农业产业示范化基地总数达到 13 家，与山东并列全国第一；全国"一村一品"示范村镇总数达到 48 家，位居全国第二。

（2）江苏省工业化、城市化的快速发展为农业现代化提供重要动力。改革开放以来，随着工业化和城市化进程的加速，大量适宜的农业用地转化为工业用地和城市建设用地，对农业形成了比较明显的"挤出效应"。这种"挤出效应"的出现具有必然性。一方面，工业化带动非农产业的快速发展并成为国民经济的主导产业，土地资源被自然地配置到更为高效、产出效益更高的领域；另一方面，城市化带动大量农业人口转移到城市，城市势必需要消耗更多土地资源。尽管工业化、城市化消耗了大量的土地资源，但江苏特是苏北地区仍保有规模可观的农业用地，这成为江苏推进农业现代化的基础条件。同时，工业化、城市化对农业也具有正面的拉升与推动效应。首先，工业化、城市化极大增加了农产品的有效需求，为现代农业发展提供了广阔的市场空间。例如，城市居民对农产品种类、品质、安全性等需求不断提升，为满足"挑剔的客户"的需求，农业从生产环节到销售环节，农产品从田间地头到餐桌，都需要进行持续创新与改进。其次，工业化、城市化为现代农业提供了必要的资本、技术和管理等要素支持，这是从传统农业向现代农业转变不可或缺的要件。再次，工业化、城市化的发展在客观上要求现代农业更加高效、更为环保、功能性更强。纵观世界各国现代化进程，凡是首先实现现代化的国家，都实现了农业现代化。和江苏资源禀赋较为相似的日韩等国，在人多地少的要素状况下，农业现代化均达到了较高水平。在江苏省现代化程度最高的苏州地区，目前全市 90% 以上承包耕地实现规模经营，90% 以上农村土地承包经营权实现流转，流转土地中有 90% 以上流转到村集体，经营方式的创新、现代科技的应用，为苏州等发达地区发展现代农业提供了有力保障。2013年，苏州全市高标准农田比重达到 65%，设施农（渔）业面积达到 45.35千公顷，现代农业园总面积 54.3 千公顷。优质水稻、特色水产、高效园艺、生态林地"四个百万亩"全部落地上图。全年新增无公害农产品、绿色食品和有机食品 85 种，累计达到 1807 种。农业综合机械化水平达到87%。江苏省农业现代化监测报告显示，2014 年苏州已连续四年位列全省第一。苏州经验表明，区域整体现代化水平与农业现代化水平呈显著正相关关系，越是工业化、城市化发展快的地方，越要重视农业现代化，也越有条件发展与工业化、城市化快速发展相适应的现代化农业。

（3）新常态下江苏经济转型升级为加快农业现代化提供了机遇。中国经济进入新常态，意味着在转型升级上全国"大气候"与江苏"小气候"的高度契合。早在 2008 年国际金融危机前后，以上海为代表的长三角地区包括江苏，就先于全国致力于推进经济发展方式转型，并取得实质性成效。2011 年，江苏省委、省政府印发《转型升级工程推进计划》。转型升级工程作为江苏省委、省政府提出的"八项工程"中的首项工程，深受江苏省委、省政府重视。转型升级工程实施以来，江苏以转变经济发展方式为主线，以经济结构战略性调整为主攻方向，以科技进步和自主创新为重要支撑，以建设资源节约型、环境友好型社会为重要着力点，以改革开放为根本动力，在转型升级逐步形成增长新动能，不断蓄积并逐渐率先形成增长新引擎，既对江苏经济稳定增长形成了有力支撑，也为包括现代农业在内的现代产业发展提供了新机遇。其一，新常态下深化改革将成为常态，有利于破除制约现代农业发展的深层次体制机制障碍。其二，新常态下消费将被赋予更大的增长预期，是新时期支撑江苏经济发展最持续、最可靠的动力，也是未来经济发展的重要潜力所在。消费驱动经济增长的关键是推动消费升级，即适应"模仿型排浪式消费阶段基本结束，个性化、多样化消费渐成主流"的新常态。这要求江苏农业要着眼市场需求的新态势，及早跟进，提升供给种类与品质。其三，新常态下投资仍蕴涵着较大的发展空间，是经济发展的重要支撑点，需要保持必要的投资规模。现代高效、生态农业以及农田水利基础设施建设都是新常态下投资的重点方向，新投资将进一步夯实现代农业基础，进一步盘活各类农业用地，进一步提升农业质量与效益。其四，新常态下政府与市场关系将进一步"归位"，市场这只无形之手激发市场活力，政府这种有形之手维护市场秩序。作为受政策保护和支持较为集中的产业部门，未来现代农业发展仍需要且仍然会得到政府的支持，但更应遵循市场规律，以提高生产率、提升竞争力为导向，实现市场化与现代化的同步推进。其五，新常态下法治将发挥更大作用，无论是政府行为还是市场行为都将纳入法治轨道，法律的权威性将得到前所未有的提升。未来现代农业发展将在更具稳步预期的制度环境下进行。2014 年 2 月，江苏省人民政府颁布《江苏省主体功能区规划》，该规划根据自然条件的适宜性和资源环境的承载力，确定空间主体功能。主体功能分为开发建设功能、农业生产功能和生态服务功能。规划明确农产品主产区是限制开发区域，该类区域耕地较多、农业发展条件较好，尽管也适宜工业化城镇化开发，但从保障粮食安全的需要出发，必须把增强农业综合生产能力作为发展的首要任务，是应该限制进行大规模高强度工业化城镇化开发的地区。该规划确定"两带三区"的农业空间格局和重点生产基地。两带指沿江农业带和沿海农业带，分别定位为全省重要的综合性农产品生产区域、重要的绿色食品生产基地和耐盐能源植物种植基地；三区指太湖农业区、江淮农业区、渠北农业区，分别定位为都市型、生态型、观光型农业区、全省重要的农产品商业化生产区域、重要的商品生产基地和特色农产品出口基地。主体功能区规划的出台与实施，为江苏农业发展提供了强有力的制度保障，"两带三区"将成为江苏推进农业现代化的主阵地和主力军。

第二节 农业现代化建设实践评价

一、农业现代化工程的发展成就

2011 年 6 月 14 日，江苏省委、省政府发布《关于实施农业现代化工程的意见》。江苏省委、省政府在"两个率先"大局中谋划农业现代化，把实施农业现代化工程作为"三农"工作的总抓手，着力推进农业发展实现"五个转变"，即促进农业增长由主要依靠土地、劳动力投入向依靠科技、投资和提高劳动者素质转变，农业生产由主要依赖自然条件生产向依靠设施的可控生产转变，农业经营由分散的家庭经营向专业的适度规模经营转变，农业发展由注重农业的一产向促进农业的一、二、三产协调发展转变，农业功能由以农产品生产为主向生产生活生态功能并重转变。农业现代化工程实施以来，江苏农业现代化整体水平迅速提升，连续多年保持了粮食增产、农业增效、农民增收、农村发展的好势头。

1. 粮食生产实现"十连增"，粮食总量达到基本自给

2013 年，江苏省粮食总产达 684.6 亿斤，比 2012 年增产 10.1 亿斤，实现了新中国成立以来首次"十连增"。粮食单产再创历史新高，达 425.7 公斤，继续位居全国稻麦两熟地区第一。2014 年达到 3490.6 万吨，实现连续十一年增长。全国人口密度最大、资源紧约束矛盾突出的江苏，继续实现粮食总量基本自给。"菜篮子"更加丰富。2013 年江苏省蔬菜播种面积达 2100 万亩，蔬菜总产量 5100 万吨，同比增长 4%，生产规模居全国第三位，全省常住人口每人拥有蔬菜 581 公斤。蔬菜、果、茶丰产丰收，"菜篮子"产品产销平稳，已成为发展现代高效农业、促进农业增效农民增收的重要产业。"钱袋子"更加丰实。2013 年，江苏省农民人均纯收入 13598 元，比上年增加 1396 元，增长 11.4%，实现农民收入增长"十连快"，增幅连续 4 年超过城镇居民，为全国城乡居民收入差距最小的省份

之一。① 江苏现代农业发展水平全国领先。农业科技进步贡献率 63.2%、稻麦两熟地区水稻亩产 565.6 公斤、水稻机插比重 70%、设施园艺面积比重 15.2%、农民专业合作社入社农户占比超过 67.5%、国家级现代农业示范区 10 个、无公害农产品、绿色食品、有机食品"三品"总数 1.6 万个、农业适度规模经营比重 66%，这八项指标均位居全国第一。②

2. 强化农业科技推广，农业科技贡献率位列全国首位

2013 年，江苏全省农业科技进步贡献率达到 63.2%，比全国平均水平高 8 个百分点，位居全国各省份第一位。启动于 1998 年，以推广应用新品种、新技术、新模式为主要内容的江苏农业"三新工程"，近年来推进方式全面升级。按照"首席专家＋创新团队＋推广单位"的组织模式，工程设立农业重大技术推广协作组，集全省农业产业各领域专家和地方农业部门之力，常年扎根基层进行农业重大技术的科研与推广。2013 年，工程投放项目资金 1.2 亿多元，机插粳稻高产高效栽培等 18 个协作组围绕 40 项农业重大技术，共实施科技项目 383 个，建立技术示范点 1326 个，带动农民新增经济效益 20 亿元。③ 围绕农业科技人才培养，江苏大力实施现代农业"双百双十"人才工程，打造高素质农业农村人才队伍。江苏支持建设 25 个省级农业种质资源基因库，近三年共育成农作物新品种 121 个，鉴定农业新品种 149 个，全省现有"苏姜猪"等 11 个畜禽新品种通过国家级审定，畜禽品种审定数居全国第二位。全省育成并通过农业部认定的超级稻品种达到 16 个，占全国超级稻品种总数的 15.8%，数量居全国第一。④

3. 以高标准农田建设和水利基本现代化为主抓手，高水平推进基础设施建设

易受天气等外部因素影响是农业弱质性的重要特征，而加强农业基础设施建设是农业对抗外部风险、保证稳产高产的可靠依托。2009 年，江苏省政府出台《江苏省高标准农田建设标准》意见，提出按照"灌排设施配

---

① 《江苏实施农业现代化工程进入佳境》，《农民日报》2014 年 3 月 4 日。
② 刘立仁：《江苏农业现代化工程的进展与成就》，《群众》2014 年第 4 期。
③ 王慧芳、陈兵：《如何打造沿海农业现代化建设的江苏高地》，《农民日报》2014 年 10 月 21 日。
④ 陈来：《江苏农业科技进步贡献率位居全国第一》，新华网江苏频道，2014 年 3 月 26 日。

套、农田平整肥沃、田间道路畅通、农田林网健全、生产方式先进、产出效益较高"六条标准，全省将以年均新增 150 万亩的进度，使高标准农田占耕地比重从 2010 年的 35% 提升到 60%，为农业现代化奠定基础。江苏省是水利部确定的全国唯——个水利基本现代化建设试点省。在试点推进中，江苏省将综合配套的农村水利工程建设列为全省水利现代化建设的重要内容，大规模推进高标准农田建设、小型农田水利和农村饮水安全工程等与人民群众生产生活密切相关的农村水利建设，使水利建设保障粮食安全和服务"三农"的水平得到较大提升。截至 2014 年 9 月，通过开展综合配套的农村水利工程建设，江苏目前已基本形成"挡得住、灌得上、排得出、降得下"的农田水利工程体系，全省建成有效灌溉面积 5933 万亩、旱涝保收高标准农田 5162 万亩。[①]

4. 扎实开展率先基本实现农业机械化创建活动，农业机械化水平高

2011 年，江苏选择确定了 30 个县（市、区）开展率先基本实现农业机械化创建活动，为全省推进基本实现农业机械化探索路径、积累经验。开展基本实现农业机械化创建活动以来，各创建县围绕农业机械化发展重点，明确目标任务，加强组织领导，完善扶持政策，加大投入力度，推动科技创新，提升服务水平，农机装备水平、作业水平和管理服务水平全面提升，发挥了较好的示范带动作用，推动了全省农业机械化快速发展。根据农业行业标准，江苏省种植业耕种收综合机械化水平超过 70%，畜牧业、渔业和农产品初加工机械化水平同口径相比均走在全国前列，农业劳动力占全社会从业人员比重降低到 20% 以下，农业机械化开始进入高级发展阶段。[②]

5. 加快推进信息化与农业现代化相融合，农业信息化水平大幅提高

《江苏农业信息化发展报告 2013》显示，2013 年，全省农村网民规模为 991.95 万人，农村地区网民的男女比例为 53.6：46.4。农村网民学历偏低，大专院校学历以下网民占总网民的 60.2%，大专院校学历占

---

① 于德福：《江苏建成 5162 万亩旱涝保收高标准农田》，《中国国土资源报》2014 年 9 月 23 日。

② 江苏省农机局政策法规处：《我省扎实推进实现农业机械化进程》，http://www.cimein.com/news/detail.aspx? cid=6&id=21229，2014 年 12 月 31 日。

16.7%，本科22.6%，硕士及以上0.5%。而在农村网民上网设备中，以台式电脑和手机上网的比例为最高。江苏着力打造省级信息化服务平台，重点建设了江苏农业网、为农服务网、12316惠农短信和《农家致富》手机报等现代新型信息化服务平台。同时市县农业信息服务平台建设有了长足进步，全省90%以上县（市、区）建成"四电合一"农业综合信息服务平台。以"12316"惠农热线为例，其短信服务基本实现全覆盖，市县短信用户约200万户，其中核心用户约42.5万户。镇村农业信息服务站点建设得到了进一步完善，全省近80%的乡镇建立了符合"五个一"标准的农业信息服务站，3000多个行政村安装了"农业一点通"触摸屏信息服务终端。江苏省农业电子商务平台数量已超9000个，合计实现电子商务交易金额5690476.7万元。

二、农业现代化面临的矛盾与挑战

自农业现代化工程实施以来，江苏农业现代化加快推进，但距离现代化标准仍有差距，同时各种风险和结构性矛盾也在积累聚集。集中体现为：

1. 农业资源偏紧和生态环境恶化的制约日益突出

多年来资源条件已经绷得很紧，一是农业用地逐渐减少。人多地少，工业化和城镇化进程较快，对空间需求较大，建设用地增长较快，土地开发强度较高，河湖水域存在无序开发占用现象，水面面积有所减少，近10年间，江苏省建设用地增加513万亩，农地减少720万亩；二是空间结构不够合理，农村居民点布局分散，部分城市建设空间扩张过快，土地利用效率还不够高；三是生态环境改善任务艰巨，经济发展方式转变相对滞后，排污总量较大，流域性水污染问题尚未根本解决，区域性灰霾污染呈加重趋势；四是人口分布与经济布局在空间上不够协调，区域间和城乡间公共服务水平差距较大。

2. 农村劳动力结构变化的挑战日益突出

农村劳动力大量转移，尤其是青壮年劳动力由农村转向城市，由农业转向工业。近10年时间，江苏省共转移农村劳动力500万人。与农业人口减少对应的是务农劳动力素质结构性下降。江苏农业部分调查显示，全省务农农民的平均年龄为 58.6 岁，与欧洲和美国职业农民的年龄大体相当。但与发达国家的差别在于，江苏农业人口大多数为小学、初中水平，发达国家农民一般为大专水平。江苏农民之所以从事农业生产主要是因为缺乏市场竞争力，具有被动性；发达国家农民主要基于自主选择，愿意把从事农业作为自己的终身选择，职业意识很强。面对农业兼业化、农民老龄化、农村空心化等突出问题，今后"谁来种地""如何种地"已是很现实的问题。

3. 现代农业在高基数上前行难度加大

以苏北地区为代表，江苏具有发展现代农业的比较优势。但目前江苏农业生产水平已经处于高位，许多产业生产能力在全国保持领先，进一步上行难度不断加大。就粮食生产而言，无论是单产还是总产都连续多年保持较高水平，上行空间在逐步缩小。农业资源环境约束加大、农产品需求刚性增长的矛盾进一步加剧，土地、劳动力和资金等三大要素向城市和非农领域转移的速度日益加快，农业生产要素紧缺现象加剧，现代农业发展困难进一步增多。城乡一体化过程，从微观产业层面看，如果没有新型工业化和现代农业的同步推进，城乡之间将会因为市场内生机制作用不可避免导致土地、资本和劳动力三大基本要素从农村更大规模的流出，并会在城乡二元结构基础上进一步衍生城市内二元结构，从而错失推进城乡一体化的最佳窗口期。如果现代农业与新兴工业化不能协调推进，将对江苏城乡一体化发展带来长久负面影响。

4. 农产品市场风险逐步加大

随着国内外农产品市场关联度不断提高，传导联动和相互影响日益加深，市场竞争更加激烈，生产周期波动影响更加广泛，农产品市场风险逐步加大。从农产品价格趋势看，波动频率加快、幅度加大和底部不断抬高已是一个基本趋势，农业发展面临的市场不确定性因素增多。虽然苏北高效规模农业快速发展，但是由于现有的资金、技术、人才等要素仍然严重短缺，现代农业基础设施投入严重不足，高效生产技术严重匮乏，缺少有组织的经纪人队伍和稳定的销售渠道，高效农产品仍然存在"物丰流不畅，效益难保障"的问题。

5. 农业组织体系不健全问题突出

较之于种养环节，江苏现代农业在产前产后环节，尤其是化肥农药等农资服务的产前环节以及包括流通加工等方面的产后环节发展滞后，难以适应农业现代化的需要。尽管江苏省拥有 6 万多个农业产业组织，数量不可谓不大，但是仍然没有解决小农户和大市场的对接问题，究其原因是很多组织或名不副实，或机构不健全、功能不完善，农业产业组织体系亟待完善。①

第三节 推进农业现代化面临的重点任务

一、在转型升级中推农业现代化

农业现代化的实现路径具有多样性，各地区需因地制宜探索推进农业现代化的不同路径。但是，实现农业现代化的根本途径必须以经济发展为中心，以推进农业转型升级统筹加以解决。当前，江苏正处于"迈上新台阶、建设新江苏"的关键阶段。江苏在新时期推进农业现代化，仍需扭住转型升级这一主线，在转型升级中加快农业现代化的进度，使得江苏现代农业迈上新台阶。

1. 农业转型升级需要提供金融支持，为现代农业插上金融的翅膀

与传统农业相比，现代农业不仅包括农产品的生产，还包括加工和销售。现代农业使农民、企业与市场联系紧密，使传统的第一、第二和第三产业形成了一个完整体系。农业具有很强的自然周期性，从产前、产中到产后，全程均有不同规模的资金需求，同时在各个环节均面临不同程度的风险，因此，发展现代农业离不开强有力的资金支持。但是，长期以来，受到主客观因素的综合制约，农业始终是金融服务最为薄弱的领域之一。

---

① 周应恒：《江苏农业现代化的经验与实践》，《新华日报》2014 年 1 月 13 日。

普遍存在的金融抑制成为制约现代农业健康发展的一大软肋，同时也是影响农村繁荣、农民增收的重要原因。实现农业现代化，必须建立起完备的农村金融体系，提供多元化的农村金融产品和服务，建立完备的担保体系，大力发展农业保险和优化农村金融环境，鼓励农村金融机构为现代农业企业发展提供资金支持，推动农业企业的现代化。深化农村金融改革是提升农业融资水平的关键所在。为此，要加强与金融等相关部门配合协作，继续深化农村信用社改革，充分发挥其农村金融主力军作用。积极推动农村金融制度改革试点，培育新型农村金融主体。协助完善农业政策性保险制度，加大农业保险力度，扩大高效设施农业保险覆盖面，规范农民资金互助等农村金融改革试点，改善农村金融环境。

2. 农业转型升级需要科技创新，打造现代农业核心创新力

近年来，江苏加快科技改革与发展，创新型省份建设取得新成效，2014 年区域创新能力连续六年保持全国第一，2013 年江苏经济增长的科技进步贡献率达 57.5%。相对于要素驱动和投资驱动，创新驱动主要依靠技术进步和科技创新，在新常态下，江苏经济发展将更加注重知识积累、制度规范、品牌建设、智力资源、有效信息等高级要素的投入。广泛和深入运用最新科技创新成果是现代农业发展的内在动力。江苏是农业科教大省，农业高等院校和科研院所众多，仅南京就有 20 多所。用科技创新提升农业核心竞争力，加快现代农业发展，是江苏农业现代化建设的重要战略。当前，现代农业不仅需要运用科技创新提高劳动生产率，更需要通过科技创新应对环境污染、水资源短缺、气候变化、食品安全等诸多挑战。针对制约江苏现代农业发展的关键技术瓶颈，未来江苏要围绕粮食生产的关键制约环节，突出现代种业发展，集成创新周年高产技术模式，强化农业技术支撑。针对稻麦播期季季迟、农业灾害发生特点等，加强攻关研究，调整品种选育方向，形成一批满足生产实际需要的高产抗逆优质品种。围绕粮食作物高产优质高效，集成创新一批先进适用的技术体系，突出稻麦、麦玉、稻油周年高产技术体系创新集成，形成全省不同地区、不同作物、不同种植制度的高产优质高效栽培技术规程。通过深入实施农业三新工程、高产增效创建、粮食丰产科技工程、农业科技入户工程等，提高农业新品种、新技术、新模式的普及率和到位率。

3. 农业转型升级需要经营机制创新，提升农业规模生产效率

创新经营机制的本质是找到适合现代农业发展最佳经营组织方式。加快构建新型农业经营体系，是党的十八届三中全会提出的进一步深化农村改革的重大任务。工业化、城镇化发展迅速的江苏省，依托农民合作社、家庭农场等组织化、专业化程度较高的新型农业经营主体，推进农业适度规模经营，是全省农业现代化建设的必然要求也是内在趋势。① 现代化农业需要现代化的组织经营方式与之相匹配，江苏农业转型升级的一个重要任务在于推进农业机制创新，关键是要积极培育壮大发展粮食生产的新型经营主体，积极推进多种形式的适度规模经营。以发展培育种植规模100—300 亩的大户为重点，鼓励以土地流转、租赁等形式将土地使用权向种田能手集中，加快培育种粮大户、家庭农场等新型经营主体。以高产增效创建、合作社发展、病虫害防治等项目建设扶持为依托，鼓励种植大户、基层农技人员、农业龙头企业等领办、创办专业化服务组织和粮食生产合作社，提高粮食生产组织化程度。对种粮大户、粮食生产合作社、专业化服务组织等进行规范管理，定期进行调度，建立档案并加强技术培训和生产信息服务，促进其发展壮大，更好的推进粮食生产发展。突出集中育秧、病虫专业化统防统治等重点环节，推进商品化集中育秧示范乡镇创建，建设一批标准化集中育秧基地，培育一批全程承包专业化统防统治服务组织。

4. 农业转型升级需要对外开放，塑造现代农业开放竞争优势

开放性是现代农业的重要特征。开放带来能量交换，也必然带来竞争。在全球农业一体化背景下国际农产品价格持续走低、成本优势明显，国内外农产品价格倒挂问题日益突出，现代农业发展面临的国际竞争更加激烈。据海关总署数据，2014 年 1—11 月，全国累计进口大豆 6287 万吨，比上年同期增长 12.3%；进口谷物及谷物粉 1714 万吨，已比 2013 年全年进口的 1458 万吨增长 17.5%，已占到 2014 年国内谷物产量的 3.07%。更值得关注的是，国际农产品成本优势明显，资源性农产品到岸税后价已全

---

① 王慧芳、陈兵：《如何打造沿海农业现代化建设的江苏高地》，《农民日报》2014 年 10 月 21 日。

面低于国内农产品批发价或到港价，且价格持续走低，对我国农产品形成巨大冲击。① 目前，江苏农产品主要用于供给省内，但外向农业发展已形成一定规模。为了构建农产品出口多元化国际市场体系，促进外向型农业发展，江苏大力实施农产品出口振兴计划和"引进来、走出去"双向发展战略，全面启动出口农产品示范基地（示范区）、苏台农业合作园区、外向型农业示范区等外向型农业载体建设，连续15年举办农业国际合作洽谈会，邀请境外商会组织和企业来参观和洽谈，并于近年来每年组织省内农业企业代表赴境外举办江苏农产品专场推介。到2014年，江苏建有各类外向型农业载体185个，农产品出口已遍布150多个国家和地区。2013年，江苏全省农产品出口总额超过30亿美元。农产品市场日益开放，江苏农业面临来自国内、国际的双重竞争压力，未来这种竞争压力还会趋于增强。为此，江苏需要以国际视野、战略思维，统筹兼顾、协调持续推进，把积极主动发展外向农业作为推动我国农业转型升级的一个长期战略。

二、以农业现代化工程为主抓手，全面提升现代农业发展水平

深入实施农业现代化工程是江苏做好"三农"工作的总抓手。2011年，江苏省委、省政府做出了实施农业现代化工程的决策部署，提出到2020年全省基本实现农业现代化。2013年至2017年是实施农业现代化工程承上启下的关键阶段，为扎实推进农业现代化建设，江苏省政府在2013年1月发布了《全省实施农业现代化工程十项行动计划》。十项行动计划把江苏推进农业现代化的战略任务具体化，具有很强地针对性和可操作性。

1. 全力保障重要农产品的有效供给

保障粮食等重要农产品有效供给，始终是建设现代农业的首要任务。要按照增产增效并重、良种良法配套、农机农艺结合、生产生态协调的要求，毫不放松地抓好粮食生产流通，稳定发展其他农产品生产。建立重要农产品稳定增产机制。毫不放松抓好粮食生产。在组织机制上，要落实

① 中研普华：《我国现代农业发展面临的国际竞争更激烈》，http://ny.chinairn.com/news/20141230/123040898.shtml。

"米袋子"省长负责制下的市县长负责制，确保全省粮食供需平衡、口粮自给；健全"菜篮子"市长负责制，划定永久性菜地，加强蔬菜基地基础设施和装备建设。落实最严格的耕地保护制度，强化土地利用总体规划管控和用途管制，坚守耕地红线，划定永久基本农田并严格落实保护责任，建立耕地保护补偿激励机制，确保耕地总量不减少、质量有提高。全年粮食播种面积稳定在 8000 万亩左右，其中水稻种植面积 3300 万亩以上。

2. 严把农产品质量"产、管"两道关

农产品质量与人民群众的生命健康息息相关。保障农产品不出问题，最终要的是要把好农产品"产"和"管"两个关口。如何把好"产"这道关，重要途径是在生产上要突出标准化。坚持绿色生产理念，严格管制乱用、滥用农业投入品，推广安全优质农产品生产、绿色防控等技术，引导发展标准化、清洁化生产，科学合理用肥、用药、用料，从源头上确保农产品质量安全。[①] 如何把好"管"这道关，重要的是要建立最严格的覆盖全过程的食品安全监管制度，推进县乡食品、农产品质量安全检测体系和监管能力建设，落实地方政府属地管理和生产经营主体责任。推进农产品质量安全追溯管理，支持标准化生产、重点产品风险监测预警、食品追溯体系建设。开展农产品质量突出问题专项整治，严格农业投入品管理，支持开展病虫害绿色防控。推进中长期动物疫病防治规划实施，扎实开展重大动植物疫病防控，落实病死畜禽无害化处理措施。

3. 扎实推进优质粮食产业结构调整

认真落实粮食直补、农资综合补贴等强农惠农政策，充分调动农民积极性，稳定粮食种植面积。在稳定面积的基础上，进一步调整和优化结构，扩大高产作物、高产品种、高产模式的应用比重。突出水稻生产，切实抓好淮北中熟中粳稻、江淮及沿海迟熟中粳稻、沿江及太湖单季晚粳稻和沿运河及丘陵杂交中籼稻四大优势区建设。稳定小麦面积突出抓好沿江沿海弱筋小麦、淮北东陇海线强筋小麦、沿淮及里下河中筋小麦优势区建设。推进淮北、沿海地区开展玉米亩产千斤乡镇建设，挖掘粮食增产潜力。进一步加大主推品种推广力度，优化品种布局，逐步实现县（市、

---

① 吴沛良：《以改革创新为动力加快推进农业现代化》，《群众》2014 年第 4 期。

区）"一主两辅"，乡（镇）"一乡一品"的品种布局。大力推广水稻机插秧、抛秧等种植方式，压减并逐渐消灭直播稻，大力推广小麦机条（匀）播，减少人工撒播，扩大机播比重。

4. 大力发展生态友好型农业

把促进农业可持续发展作为转变农业发展方式的重要途径、建设生态文明的重要内容，提高环境有效保护、资源合理利用的能力，走生产发展、生活富裕、生态良好的发展之路。以节约农业投入品和加强资源循环利用为重点，启动实施生态循环农业示范县、示范区、示范基地、示范企业建设。普及节肥节药节膜、节水节能节地的农业技术，优化农业种养业、农业园区、农产品加工业布局，提高资源综合利用水平。推广发酵床生态养殖和有机肥生产等生物处理方式，扩大渔业循环水养殖，因地制宜发展户用沼气和规模化沼气，实行种养结合、农牧结合。加快推进机械化深松整地，支持秸秆固化成型等预处理设施及收储点建设，推进秸秆原料化、燃料化应用，对达到作业标准的秸秆机械化全量还田给予普惠制补贴，提高秸秆综合利用水平。打造各具特色的"美丽乡村"。推进休闲观光农业整村发展，实现休闲观光农业发展由"单兵作战"到"集群发展"，打造魅力休闲乡村品牌。

5. 持之以恒强化农业基础设施建设

推进农业现代化，基础设施建设必须先行。新常态下，投资仍蕴涵着较大的发展空间，但投资重点领域、投资方式、投资渠道、投资运营模式都将发生重大改变。农业基础设施投资将成为新常态下投资的热点领域。较之以往的投资，新投资将更加注重投资效益及外部性。投资内容将更加精准，投资渠道将更趋多元，投资管理模式将改变政府主导，转而重点采用以政府与社会资本合作供给的PPP模式，实现"共担风险、共享收益"。近期，江苏开展农业基础设施建设，按照"统筹规划、先急后缓、先易后难、分层推进"的原则，突出10亿斤以上粮食生产大县产能建设，积极整合农田水利建设、农业综合开发、高标准农田建设、新增千亿斤粮食产能建设等各类资金，加强农田基础设施建设，稳步提高农田基础设施水平。积极发展精准农业、智能农业，扩大精准监测控制、智能化养殖、农产品质量可追溯等技术在农业生产经营中的示范应用。[1] 在加强投资建设的同时，要高度重视机制体制建设，重点完善以农田水利为重点的农业基础设施建设和管护机制。深化水利工程管理体制改革，落实水利工程管护主体、责任和经费，开展农田水利设施产权制度改革，创新农田水利基本建设机制和运行管护机制。推进基层水利服务体系建设，理顺管理体制，明确管理职能，提升服务能力。

三、创新机制体制，激发农业现代化的内生活力

向改革要动力，在释放改革红利中提高农业发展水平和竞争力，是江苏在高起点推进农业现代化迈向新台阶的必然选择。

1. 坚持改革底线

中央全面深化改革领导小组第七次会议审议了《关于农村土地征收、集体经营性建设用地入市、宅基地制度改革试点工作的意见》。会议指出，坚持土地公有制性质不改变、耕地红线不突破、农民利益不受损三条底线，在试点基础上有序推进。这为新时期江苏深化农业改革确定了根本方向。第一，在坚持土地公有制性质不改变的前提下，深化农村土地改革率先取得新突破。土地确权是土地改革的首要环节，是土地流传的重要前提，其本质是明确土地承包经营权归属、发挥土地承包经营权效应、保护土地承包经营者权益的重要手段。开展土地确权要坚持农村土地集体所有权，稳定农户承包权，放活土地经营权；坚持依法、自愿、有偿，以农民为主体，政府扶持引导，市场配置资源，推进农业多种经营方式共同发展。土地流转不是放任自流，而应坚持有序流转，就是将农村土地有序流转与农业适度规模经营挂钩，使土地流到更具市场竞争优势的经营者手中，让农民成为土地流转和规模经营的积极参与者和真正受益者。第二，在坚持耕地红线不突破的前提下，需要最大限度释放土地生产力的制度安排。保持适当的用地规模、耕地结构是农业发展的物质基础。针对当前农村土地流传过程中出现的"非粮化、非农化"的问题，相关政府管理部门应引导和支持流转土地用于粮食生产，遏制非粮化，严禁非农化，绝不允

---

[1]　吴沛良：《以改革创新为动力加快推进农业现代化》，《群众》2014 年第 4 期。

许借土地流转之名搞非农建设。第三，在坚持农民利益不受损的前提下，推动农村财产的价值重估，更好维护和增进农民利益。只有保障农民利益，农村农业改革才能得获得农民支持，农业现代化的动力基础才能更加稳固。

2. 提升农村土地价值

土地（耕地、宅基地等）具有鲜明的价值属性，是农民拥有的最重要资产。但是长期以来，农业用地和宅基地缺乏流动性，无法形成有效的市场竞争，使其价值难以得到准确的衡量。对于耕地而言，其价格主要表现为流转的租金；对于宅基地而言，由于缺乏完整产权，只具有自住功能，缺乏购买方，几乎没有价格。对于被征用为城市建设用地的农村土地而言，由于其价格仍基于农业收益来衡量，与其城市建设用地的价格相比，被显著低估。上述三种状况带来的结果就是，要么农村土地价格被低估，要么无法体现为价格或者价格为零。显然，作为农民最重要的资产，在价格无法被"发现"或者显著被低估的情况下，农民既无法完成其向产业工人或企业家意义上的现代农民的身份转变，在城乡二元结构限制下，更无法实现转向市民的必要的资本积累。党的十八届三中全会的决定明确提出，"在符合规划和用途管制前提下，允许农村集体经营性建设用地出让、租赁、入股，实行与国有土地同等入市、同权同价"。这一规定，为农村土地（农村集体经营性建设用地）与国有土地参与平等竞争创造了政策前提，这意味着农村集体经营性建设用地将在市场竞争中使其价值得到体现，相应的价格也将在市场竞争中得以呈现。经济学理论表明，市场完善促进资产价格发现。在更完善的市场中，竞争更充分，更多的信息被发现和公开，如果市场配置资源的能力逐步加强，资源的配置结构将趋于优化。党的十八届三中全会深化改革的可期成果之一，就是在市场竞争中，农村集体经营性建设用地的资产价格将越接近资产的价值，并能体现出资产的潜在价值。

3. 释放农民财产的财富效应

在现代市场经济条件下，土地的功能远远超越了耕作或居住等自然功能，它与其他商品特别是不动产一样，具有丰富的市场性功能。长期以来，农村土地（耕地和宅基地）所体现出来的价值主要是其自然功能，它给农民带来的收益也局限在简单的物质层面。在农产品价格被长期低估而生产成本又不断推高的情况下，土地的自然收益十分有限，根本无法完成为农民积累资本的功能。党的十八届三中全会的决定明确提出，"保障农民集体经济组织成员权利，积极发展农民股份合作，赋予农民对集体资产股份占有、收益、有偿退出及抵押、担保、继承权"。这些改革将使农村土地的价值有更多的体现：例如，土地衍生出的股权收益，这将为农民带来可持续性和具有增值预期的收益。农民对集体资产股份占有、收益、有偿退出及抵押、担保、继承权，对应的是土地具有的多重价值。在这里，土地不仅可以成为获取收益的依据，也可以成为被继承的标的，还可以成为被抵押、担保的依托。这一系列基于土地的功能清单，使得农村土地不仅可以直接带来收益，还可以成为农民特有的金融杠杆，从而实现价格向真实价值回归，进而在运动中实现价值增值。农村土地的集体所有制具有的产权模糊性和不完整性，是农村土地价值长期被低估甚至被忽略的重要原因之一。制度经济学的理论以及国内外的众多事实表明，确权是提升资产价值的基本前提，而对于土地来说，能够在国家层面实现完整和权威的确权尤为重要。总之，如何在坚持农民土地集体所有制的前提下，明确农民（家庭直至个人）对土地、宅基地及房产等资产的权利，是在新形势下实现农民财产权的前提和基础。

4. 深化农村产权制度改革

当前，全面深化农村改革的重点是深化农村产权制度改革。第一，推进农村土地确权登记颁证。加快推进农村地籍调查，尽快完成农民宅基地、农村集体建设用地确权登记颁证工作。积极推进农村土地、房屋、草地、林地等不动产的统一登记工作。第二，保障农户宅基地用益物权。结合农村改革试验，积极争取国家试点，在保障农户宅基地用益物权前提下，慎重稳妥推进农民住房财产权抵押、担保、转让。第三，引导和规范农村集体经营性建设用地流转。严格界定公益性和经营性建设用地，缩小征地范围，完善征地程序和配套措施，落实征地补偿标准动态调整机制。第四，推进农村集体产权股份合作制改革。在对农村集体资金资产资源全面开展清理核实、界定权属的基础上，由县（市、区）政府发放统一的产权登记证。第五，推进农村产权交易市场建设。支持各县（市、区）依托现有的产权市场、土地承包经营权流转平台或其他交易平台，建立农村产权交易市场，在乡镇设立交易服务中心。①

四、树立四化同步发展理念，着力推动农业现代化与工业化联动发展

1. 四化同步发展与江苏省情的高度契合

中国经济追赶发达国家的成效斐然，在很大程度上得益于工业化路径的恰当选择。从重工业优先发展到基于比较优势的工业化梯次发展，从传统工业化到新型工业化，从单一型工业化到推动中国特色新型工业化、信息化、城镇化、农业现代化"新四化"同步发展，这一系列工业化战略思路的变迁，反映了中国探索后发经济体工业化路径的持续创新。四化同步发展是在传统发展路径难以为继、转型发展势在必行且业已具备实施条件的情况下由中央提出的重大发展战略。"新四化"中的四个子系统相互促进，构成一个系统整体。其中，工业化创造供给，拓展社会生产可能性边界；信息化降低交易成本，增强经济密度；城镇化释放需求，提升经济质量；农业现代化稳固国民经济基础，并创造新的产业成长空间。四化同步发展是当前打造中国经济升级版的核心内容，对廓清后发地区经济追赶思路尤其具有指导意义。

四化同步发展作为一种发展路径，对于一个地区是否适用，需要考虑该地区的发展阶段性。早在 20 世纪 80 年代，以发展乡镇企业为标志，加快推进工业化进程，江苏实现了由农业大省到工业大省的转型。目前，苏南地区整体上已进入工业化后期阶段，部分核心区已步入后工业化阶段，同时苏北等地仍处于工业化加速发展的工业化中期阶段。国际经验表明，进入工业化中期并向工业化后期迈进的阶段，是一个国家或地区经济社会矛盾容易爆发的阶段，经济发展的重点开始从致力于提高工业化水平到兼顾三产之间的协调、工业化与城镇化的协调以及经济与社会发展的协调。如果不能很好地协调这些关系，就有可能落入"中等收入陷阱"。同时，

---

① 《中共江苏省委、江苏省人民政府关于全面深化农村改革深入实施农业现代化工程的意见》，《新华日报》2014 年 2 月 18 日。

该阶段也是一个地区工业化、城市化均具有一定基础，为产业间以及经济社会协调发展创造必要条件的时期。

鉴于江苏各区域发展阶段的差异性，四化同步的战略思路正契合了江苏部分地区处于工业化中级阶段、部分地区进入工业化后期阶段的基本省情。例如，对于江苏农业主要区域的苏北来说，工业化与农业现代化的联动性更强。具体而言，与在整体上进入工业化后期阶段的苏南地区不同，苏北地区正处在工业化中期并开始向工业化后期迈进的阶段。在该阶段，一方面，较为发达的农业现代化水平、较高的工业化和城市化水平，为推进四化同步发展奠定坚实基础；另一方面，由于与先进水平尚存在较大差距，这在客观上使苏北地区推进四化同步存在巨大的发展空间。因此，四化同步发展在苏北地区具有很强的适用性，坚持四化同步发展，并形成相互促进的协调发展机制，是从战略层面推进苏北地区转变发展方式的重要内容，是从根本上解决当前苏北地区经济社会发展面临矛盾和问题的战略思路，也为江苏在新形势下推进新型工业化提供了最佳发展路径。

2. 着力推动农业现代化与工业化联动发展

在四化同步发展的背景下推动农业现代化与工业化联动发展，重点要做好以下几方面工作：第一，做大做强农产品加工业。农产品加工业增长波动性小、稳定性强、景气周期长，是江苏具备条件重点发展的民生产业，不仅有利于提升农业的比较利益，也有利于就地解决当地居民就业问题。第二，提升龙头企业发展水平。大力发展现代农业龙头企业，加快发展新型农业合作组织，进一步提升农业专业化、产业化、规模化水平。第三，积极培植依托现代农业的战略性新兴产业。突出发展生物农业，按照"项目—产业链—产业集群"的思路，突破生物农业发展的核心技术和关键技术，培植创新主体，培育产业链，建成国家级生物药业原料基地。进一步加快发展中药材、保健食品、甜料香料等高科技含量、高附加值的功能性产业。第四，着力保障农民权益。农业人口收入水平相对较低，是实现全面小康的重点和难点人群。在推进农业现代化与工业化互动的过程中，要确保农民的利益主体地位，着力保障农民权益，提升农民收入，坚决避免和纠正各种损害农民财产权益的行为，使农民成为农业现代化和工业化互动的最大受益者。第五，促进城乡要素自由流动。坚持城乡统筹发展，改善城乡之间生产要素的交换关系，努力促进生产要素在城乡之间自由流动，既要引导城市资本有序进入农业现代化建设领域，也要推动农村土地、劳动力等资源合理流动，使之成为支撑工业化发展的积极力量，逐步形成以工补农、以城带乡的联动发展格局。

第七章 工业化和信息化的融合互动

产业革命以交通通讯与新能源的发现与发明为条件，因为这些发现或发明能够极大地降低成本，从而大规模增大产业规模与范围。甚至在某种程度上可以说，信息化是产业革命的基本条件或曰基础设施（其被称作信息高速公路的比喻正形象于此）。江苏经济的发展历程也清晰地再现了工业与信息化之间的这种紧密关系。因此，梳理产业革命中工业与信息化之间的事实，总结改革开放以来江苏经济高速发展过程中工业与信息化之间的经验关系，这既是对世界产业史规律的印证，也是检视与预测江苏工业信息化历程与趋势的契机，而江苏工业信息化的战略意义自然蕴含于其中。

第一节 工业化与信息化之间的关系

工商业大发展的前提之一是信息尤其是经济信息的有效获取与传播，换言之，企业的规模与范围潜在受制于信息的获取规模以及其流动的及时性与准确性。产业革命①以及最成功企业②的历史能够证明这个命题或者说假定。

18 世纪的英国产业革命是在传统的通讯系统框架内发源与展开的，该通讯系统的改进不是源自本身，而是对外在的交通系统中的诸项创新——公路系统、快速帆船系统以及稍后的火车机车和蒸汽轮船等——的整合应用。第一次产业革命没有引起通讯业本身的革命，因此，在第一次产业革命中所扩展的主要是工业的范围和规模而不是其频度；换言之，第一次产业革命主要是工业革命，而通讯本身仍然属于传统的服务行业，其本身并没有成为工业的重要组成部分。但是大规模与大范围的工业生产与流通对更为先进的通讯系统创造了需求，这相当于说信息传递与收集技术的创新必将成为新的产业革命的先声，谁在该方面实现突破性创新，谁将取得绝

---

① 保尔·芒图（Pau Mantoux）在其中所著书中曾写道："仍然不利于产品流通的大障碍，就是通信和运输的费用昂贵。皇家邮政从十七世纪起就让私人利用了，它在主要路线上每天寄送邮书。人们长期埋怨邮递缓慢和防止盗窃所采的措施不足；当最后着手邮政改革的时候，人们认为必须增加寄费。从伦敦寄到切斯特的一封信，在 1711 年，寄费是四便士；从 1784 年起是六便士；从 1796 年起则为八便士。一便士的邮件，仅在邮政总局周围十英里以内有效。"（保尔·芒图：《十八世纪产业革命》，商务印书馆 2010 年版，第 102 页）而 H. 乔伊斯在其《邮政史》中论及此时期的英国邮政状况："邮政不但不是我们在这个国家里可以利用的最快的、反而几乎是最慢的交通工具，而且自从我们的道路改筑以来，虽然运输业者因此而增加了速度，可是邮件比以往更慢了。同时，邮件也很不安全，正如今天常有盗窃信件一事所证明的那样：为了避免盗窃所造成的损失，人们习惯地把银行汇票和无记名票据撕成两半，通过两次不同的邮件寄出。"（保尔·芒图：《十八世纪产业革命》，商务印书馆 2010 年版，第 462 页）通讯系统的欠发达，在经济学上有两个"不经济"后果：一者，它直接造成垄断，因为在此状况下，通讯系统本身具有非公共性，有能力利用者与无能力利用者之间差别巨大；二者，它间接造成信息的不完全，从而不能形成有效而充分的"套利"，从而导致垄断优势的持久存在。完全竞争的市场需要完善的通讯系统，这在第二次产业革命中表现得尤为突出。

② 宋鸿兵在所著畅销书中说及罗斯柴尔德家族银行的信息系统在当时的通讯优势："罗斯柴尔德家族创建的银行体系是世界上第一个国际银行集团。……（它）非常具有远见地建立了自己的战略情报收集和快递系统。……这个情报系统的效率、速度和准确度都达到了令人叹为观止的程度，远远超过了任何官方信息网络的速度，其他商业竞争对手更是难以望其项背。这一切使得罗斯柴尔德银行在几乎所有的国际竞争中处于明显的优势。'罗斯柴尔德银行的马车奔驰在公路上，罗斯柴尔德银行的船穿梭于海峡之间，罗斯柴尔德银行的间谍们遍布城市街道，他们揣着大量现金、债券、信件和消息，他们最新的独家消息在股票市场和商品市场中被迅速地传播着，……'"（宋鸿兵：《货币战争》，中信出版社 2007 年版）罗斯柴尔德银行是当时信息系统最为先进的企业，但是其整个信息系统仍然依附于庞大而复杂的外在环节，换言之，这个信息系统是对传统通讯系统的流程再造，而不是信息收集与传递本身的突破性创新。

对的领先优势。由于种种原因，使得美国成为通讯系统创新的幸运儿①，这个幸运不仅造就了新兴产业——通讯业——从而为工业本身贡献了新业态，而且大幅度地扩充了传统工业的规模和范围②。如果说信息的传递技术是对工业规模与范围的第一次根本性改造，那么信息的处理技术的突破也必将对工业的演进路径产生革命性变革，这个变革为 20 世纪中期电子计算机技术的创新所引发，而这次革命的播火者仍为美国。

　　如果说在第二次产业革命中，通讯业逐渐形成一种新的工业业态，而至第三次产业革命时，通讯业中的信息处理部分同工商业间的联系日趋紧密，换言之，两者之间日渐趋于"融合"，而这种趋势于 20 世纪末和本世纪初的所谓"新经济"中已成为不可逆转的趋势。"新经济"时代或曰"大数据"时代是以信息的大规模收集、高效的分析处理和及时准确的传递为特征，这些环节无不凸显信息技术或曰"信息化"的极端重要性。因此，在一定程度上甚至可以说，所谓的"产业革命"是以信息技术的突破创新和广泛应用为背景而展开的工商业更新史：以信息的收集、处理、传递和应用决策为载体的新兴行业——信息技术产业——不仅提高了工商业的广度、深度和频度，而且该产业本身就成为工业和服务业的重要组成部分。信息技术产业或曰工业化的"信息化"过程不仅仅为经济活动增加了新的史实，而且为经济学贡献了新的认识论。

　　因为世人真正认识到科技尤其是信息技术对于整个国民经济的重要性，正源于对历次产业革命间经济高速度增长的史实的分析（参见图 7-1）：一国经济增长的根本动力只能是技术，其中信息技术又具有根本重要性。例如 1889—2000 年间，美国的平均生产力增长率约为 2%，其中1917—1927 年间、1945—1973 年间和 1995—2000 年间为高值，分别是

---

　　①　产业革命的领袖权杖由英国而让渡于美国，如果选取人事为标志，那么或许是马可尼（Guglielmo Marchese Marconi）1897 年在伦敦成立"马可尼无线电报公司"和贝尔（Alexander Graham Bell）1895 年所成立的"美国电话电报公司（AT&T）"，两者在当时对于工商业的便利性而言，可以说是 21 世纪后固话与移动电话的翻版。
　　②　第一次产业革命中，最大的企业无疑是英国政府所主导的东印度公司，但是这家"大型国有企业"所经营的范围与规模，相比于 19 世纪末 20 世纪初的大型垄断私有企业例如拆分前的洛克菲勒石油公司，可谓小巫见大巫。正是由于通讯技术在第二次产业革命中的突破性创新，此期间企业的扩展速度一日千里，而且其广度与深度是第一次产业革命中的企业所难以比拟的。

3.8%、2.8%和2.8%，而生产力增长率在各个区间的高低正赖于技术尤其是信息技术中创新的多少及其应用程度的强弱①。

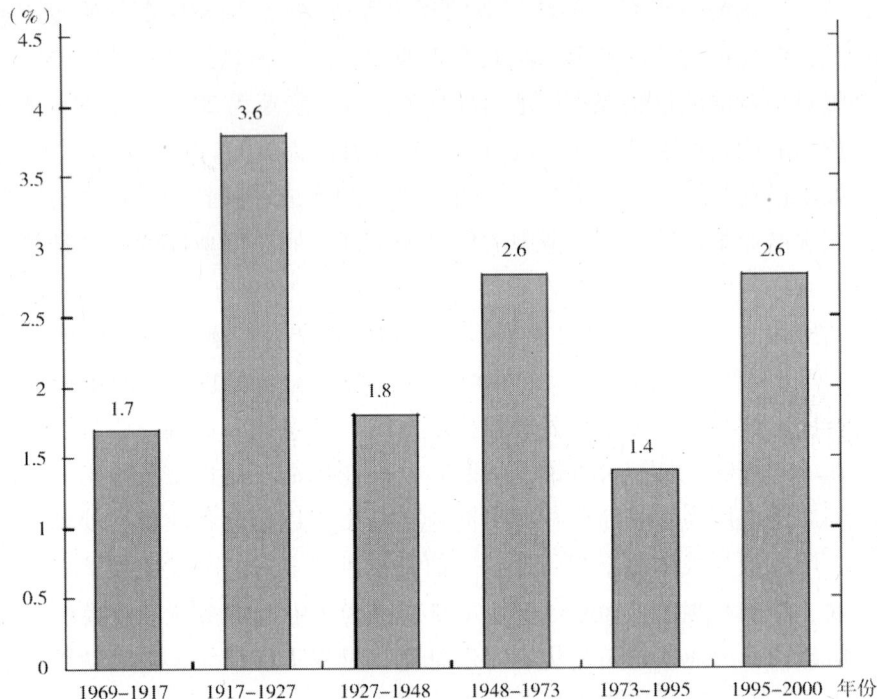

（%）

```
4.5 ┤
  4 ┤                    3.6
3.5 ┤                   ┌──┐
  3 ┤                   │  │           2.6                2.6
2.5 ┤                   │  │          ┌──┐               ┌──┐
  2 ┤          1.8      │  │          │  │               │  │
1.5 ┤  1.7    ┌──┐      │  │          │  │     1.4       │  │
  1 ┤ ┌──┐    │  │      │  │          │  │    ┌──┐       │  │
0.5 ┤ │  │    │  │      │  │          │  │    │  │       │  │
  0 ┴─┴──┴────┴──┴──────┴──┴──────────┴──┴────┴──┴───────┴──┴──
   1969-1917 1917-1927 1927-1948  1948-1973 1973-1995 1995-2000 年份
```

图 7 - 1   1889—2000 年间美国生产力增长率

　　总之，信息化与工业化的"融合"是信息技术发展到一定程度的结果或曰自然趋势；企业的决策导向由生产而为需求，于是对于信息技术的创新也要求由信息的准确传递而有效分析而进至大规模收集并即时处理，因此，"大数据"时代必然是工业化与信息化"融合"（所谓"两化融合"）的自然延伸。2007 年 10 月，党的十七大报告中提出"两化融合"："发展现代产业体系，大力推进信息化与工业化融合，促进工业由大变强。"② 这

①　Lawrence H. Meyer，"What happened to the new economy?"，Before the New York Association for Business Economics and The Downtown Economists，June 6，2001.
②　胡锦涛：《高举中国特色社会主义伟大旗帜　为夺取全面建设小康社会新胜利而奋斗——在中国共产党第十七次全国代表大会上的报告》，2007 年 10 月 15 日。

个提法无疑既是对西方产业革命史事实的总结，也是对信息业与工业间关系的未来发展趋势的理性认识。而江苏经济在全国经济中一直处于比较重要地位，而且本身又是工业体量巨大，在地区生产总值中举足轻重，因此，"两化融合"不仅是对一般经济规律的遵循，而且更是特定省情下江苏经济与工业的转型升级的必有之路。

第二节　经济与信息工业之间的
经验关系及其趋势

信息产业的相对独立发展，对于整个工业的影响具有双重性：一者，信息产业的制造业部分即所谓的电子与通讯制造业是工业投资的重要构成之一，可以说这部分是先进制造业的基础；二者，信息产业的服务部分例如信息的收集、处理、传递与应用——也即所谓的"信息技术"则是现代服务业的核心。因此，可以说信息产业是（先进）制造业与现代服务业之间的桥梁，所谓"两化融合"的根据也正在于此。

江苏经济尤其是工业经济绝不是兴旺于改革开放之后，但是改革开放以来，江苏经济基本上可以说是以工业为纲领，而三十多年的江苏工业发展曾受约束于信息技术的滞后，也正得益于信息技术的发展，也必将转型于同新兴信息技术的融合。梳理江苏经济最近三十多年的历史，其工业同信息产业间曾经的相互疏离、当下的相互影响与将来的相互融合也具有明显的相关性轨迹。

自 1978 年改革开放以来，无论就速度还是规模而言，江苏经济的发展都可谓突飞猛进，例如经济总量由 1978 年的 249.24 亿元增长为 2012 年的 54058.22 亿元，年均增长速度达 17%，而同期人均地区生产总值则由 1978 年的 430 元而增长为 68347 元，年均增长速度为 16.1%。根据传统的经济增长理论，在一定条件下资本存量是经济增长的重要决定因素，在两者之间具有明显的正相关关系①。这种相关性在江苏经济最近三十多年的发展历程中也明显存在（参见图 7 - 2），尽管江苏经济所表现出的特征同西方经济增长的典型性有所不同②。

但是由于资本边际收益递减规律的约束，单纯地依靠物质资本的增加并不能保证经济的持续增长；换言之，在缺乏技术进步的情况下，经济增长最终会停滞。因此，长期经济增长背后必然是伴以技术创新，而信息技术上的创新以及其在工业中的应用无疑对长期经济增长起着至为重要的作用；在经济增长研究中引入技术尤其是信息技术的作用，被称为"内生增长理论"③，而广泛应用技术创新尤其是信息技术的经济曾一度被称为"新经济"（New Economy）④。而内生增长或者说"新经济"在江苏经济近三十多年的发展过程中在直观上就有所显示。

---

① 巴罗和萨拉—伊马丁的研究认为："对 1960—2000 年间跨国数据的研究表明，把这 112 个经济体看成整体，其实际人均 GDP 年平均增长率为 1.8%，总投资与 GDP 的平均比率为 16%。然而，把 38 个撒哈拉沙漠以南非洲国家看成整体，其平均增长率仅为 0.6%，平均投资率仅为 10%。相反，9 个东亚'奇迹'般的经济体，其整体平均增长率约为 4.9%，整体的平均投资率为 25%。这些数值都表明，增长率和投资率是正相关的。"（罗伯特·巴罗、夏威尔·萨拉—伊—马丁：《经济增长》，格致出版社、上海三联书店、上海人民出版社 2010 年版，第 19 页）

② Kaldor（1961）所提出的经济增长典型特征包括：（1）人均产出持续增长，而且其增长率不会趋于下降；（2）劳动者人均物质资本持续增长；（3）资本回报率几乎恒定；（4）物质资本与产出之比近乎恒定；（5）劳动与物质资本在国民收入中所占份额几乎恒定；以及（6）劳动者人均产出的增长率在各个国家之间存在较大差距。（Nicholas Kaldor, "Capital Accumulation and Economic Growth", In *The Theory of Capital*, Macmillan & Co. LTD, 1961）而江苏经济增长所表现出的特征则是：（1）人均产出持续增长，但是其增长率有波动而不是相对稳定；（2）人均物质资本量稳步上升；（3）资本收益率或者资本与产出之比递减；以及（4）各种要素的收入在国民收入中所占份额有较大变动。（刘志彪等：《比较优势与示范效应——江苏现代化事业持续走在全国前列的思考》，人民出版社 2014 年版，第 30—37 页）

③ 关注并探究经济增长中技术的根本重要性，这开始于 20 世纪 80 年代。"自 20 世纪 80 年代中期以来，以 Romer（1986）和 Lucas（1988）为开端，关于经济增长的研究又迎来了新的繁荣时期。新一轮研究的动机在于大家认识到（或者终于想起来），弄清楚长期经济增长取决于什么至关重要，……所以，最近的理论进展都是以这样或那样的方式在模型内部决定了长期的增长率，因而被称为内生增长模型。"（罗伯特·巴罗、夏威尔·萨拉—伊—马丁：《经济增长》，格致出版社、上海三联书店、上海人民出版社 2010 年版，第 16 页）

④ 从某种意义上可以说，"新经济"与"信息技术创新"是同一枚硬币的两面："（新经济的）狭义定义将新经济同生产率的大幅度提速相联系，而后者在相当程度上则归因于信息技术创新。"（Lawrence H. Meyer, "What happened to the new economy?", Before the New York Association for Business Economics and The Downtown Economists, June 6, 2001）

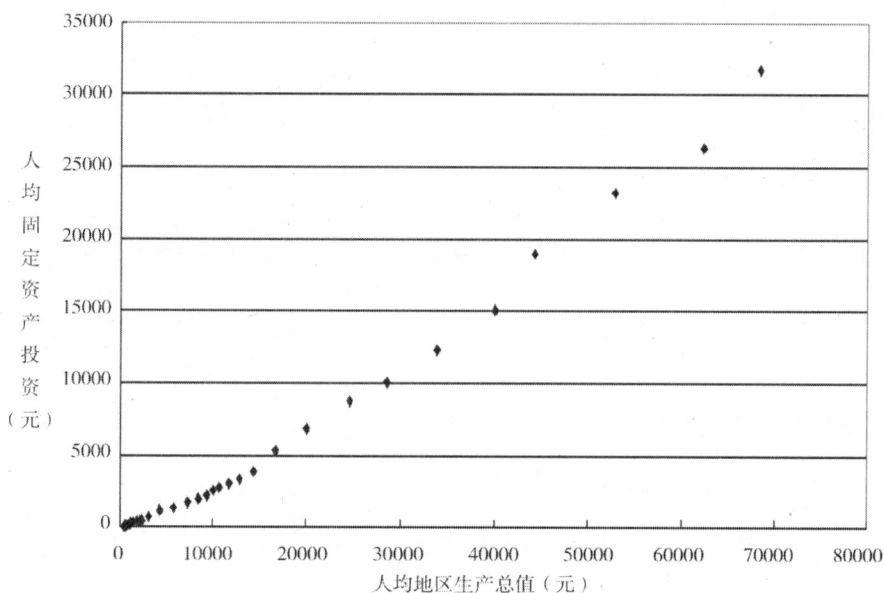

图 7 - 2　1979—2012 年江苏人均地区生产总值与固定资产投资关系

根据发展速度，江苏经济具有阶段性（参见图 7 - 3）：（1）1978—1991 年为中速阶段，在此期间年均增长率为 15.4%；（2）1992—2002 年为高速阶段，此期间的年均增速为 17.4%；以及（3）2003—2012 年为超高速阶段，在这段时期内，江苏经济的年均增长率达 17.7%。换言之，就改革开放三十多年的增长趋势而言，江苏经济一直处于加速状态。

改革开放以后，江苏经济的这种高速增长态势，在生产力增长率上表现得尤其突出（参见图 7 - 4）：1980—1988 年，江苏的人均 GDP 增长率基本上保持上升势头，年均 1.6%；1989—1991 年为三年宏观调控时期，年均 0.77%，而最低降至 0.3%；1992—1996 年，人均 GDP 增长率约为 3%；1997—1999 年为亚洲金融危机时期，江苏的人均 GDP 增长率也同样下降，最低约 0.6%；2000—2012 年，除却个别年份尤其是 2009 年与 2012 年外，江苏人均 GDP 增长率又迎来一个上升并趋于相对稳定的时期，在此时期江苏的人均 GDP 增长率年均在 1.5%，而 2008 年次贷危机所引致的经

（元）

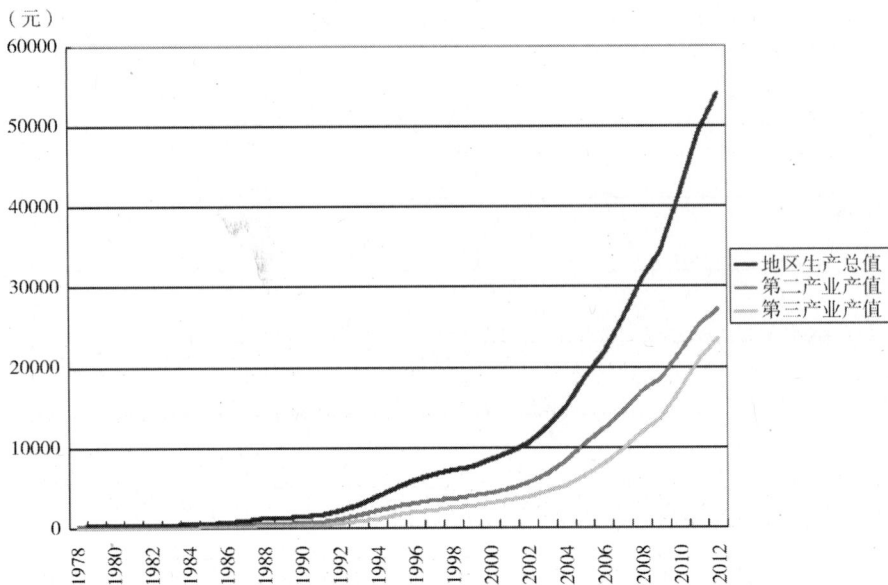

图7-3　1978—2002年江苏地区生产总值及第二、三产业产值

济金融危机，虽说由于积极干预使中国以及江苏的人均 GDP 增长率没有发
生大的波动，但是其下行的压力也是逐渐显现的。

　　从根本上而言，江苏经济的工业化是"率先小康"进而"率先基本现
代化"的手段，而"两个率先"的物质表现是人均 GDP 的增长，因此，
江苏的生产力增长率或者说人均 GDP 增长率对于"两个率先"具有根本
重要性。纵观改革开放三十多年来的历史，江苏的生产力增长率或者说人
均 GDP 增长率受到宏观经济形势例如国内外经济危机以及宏观调控的强烈
影响。例如 1989—1991 年国内的三年经济调整与 1998—2000 年东亚经济
危机，几乎是即时扭转了江苏生产力增长率的高位势头。而在相当长的时
间里，江苏经济的发展受到基础设施尤其是交通通讯瓶颈的约束，例如直
至 1990 年前，电子与通讯业固定资产投资占工业总投资的比例基本徘徊在
5% 左右，此后的 10 年内，该比例持续上升，于 2001 年达到最高点，而此
后该比例在波动中下行的趋势明显，并且该趋势同生产力增长率的波动趋
势相一致（参见图 7-5）。

（％）

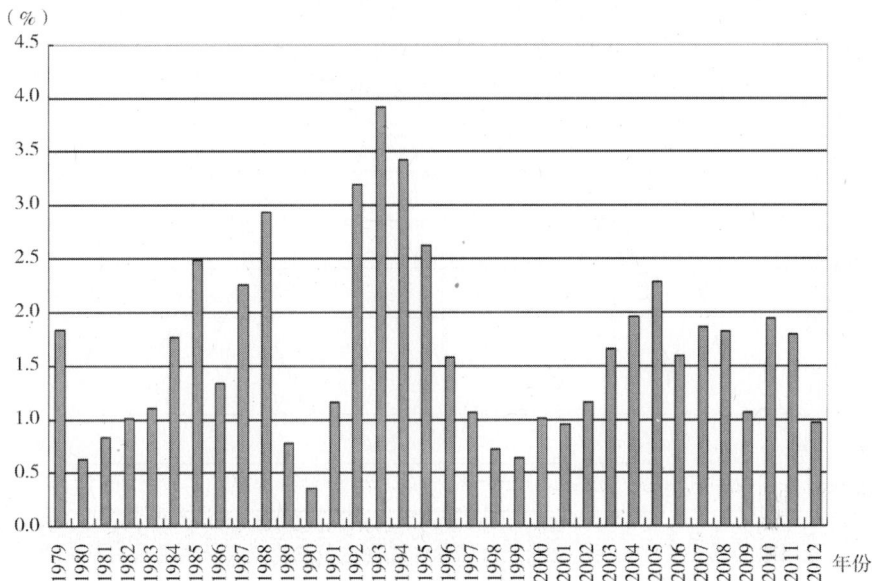

图7-4　1979—2012年江苏生产力增长率（人均GDP增长率）

　　总之，在影响江苏工业发展的诸因素中，电子与通讯制造业以及宏观经济形势是重要的变量，后者决定工业的需求规模与范围，而前者既是整体工业的重要组成部分，也为信息技术提供物质技术载体。更重要的是，经济衰退与危机期间，电子与通讯制造业是政府的积极财政政策与产业政策最为重要的作用支点。例如在2008年以来的经济金融危机中，西方发达国家尤其是美国与欧盟将其积极财政的支出重点投向电子通讯基础设施与研发。江苏工业结构的转型与升级有赖于信息化程度的提高，而这又决定于通讯基础设施与通讯方式的创新，这两者相得益彰，可以说是江苏工业信息化以及根本上"两个率先"实现的技术基础。然而，近几年尤其是最近一场国际经济金融危机以来，江苏的电子与通讯制造业在工业整体中的重要性相对下降，这对江苏工业以及整个经济会有不利影响。

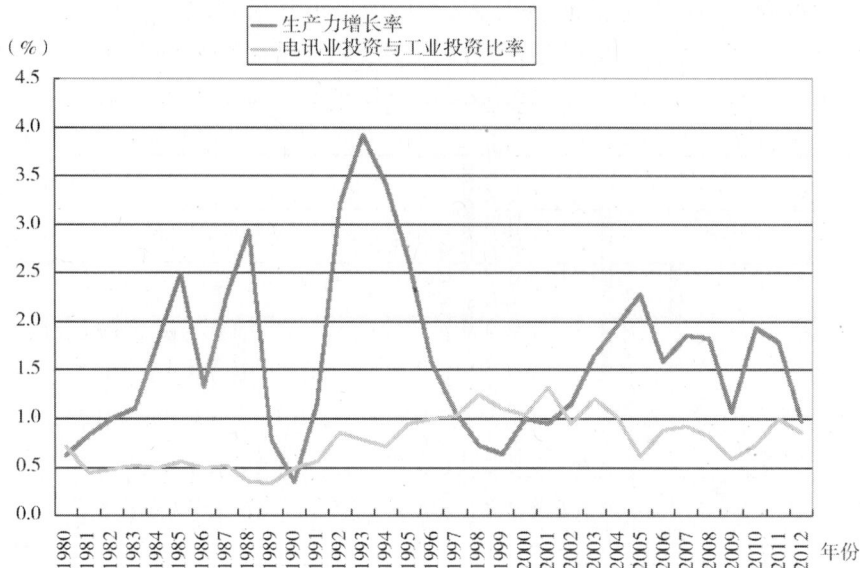

图 7-5 1980—2012 年江苏生产力增长率以及电讯业固定资产投资比率

第三节 工业与信息技术之间的经验 关系及其趋势

同电子与通讯制造业对工业的二重性作用类似，信息的收集、处理、传递与应用或者说信息技术行业对于第三产业或者说服务业也具有二重性：它既是服务业尤其是所谓的现代服务业的重要组成部分，而且它的规模与水平会对服务业尤其是现代服务业的规模与水平产生直接的影响或曰约束。改革开放三十多年的历史证明，江苏经济当然包括工业经济表面上是受到信息基础设施的影响，而更深层次上是直接受制约于信息技术或者说信息服务业的发达程度。

　　根据西方产业革命史的经验事实①与内生增长模型或"新经济"的实证研究②，通讯的可得性和便利性同经济增长具有很强的正相关关系。而江苏的电讯事业经由固定电话的扩散、手机的广泛应用以及互联网的逐渐普及，似乎同江苏经济的阶段性表现出一致性（参见图 7－6）。例如：（1）1978—1991 年电话用户在城乡开始迅速普及，在此期间，电话还没有其他替代选择；（2）1992—2002 年间电话用户增速开始下降，而在此段时间内，移动电话形成对固话的极大挑战，从而在电讯业中形成竞争格局；以及（3）2003—2012 年固话服务虽多方改革，仍然不能避免被逐步淘汰的命运，而在此期间移动电话在用户规模上迅猛发展，同时随着互联网技术的应用与扩张，电讯业中形成暂时的鼎立局面，然而固话日薄西山，移动电话正面临日益成熟而强大的互联网技术的严峻竞争。但是从一定程度上可以说，固话日益为移动电话与互联网所取代，这是信息技术上的更新换代，后者能够为工业提供更为及时（即时）与准确的信息。

　　总之，信息技术对于江苏工业的作用表现在"硬"与"软"两个方面：首先，信息技术的硬件载体——电子及通讯设备制造业是江苏工业的重要组成部分，该行业的投资对江苏工业投资作出重要贡献；其次，信息技术的软件形式——电讯业或者说信息传输、软件和信息技术服务业是第

---

　　①　赋予通讯在经济活动中的重要性，沃尔特·克里斯塔勒（Walter Christaller）无疑是先驱者。20 世纪 30 年代，克氏提出"中心地原理"，而确定"中心地"的重要性可以"电话线的数量"加以衡量："鉴于一个地方的重要性所包含的内容不易具体识别，且涉及的方面很多，又因为以一个统一的尺度来量化这一重要性又是如此困难，似乎要找出鉴别中心地的方法，并借以比较其规模大小是不可能的。……但是完全没有必要丧失信心，因为有一种通过数据来确定一个中心地的重要性极其简单而又相当精确的方法：只需数一下电话线路的数量，就能相当准确地显示出一个地方的重要性。"（沃尔特·克里斯塔勒：《德国南部中心地原理》，商务印书馆 2011 年版，第 189 页）克氏研究"中心地"时代最为重要的通讯设施是电话，而后随着通讯信息技术的飞速发展，移动电话与互联网取得了越来越大的重要性；时至今日，用以确定"中心地"重要性的替代变量也为移动电话与互联网所替代。但是无论如何，通讯设施在经济活动中的重要性仍一如既往，甚至犹有过之。例如中国工业和信息化部所用以衡量"两化融合"的"基础环境指数"所涉 8 个指标中就包括了"固定宽带普及率""移动电话普及率"和"互联网普及率"。

　　②　20 世纪 90 年代，美国劳动生产力增长率的大幅提高促生了大量的"新经济"研究，而这些研究的共识之一是："信息技术的蓬勃发展对生产过程具有相当重要的影响。而且正如保罗·大卫（Paul David）以及其他研究者所注意到的，信息技术革命必然伴以电子设备的应用。（Lawrence H. Meyer，"What happened to the new economy?"，Before the New York Association for Business Economics and The Downtown Economists，June 6，2001）

（万户）

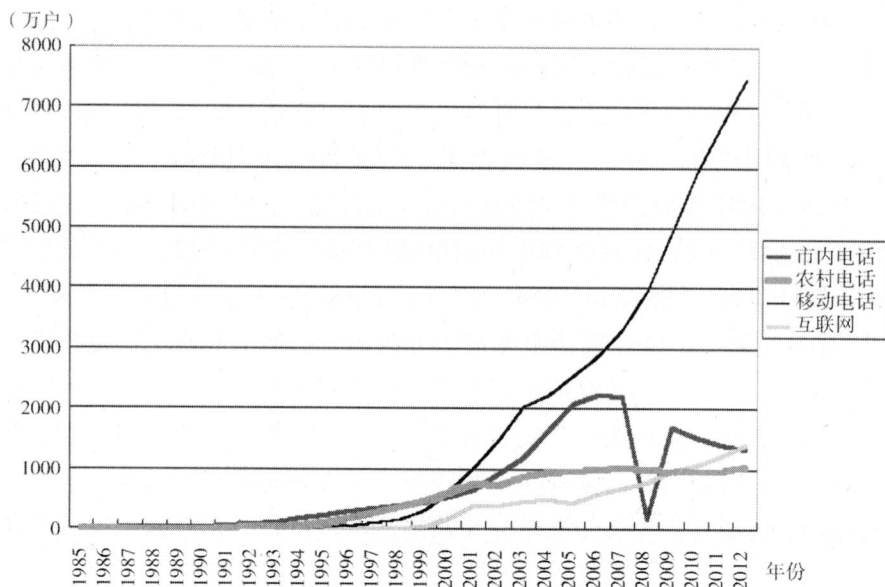

图 7 - 6　1978—2012 年江苏通讯方式普及程度

（万户／亿元）

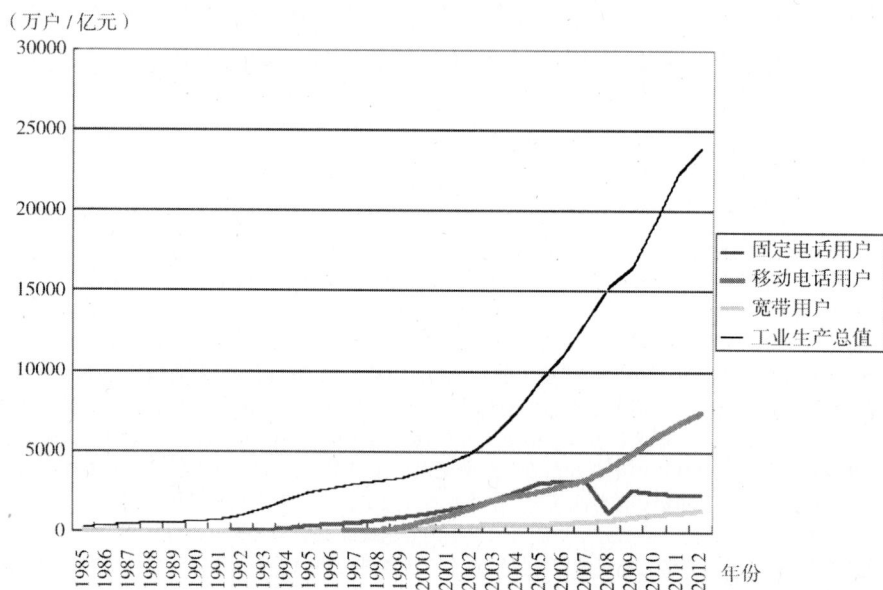

图 7 - 7　1985—2012 年江苏工业生产总值与各类电讯用户数

三产业中的新兴产业，能够从根本上改变企业的决策方式、组织方式与经营方式。自 20 世纪 90 年代初，移动电话与国际互联网在江苏经济活动中日益普及，同期江苏工业产值的增长速度大幅度上升而且至今依然保持高位（参见图 7 - 7）；两者之间的同步背后具有深刻的因果关系。

　　根据中国电子信息产业发展研究院的研究结果（参见表 7 - 1）[1]，2012 年江苏的工业化与信息化融合发展指数为 87.26，高出全国平均水平25.31 个点，在全国各省份中为最高。

表 7 - 1　2012 年中国各省份"两化融合"指数

省份	基础环境	工业应用	应用效益	发展指数
江苏	82.73	71.91	122.49	87.26
上海	84.79	75.86	108.61	85.28
北京	79.79	68.75	108.53	81.46
广东	83.64	57.73	122.91	80.50
浙江	79.05	68.27	99.18	78.69
山东	74.71	68.77	94.29	76.64
福建	83.09	63.92	87.93	74.72
湖北	67.23	71.34	67.30	69.30
湖南	64.20	71.22	69.21	68.96
辽宁	78.64	57.16	82.29	68.81
天津	70.82	52.53	91.66	66.88
江西	58.04	73.3	57.24	65.47
重庆	71.42	57.87	74.68	65.46
黑龙江	70.81	66.68	51.85	64
广西	57.80	73.76	50.33	63.91
河南	64.87	61.11	65.04	63.03
四川	64.54	51.61	83.62	62.85

----

　　[1]　中国电子信息产业发展研究院：《2013 年度中国信息化与工业化融合发展水平评估报告》，2013 年 12 月。

续表

省份	基础环境	工业应用	应用效益	发展指数
河北	60.72	66.94	51.42	61.50
陕西	72.22	48.47	70.24	59.87
安徽	54.83	57.13	67.79	59.22
新疆	64.07	54.70	50.46	55.98
吉林	69.02	47.85	54.45	54.79
山西	58.07	51.30	46.83	51.87
内蒙古	56.53	47.87	52.07	51.08
海南	59.84	38.56	47.34	46.07
贵州	50.91	42.51	47.49	45.86
宁夏	48.33	46.78	38.82	45.18
青海	53.04	44.21	38.15	44.90
甘肃	53.91	43.29	38.54	44.76
云南	39.79	41.33	41.69	41.03
西藏	33.50	34.75	33.75	34.19

　　江苏"两化融合"发展指数的优异表现，决定性地受"应用效益"①的影响，而江苏在"基础环境"②与"工业应用"③方面还有相当的伸展余地。例如江苏的"基础环境"为82.73，高出全国平均水平17.86个点，然而却低于上海的84.79、广东的83.64和福建的83.09；又如其"工业应用"为71.91，虽然远高于全国的57.34，却仍低于上海的75.86和广西

　　① "应用效益"类指标包括工业增加值占GDP比重、第二产业全员劳动生产率、工业成本费用利润率、单位工业增加值工业专利量、单位地区生产总值能耗、电子信息制造业主营业务收入、软件业务收入7个。
　　② "基础环境"类指标所涉及的指标包括城（省）域网出口带宽、固定宽带普及率、固定宽带端口平均速率、移动电话普及率、互联网普及率、两化融合专项引导资金、中小企业信息化平台数以及重点行业典型企业信息化专项规划。
　　③ "工业应用"类指标包括重点行业典型企业ERP普及率、重点行业典型企业EMS普及率、重点行业典型企业PLM普及率、重点行业典型企业SCN普及率、重点行业典型企业采购环节电子商务应用、重点行业典型企业销售环节电子商务应用、重点行业典型企业装备数据化率以及国家新型工业化产业示范基地两化融合发展水平8项。

的 73.36。

而比较江苏同上海、广东、浙江和山东等省市在"两化融合"诸指标变量上的当前差距，江苏工业的信息化趋势也就具有可期性：（1）首先，就基础环境而言（参见表 7－2），江苏的固定宽带普及率、移动电话普及率和互联网普及率存在很大的提升空间，而这三者是信息技术创新的最前沿应用领域，也是所谓"新经济"之所以发生的前提条件；（2）其次，就"应用效益"而言（参见表 7－3），第二产业全员劳动生产率和单位工业增加值工业专利量将是江苏着力的主要方向，这两者是所谓的"内生经济增长"的根本动力，江苏经济要表现出长期的增长趋势，工业专利以及由之而引致的全员劳动生产率需要表现出持久的创新内涵；（3）最后，就"工业应用"而言（参见表 7－4），江苏在相关维度上都具有深化的余地，因为几乎在所有维度上，江苏的当前成就同最优指标相比都有相当的差距，而这些维度正是信息技术革命所引致的企业决策、组织与经营诸方面革命性变革的领域。企业的决策、组织与经营等方面的效率决定企业的活力，而企业活力直接影响到工业的整体实力，这又决定了江苏经济增长的长期趋势；因此，从根本上而言，江苏工业的信息化是江苏经济保持长期增长趋势的源泉。

总之，虽然就总体的"发展指数"而言，江苏的工业信息化在全国居于领先水平，但是相较于全国其他省份的指标，江苏保持优势指标而提升劣势指标也有明确的方向性；参照这些指标，江苏工业的信息化过程的趋势也将是明显的，而促进该过程正向发展的政策措施也在其中。

表 7－2　2012 年沪粤江浙鲁"两化融合"发展水平"基础环境"类指标评估结果

省份	城（省）域网出口带宽	固定宽带普及率	固定宽带端口平均速率	移动电话普及率	互联网普及率	两化融合专项引导资金	中小企业信息化平台数	重点行业典型企业信息化专项规划	基础环境指数
上海	113.1	97.71	67.71	79.14	80.54	100	93.72	70.05	84.79
广东	148.7	85.02	58.68	75.45	76.68	100	150.00	36.32	83.64
江苏	140.8	82.19	59.97	65.26	66.14	100	142.9	68.15	82.73

省份	城（省）域网出口带宽	固定宽带普及率	固定宽带端口平均速率	移动电话普及率	互联网普及率	两化融合专项引导资金	中小企业信息化平台数	重点行业典型企业信息化专项规划	基础环境指数
浙江	141.91	92.9	54.9	75.17	73.54	100	77.22	72.21	79.05
山东	56.74	72.97	49.69	66.74	66.31	100	150.00	61.54	74.71

表7-3 2012年沪粤江浙鲁"两化融合"发展水平"应用效益"类指标评估结果

省份	工业增加值占GDP比重	第二产业全员劳动生产率	工业成本费用利润率	单位工业增加值工业专利量	单位地区生产总值能耗	电子信息制造业主营业务收入	软件业务收入	应用效益指数
江苏	52.39	60.14	40.73	141.85	77.22	293.32	256.69	122.49
上海	43.03	85.31	41.80	143.48	75.67	204.68	206.59	108.61
浙江	39.18	47.46	36.83	181.4	78.02	161.67	180.32	99.18
广东	51.62	63.14	39.46	141.48	80.52	294.08	255.36	122.91
山东	51.71	64.13	45.22	95.61	61.24	188.09	194.22	94.29

表7-4 2012年沪粤江浙鲁"两化融合"发展水平"工业应用"类指标评估结果

省份	重点行业典型企业ERP普及率	重点行业典型企业EMS普及率	重点行业典型企业PLM普及率	重点行业典型企业SCN普及率	重点行业典型企业采购环节电子商务应用	重点行业典型企业销售环节电子商务应用	重点行业典型企业装备数据化率	国家新型工业化产业示范基地两化融合发展水平	工业应用指数
上海	67.65	97.19	74.27	63.29	103.39	107.45	56.87	45.1	75.86
江苏	69.65	87.09	57.04	67.23	90.37	92.14	57.46	58.91	71.91
山东	63.84	58.65	56.81	61.32	76.71	75.38	54.43	100.17	68.77
浙江	75.83	77.14	54.2	62.48	76.9	85.06	52.03	65.67	68.27
广东	73.17	16.65	26.61	73.17	64.57	87.23	63.67	56.08	67.73

第四节 促进工业化和信息化融合互动
发展的政策措施

历次产业革命的史实证明，通讯、交通与能源的突破性创新是产业革命的脊梁，正是由于这些方面的创新，传统产业的内容得以提升，而新的产业得以形成；最终催生产业革命的国家经历生产力增长率的大幅而持久地提高，从而整个国家的福利水平也实现改善。因此，交通、通讯与能源方面的革命性变革是产业结构转型与升级的根本条件，其中通讯或者说信息技术的创新在现代产业革命中更是起着举足轻重的作用。

而按照亚当·斯密的说法，一国劳动生产率的提高程度决定于分工的程度，而分工受到市场的强烈限制。信息技术由于对工业与服务业的双重作用，能够极大地拓展市场的广度、深度和宽度：信息技术从根本上拓展市场，而市场促进分工，最终实现一国劳动生产率的提高，其间的逻辑关系正是"新经济"研究的理论链条。

然而创新尤其是信息技术的创新，在为经济注入润滑剂的同时，由于其天然的排他性与竞争性，却会导致经济活动的扭曲例如垄断，因此，在这种条件下政府行为也是必不可少的，这些行为包括"税收、维护法制、基础设施建设、知识产权保护，以及对国际贸易、金融市场和其他经济领域的管制等"[1]，但是政府对市场失灵的不当干预，"既可造福百姓，又可为祸于民"[2]。因此，促进江苏工业信息化的过程中，如何求得市场作用与政府干预的平衡，这可以说是一门艺术；而对"这门艺术"的任何描述必然流于粗略。

---

[1] 罗伯特·巴罗、夏威尔·萨拉—伊—马丁：《经济增长》，格致出版社、上海三联书店、上海人民出版社 2010 年版，第 16 页。
[2] 罗伯特·巴罗、夏威尔·萨拉—伊—马丁：《经济增长》，格致出版社、上海三联书店、上海人民出版社 2010 年版，第 16 页。

　　首先，注重基础研究。20 世纪 40 年代至 70 年代信息技术的基础研究取得突破，但是真正将之大规模而且成熟地应用于经济活动中，那已经是 20 世纪 90 年代的事情；在信息技术基础研究上获得突破的国家，在后来的商用上同样保持领先优势，这由美国的经济史实所证明。而坐等这些技术的扩散而后奢望推陈出新，这要么是不现实的，要么旷日持久。例如中国在计算机技术上虽然奋起直追，但是至今在芯片技术上仍与世界先进水平有较大差距，其间的原因在于每项信息技术上的突破都是以庞大的基础研究成果为底座的。因此，对于江苏而言，通过市场的利润激励或者政府的合理引导而将资本投入研发尤其是信息技术的研发，对于江苏工业的信息化具有根本重要性，甚至可以说是江苏经济实现产业升级和转型的根本途径。尤其是在经济危机期间，政府的干预政策例如积极的财政支出应该偏向于信息产业，鉴于其在整个工业经济中的直接与间接作用，这种偏向具有一举两得甚至是乘数效应。但是在最近一次国际经济金融危机期间，江苏相应国家的"振兴产业"号召，没有在信息产业投资的偏向性上给予优先性，因此，宏观干预政策过后，江苏经济例如以生产力增长率来衡量表现出明显的下行趋势。鉴于国内外以及自身的干预经验，江苏需要认识到信息产业对于其工业结构与经济结构的升级并持续稳定发展的极端重要性。

　　其次，建立严格的知识产权保护制度。西方的信息技术突破一定程度上受到知识产权保护的激励，这能有效降低研发投入的风险。对于江苏经济而言，企业在面临升级改造时，最优的选择可能是购买国外的技术而不是经由自身的研发；这其间就涉及到知识产权保护不力；江苏是中国经济的工业大省，也可以说是强省，但是其研发投入占比一直畸低[①]，而知识产权保护的不完善无疑是最为重要的负向激励因素。要建成"创新性省份"，首先要成为知识产权的"创新性保护省份"。例如，将创新与否的认证权利让渡于专业组织，而不是坐等非专业甚至不专业的相关政府部门，

----

　　① 根据发达国家的情况，所谓"创新型国家"，其研发支出通常会占到其国民生产总值的 5% 以上，例如日本，其企业的研发支出大约占其收入的 10% 以上。然而多少年来，江苏的研发支出相对于其地区生产总值的占比一直低于 2.5%，而在统计上，据说江苏经济的科技进步贡献率已经达到 70% 左右，这未免令人不踏实。

这会白白浪费时间也就相当于丧失在市场上的先行优势；在某种程度上甚至可以说，当前快速的专利认证便是对企业创新的最好保护方式之一①。

再次，设计合理的税收激励机制。在信息技术的突破需要庞大的基础研究为前提的情况下，信息技术研发企业的税收优惠不应仅仅局限于信息技术本身，而是通盘考虑同信息技术相联系的整个基础研究的税收设计，这相当于鼓励企业将其支出对研发优先安排。然而，江苏的税收收入连年以高于地区生产总值增速的超高速增长，这对于信息技术研发与应用投入巨大的行业和企业影响很大；江苏多少年来就提倡"产业转型与升级"，但是多少年未见显著效果，其中江苏的税收政策设计难辞其咎。与其以高额税收的形式将企业的利润收入征来，而后又以财政补贴的形式发放给企业以支持所谓的专项创新，实在不及压根儿就将这部分税收留在企业从而使得企业能够自主创新；因为在前者的过程中，政府的做法会产生三重扭曲：一者，无谓地攫取了企业创新所急需的利润；二者，财政补贴具有偏向性，被补贴者不一定是最应获得补贴的；三者，财政补贴以专项创新为条件，限定了补贴的使用方向，然而该方向的"创新"可能不是市场真正需要的创新。因此，就江苏当下的实际情况而言，截弯取直——变普遍的高税负而后偏向的补贴为普遍的减税，是合理的税收激励的应有之义。

再其次，尊重"两化融合"的自然规律。从根本上而言，信息技术的创新是由于工商业发展的需要所催生的，而信息技术的应用是自然的市场选择结果；认识到两者间的联系，不能过多地人为干预这种联系。自党的十七大报告中提出"两化融合"的概念之后，江苏省各级政府将概念具体化，几近将之作为经济工作的重心之一。但是工业的信息化说到底是企业的信息化问题，而企业是否应用或升级其信息技术，本质上是企业"成

---

① 例如，昆山某企业的 LED 技术据其自己说在世界上处于领先地位，但是迟迟得不到国家相关部门的认证，从而拿不到生产许可，既然不能投产，则该项创新等于零，然而这个"零"是被强加的；而另一企业的小核酸技术在国际上也处于前沿，同样不能获得国家相关部门的认证而被束缚在临床阶段数年，等其获得认证时，国际上本同其处于相同甚至稍后阶段的国家已经投入医用两代产品之多。将创新的认证赋予市场，这是再自然不过的事情，然而在中国当然包括江苏，确将认证权掌握在相关政府部门手中，而相关人员又外行，不得不向市场聘用专业人员认证，横生枝节，危害实深！因此，对于江苏而言，建立严格的知识产权或者说专利保护制度，政府的那只帮倒忙的手必须拿开，这已经是最直接也是最好的知识产权保护制度之一。

本—收益分析"的决策问题；例如实体旧书店是否于"孔夫子旧书网"上开张网店，其间的利弊得失店主自己最为清楚。

最后但不是最不重要的是，江苏工业的信息化过程或者说江苏经济的转型和升级需要假以时日，而绝不能预设时间表。信息技术本身是飞速发展的，创新周期似乎越来越短，而江苏工业尤其是传统工业基数巨大；因此，以"两化融合"为口号，设定各种衡量评估指标（参见表7-1到表7-4），到头来可能是"刻舟求剑"，因为在信息技术日新月异的情况下，政府通过大力而实现的"两化融合"或者说"工业的信息化"以及所谓的"信息技术"很可能如当今的固话一样落伍了！可以有把握的说，江苏工业的信息化将会是一个过程，这个过程的长短不仅仅取决于供给方例如企业的意愿，还决定于需求方的行为习惯、教育背景以及年龄等主观因素。假如政府忽视这些需求因素而硬性规定"两化融合"的时间表，结果会适得其反：信息化本为便利，然而却为相当的人群造成极大的不便①。因此，这样的所谓"两化融合"，对于市场上的供需双方只会造成压迫而不是吸引力。江苏的政府部门只要认识到工业的信息化是市场经济发展的必然规律就足够了，完全没有必要焦虑于企业是否知道他们身边有这么一条大道。

第五节 工业化和信息化融合互动发展的战略意义

工业的信息化是世界经济尤其是工业发展的规律之一，或者说是配第—克拉克定律的表现形式；然而就江苏工业的信息化而言，它不仅在长

---

① 例如，每天清早在银行门口，老头老太排起长长的队伍，他（或她）们或者存钱或者取钱，或者将养老金自彼行取出而存于此行，总之数额都不大。设若银行主管当局要求各银行于2万元以下存取一律在ATM机上进行，则对这些习于柜台办理业务的老人会造成何种不便？将小比大，由此一斑便可见政府对于"两化融合"的日程表必然挂一漏万。

时间上表现这个规律，而且在短期中是克服江苏经济增长的资源与结构约束的根本途径。

江苏工业的信息化可以极大地降低生产成本，从而有效提高企业的利润率。据粗略估计，1978—2012 年间，江苏的单位投资实际产出由 11.46 元下降为 1.70 元，每年平均递减 5.46%[1]。在总体开放度既定的情况下，工业的信息化能够在生产过程的各个环节降低成本，因此，即使生产技术保持不变从而预期收益流不变，但是生产成本降低却提高了企业利润率。对于江苏面向省内以及国内市场的企业而言，这个盈利空间的增大无疑会增加经济整体的体量；而资本存量的增加本身便是技术进步的可能途径之一[2]。

江苏工业的信息化是降低资源与环境约束的根本出路。江苏本身自然资源禀赋薄弱而生态环境容量有限，因此，在肯定江苏经济取得巨大成绩的同时，应该清醒认识到资源与生态环境的硬性约束。江苏工业的信息化不仅可以直接缓解这两方面的约束，而且信息本身将是"新经济"最为重要的资源之一；信息作为资源可说是一种理想资源——它不仅取之不尽用之不竭而且还是可再生的。鉴于此，江苏工业的信息化既能增加资源存量，又能扩充生态与环境容量。

江苏工业的信息化能本然地增加江苏经济的开放度。发达的信息收集、传输、处理与应用能力是跨国企业的生命线；企业或经济的开放度同该企业或经济的信息化能力或者说信息化程度成正比。跨国企业的资源整合优势与经营管理优势说到底是信息化优势。换言之，对于成功的跨国企业而言，既不是战略先于结构，也不是结构先于战略，而是信息化先于战略与结构；随着信息化程度的深化，企业的战略与结构可以同步确定而且随时改变优化。因此，江苏工业的信息化为江苏企业的成功跨国经营或说"走出去"创造了先决条件。

江苏工业的信息化能为明晰市场与政府间关系提供技术手段。改革开

---

① 刘志彪、刘旺洪、吴先满主编：《比较优势与示范效应——江苏现代化事业持续走在全国前列的思考》，人民出版社 2014 年版，第 36 页。

② Kenneth J. Arrow（1962），"The Economic Implications of Learning by Doing"，*Review of Economic Studies*，29，June，155-173.

放三十多年来，政府在江苏经济中的作用不容否定，但是政府对经济的过多干预扭曲了资源的最优配置，而且派生出寻租行为。近二十多年中，江苏经济的规模增大同政府机构规模的扩大之间具有明显的正相关关系；当政府税收增长率快于甚至过分快于企业利润增长率时，政府对经济的干预便产生了负效应甚至是严重的负效应。然而说到底，政府正当地干预经济的前提是其对信息的有效利用从而作出正确的判断；但高速发展三十多年后的江苏经济所面对的内外部环境，无论是复杂性还是变动性上，政府对信息收集、处理与利用的速度与有效性都不及企业自身有优势。因此，信息化为市场摆脱政府的直接的、过度的干预既提供了合理理由又提供了技术基础。

江苏工业的信息化赋予物质财富以精神境界。信息化是一种介乎物质与精神间的能力，因为信息的收集、传输、处理与应用过程中含有文化的成分，例如，一则经典的广告能够赋予商品或服务载体以文化意向。因此，世界性品牌无不具有世界性的文化内涵——品牌价值与信息价值相符。江苏企业的国际化或者说跨国程度低，在一定程度上是其产品或服务的文化内涵狭隘，而扩张江苏企业的产品或服务的文化内涵便决定于江苏企业的信息化程度，因为在理论上信息的受众是无限的。

总之，江苏工业的信息化赋予江苏经济以战略意义，它从根本上理清市场与政府的界限，而且理论上将江苏经济驶入资源与市场无限的轨道。除却产值与就业的特征外，配第—克拉克定律还应具有文化的内涵：当生产、分配、交换与消费的过程中，商品、服务与文化三位一体的时候，江苏经济的规模、结构与质量都将更具开放性，这无疑为江苏企业拓展了更为广阔的利润空间。江苏经济的现代化说到底是工业化，然而江苏经济的工业化经由信息化才能进到更高的层次或者说境界。产业革命的本质是信息化，即信息的收集、传输、分析、处理与应用等各方面能力的进步；江苏工业信息化的长远目标是在这个链条上取得优势。

在作了以上这些分析研究之后，现在我们小结一下。工业的信息化或者说信息化的工业化，这是江苏经济尤其是工业经济发展的必经过程，因为它本身已经由发达经济体所印证，而且它满足市场上供需的便利性从而成本最小化的创新性制度设计。但是认识到这个规律，不应该成为政府干预经济活动的专利；相较而言，企业对于工业的信息化的优劣比政府更具有发言权。江苏要推行"两化融合"，政府的手必须适可而止，切忌越俎代庖：从根本上而言，"两化融合"是江苏企业自觉的取舍过程，而不是江苏各级政府顺势而为的契机。因此，对于江苏的"两化融合"，无论是知识产权保护制度的建立与完善还是合理税收激励机制的设计，江苏各级政府尽可能少的干预本身已经是这些制度或机制的最重要构成之一。

但是在江苏工业的信息化过程中，政府的作用有时又是不可或缺的，甚至可以说是至为重要的。江苏的工业与整个经济已经是全国乃至整个世界经济的重要参与者，因此，必然会受到外部经济不景气的影响；在这种情况下，政府对信息技术以及电子与通讯业的产业扶持便具有深刻的合理性，因为它不仅能增加投资而且能为经济的景气奠定制造业与服务业基础。信息产业是先进制造业与现代服务业的关键，也是江苏庞大的传统工业存量转型与升级的根本途径。

其实，纵观改革开放以来江苏经济尤其是工业经济的发展历程，信息化的过程也是日益明显的：首先，电子与通讯制造业成为江苏工业中越来越重要的行业之一，在工业产值与固定资产投资中的贡献越来越大；其次，信息技术也就是信息的收集、分析、传递与应用对于工业企业的影响日益增强，而且它本身正不断提升江苏服务业的现代性。总之，江苏的信息产业不仅从交通业中独立，而且在工业与服务业内部也越来越具有独立性，这是江苏工业经济效率的最好表现。

第八章 实行新型城镇化

自 1867 年西班牙工程师 Asedra 提出城镇化概念以来，城镇化就成为西风东渐的时代强音，成为世界各国现代化过程中的重大战略任务。中国的城镇化经过改革开放前的波动停滞后，改革开放后特别是 1993 年以来取得了快速发展，截至 2013 年，中国城市化率达到 53.7%，且未来 10 年将达到 75% 左右，城镇化已经进入高速发展阶段，城镇化正面临着水平提高的问题，又面临着与经济、社会、文化、生态等方面的协调发展挑战。江苏作为我国城镇化发展水平较高的省份（2013 年城镇化率为 64.1%），在城镇化的实践中形成了富有江苏特色的经验模式，但随着情势发展变化，城镇化也面临与新型工业化、信息化和农业现代化的协调发展问题，面临城镇化质量提升的转型发展问题，必须牢牢把握城镇化蕴含的巨大机遇，准确研判江苏城镇化发展的新挑战、新趋势、新特点，找准适合江苏发展实际的新型城镇化路子，顺利实现"两个率先"宏伟目标，努力谱写好中国梦江苏篇章。

第一节 城镇化及其转型升级：理性思考

城镇化是工业化进程中农村人口不断向城镇集中、非农产业不断向城镇集聚的自然历史过程。当前，江苏正进入城镇化深入发展的转型升级阶段，随着党的十八大以来新一轮城镇化建设实践的不断展开，江苏新型城镇化也成为省内外学者们的研究热点，破题新型城镇化，探讨城镇化科学发展，加快城镇发展转型，对积极稳妥地推进江苏新型城镇化意义重大。

一、推进新型城镇化的重大作用与意义

新型城镇化是在立足现阶段我国基本国情，总结我国城镇化的发展实践，汲取国内外城镇化的经验教训，适应新的发展要求而提出来的。在江苏经济社会和城镇化发展新阶段，在全面建成小康社会并向率先基本实现现代化迈进的关键时期，江苏按照党的十八大建设中国特色社会主义"五位一体"总体布局，积极稳妥扎实有序地推进新型城镇化，具有重大作用与战略意义。

推进新型城镇化是江苏实现"两个率先"的必由之路。工业革命以来的经济社会发展史告诉我们，西方发达国家成为现代化强国的过程就是其城镇化率不断提高的过程，一国要成功实现现代化，在推进工业化的同时，必须同步推进城镇化。江苏要在全国率先实现由经济大省、经济强省向现代化强省转变，由基本实现小康向全面实现小康转变，必须按照党的十八大"四化"同步发展和"五位一体"总布局要求，自觉遵循城镇化发展的内在规律，以城镇化为载体和平台，承载工业化和信息化融合发展、带动农业现代化加快发展，努力推进新型城镇化，进而为实现"两个率先"奠定基础。

推进新型城镇化有助于江苏经济转型升级和持续健康稳定发展。当前，江苏常住人口城镇化率为64.1%，户籍人口城镇化率只有36%左右，与发达国家80%的平均水平差距巨大，随着城镇化的深入快速发展和城镇化水平的持续提高，大量农村人口将进入城镇安居就业，城镇消费潜力将不断释放，不仅会带来城镇消费需求的大幅增加，而且还会因劳动生产率的提高而带来消费结构的不断升级，同时还产生庞大基础设施、公共服务设施以及住房建设等投资需求，为经济发展提供持续的动力。此外，城镇化产生的集聚效应、规模效应和分工效应，能够极大地促进服务业发展。随着城镇化过程中的人口集聚、生活水平提高和生活方式变革，餐饮、商贸、旅游等为主的消费型服务业将得到大发展；生产要素的优化配置、三次产业的联动、社会分工的细化也会扩大以金融、保险、物流等为主要内容的生产型服务业需求；同时，城镇化还能推动以教育、医疗、就业、社

会保障等为主要内容的公共服务发展，其带来的创新要素集聚和知识传播扩散，有利于增强创新活力，驱动传统产业升级和新兴产业发展。

推进新型城镇化是推动区域协调发展的有力支撑。区域经济发展的历史表明，越是经济发达地区城镇化发展水平越高、城市群发育程度越好，越是欠发达地区，城镇化发展越是落后，城市群发育程度越低。苏南地区的率先发展正是得益于宁镇扬、苏锡常等一批城市群的快速崛起与有力推动，而苏中、苏北地区发展相对滞后，一个重要原因就是城镇化发展质量不高，城市群发育明显不足。随着锡常泰、苏通、宁镇扬城市圈的深入推进，苏南地区产业向苏中转移加快，苏中板块必将加快融入苏南板块；在苏北地区以区域中心城市为核心大力培育城市群，形成新的增长极，有利于促进地区经济增长和市场空间由南向北梯次拓展，推动江苏区域发展更加协调。

推进新型城镇化是解决城镇化自身问题的根本途径。江苏城镇化虽然取得了巨大成就，但城镇化也出现了新旧二元矛盾、大城市病等问题，由此滋生各种经济社会问题，在城镇化发展的关键阶段，推进新型城镇化无疑将会有助于这些问题的解决。新型城镇化是量质并举的城镇化，过快过慢都不行，重要的是质量，将彻底化解江苏城市化进程中的新旧二元矛盾，避免城镇化的"拉美化"；新型城镇化更是以人为本的城镇化，将彻底消除半城镇化、被城镇化、"贵族化"城镇化和"大跃进"城镇化等现象，避免城镇化的过度物化、非人化；此外，新型城镇化在体制机制创新上将有助于城镇关系、城乡关系、工农关系的协调发展，进一步增强以工促农、以城带乡能力，加快农村经济社会发展，解决大城市过度集聚、小城镇发展无序、地区发展失衡、城市之间关系不协调等问题。

二、新型城镇化发展与转型：理论综述

新型城镇化是对传统城镇化模式的扬弃，是城镇化理论与实践的创新，学界对新型城镇化的探讨始于党的十六大提出"坚持大中小城市和小城镇协调发展，走中国特色的城镇化道路"，至十七大提出"走中国特色城镇化道路，按照统筹城乡、布局合理、节约土地、功能完善、以大带小的原则，促进大中小城市和小城镇协调发展"。官方正式提出新型城镇化

要追溯到 2007 年 5 月温家宝总理提出的要走"新型城镇化道路"，2013 年中央经济工作会议明确提出"应高度重视工业化、城镇化、信息化、农业现代化协调发展，努力走出一条集约、智能、绿色、低碳的新型城镇化道路"。但新型城镇化到底新在那里，直到十八大正式提出新型城镇化战略及《国家城镇化发展规划》颁布后，新型城镇化道路才正式确立。对于什么是江苏新型城镇化、如何推进江苏新型城镇化，江苏省内众多学者进行了大量的研究，大都立足江苏实际特别是江苏城镇化发展的实践过程，从不同视角检视、研判、探讨江苏的新型城镇化道路。

何培根（2010）检视了 2000 年以来江苏城镇化发展实践，认为必须创新下一阶段江苏城镇化发展的路径与政策，要继续推进差异化的城镇发展战略，依据区域发展的不同阶段和水平差异，加强对苏南、苏中、苏北城镇化发展的分类指导，鼓励走多样化的城镇化道路；要从制定城市发展边界与创新土地机制、优化城镇行政管理体制、进行综合配套户籍制度改革等三方面来完善江苏城镇化发展的政策需求。周明生（2011）从城乡统筹走向城乡融合的视角评价了江苏城镇化发展，认为江苏根据自身区域特色，走出了以工促农、以城带乡、城乡联动发展的成功之路，江苏走城乡融合的城镇化道路，是实现包容性发展的必然选择，其根本目的是促进人的自由全面发展，要求实行城镇化与新农村建设的一体化运行，包含着生产要素向城镇集聚和城市文明向农村扩散的双向过程，既要重视农村人口的自由流动又要重视城市"新市民"的塑造，也要重视不同地区在时序、路径上的差异性。段进军（2012）从区域视角探析江苏城镇化发展模式创新问题，认为区域视角下城镇化发展具有"城市化和郊区化的趋势融合在一起、城镇体系由"金字塔形"向"钟形"转变、重视城市区域的多样性和包容性、形成新型的城乡关系"等四个显著特征，基于此，他提出江苏城镇化模式创新应注重发展多中心都市、推动郊区化适度发展，完善城镇体系结构、以核心城市群带动区域发展，重视城市区域的多样性、以人为本建设包容性城市，推动城乡一体化发展、建设新型城乡关系。万解秋等（2013）从城镇化与产业转型升级的关系角度研判江苏城镇化，认为城市化的实质是经济的发展和空间结构的转化，江苏及长三角地区的城市化进程进入了城镇化的新阶段，被赋予解决当前面临的产业升级转型、资源环境合理配置，形成新的内需市场的重要战略功能，在推行中要避免异质化和功能扭曲，要在综合平衡城镇发展、农村改造和投资增长拉动的多重因素下展开。刘立仁（2013）认为，无论是大中城市提高量和质，还是小城镇的农民转移，最为关键的是要解决农业转移人口的市民化，要根据本地发展实际，选择合适的新型城镇化模式，例如连续发展模式、要素重组模式、园区发展模式、就地发展模式等。邱少明（2014）认为江苏新型城市化进程正步入一个关键历史时期，必须践行科学发展，彻底转向"全面协调可持续发展""带动三农""稳健发展""市场为主导的动力机制"，大手笔、大气魄地科学发展大都市圈，全力破解城乡结合部发展的短板，彻底解决环境污染，全力打造江南美景，大力提升城市的文化软实力。

从学者们的研究可以看出，江苏新型城镇化是"江苏特色城镇化"与"新型城镇化"的有机统一体。一方面，必须抛弃传统的城镇化思维，在科学发展观指引下，走符合城镇化发展规律的新型城镇化道路；另一方面，必须立足江苏实际要求，从实际出发，不唯外、不唯书，走体现中国特色、江苏特点的城镇化之路。当然江苏新型城镇化还必须按照党的十八届三中全会明确提出的"坚持走中国特色新型城镇化道路，推进以人为核心的城镇化，推动大中小城市和小城镇协调发展、产业和城镇融合发展，促进城镇化和新农村建设协调推进"要求，充分把握中国特色新型城镇化的六大内涵：一是必须坚持以人为本的发展和可持续的发展，摒弃粗放式的甚至是被动的城镇化方式，走人口与经济、社会、生态协调发展的路子；二是必须走渐进式发展路子，根据城镇产业的吸纳能力、基础设施的支撑能力、资源环境的承载能力和政府财力等，科学确定城镇化的规模，合理把握城镇化推进的速度和节奏；三是必须走多元化发展路子，立足区域发展条件、经济发展基础、人口规模和目标定位，采取多种方式和途径，促进大中小城市和小城镇协调发展；四是必须走集约型发展路子，摒弃传统城镇化高投入、高能耗、高污染的粗放式发展模式来推动，实行节地、节能、高效的城镇建设和发展模式；五是必须走城乡融合发展之路，要打破城乡分割，推动城乡融合互动和一体化，实现城乡机会均等、空间共享；六是要形成一个城镇特色彰显和分工合理明确的新型城镇发展格局，避免千城一面之悲，根据各地发展实际和特色优势，按照"循序渐进、因地制宜、功能完善、城乡协调、以大带小、多元推动"的原则，构建合理、有序、高效的城镇发展格局。

为此，在新的历史时期要实现江苏的新型城镇化，必须以科学发展观和党的十八届三中全会精神为指导，立足城镇综合资源环境承载能力和主体功能区的要求，采取渐进、多元、集约、包容、可持续的发展方式，坚持速度与质量并重，在构建合理城镇规模体系的同时，重点从提高城镇发展质量、降低城镇化推进成本、构建空间共享的城乡关系、推进农业转移人口市民化等方面提高城镇化质量，走出一条高效、包容、可持续的新型城镇化道路。

一是坚持渐进式发展，按照江苏各地实际和城镇化发展规律推进新型城镇化。违反城市化发展规律和超越地区经济发展水平和资源环境承载能力，大搞城镇化"大冒进"是我国城镇化的一个深刻教训。当前，江苏城镇化面临的最大实际是进城务工人员人口多、农地保护任务重、环境资源压力大、城镇就业压力大，城镇化的速度和规模要既要考虑地区经济发展水平、财力情况，还需考虑城镇资源环境承载能力和人口吸纳能力，并与它们相适应，要注重粮食安全，将城镇化与农业现代化结合起来，城镇有资源环境承载能力而就业机会与产业支撑不足，就会造成"鬼城""卧城""空城"，城镇有人口吸纳能力而承载力不足也会造成土地、水等资源紧张和城市基本公共服务压力增大，政府"破产"。

二是坚持多元化发展，推进大中小城市和小城镇协调发展，构建分工合理的城镇化发展空间格局。由于苏南、苏中、苏北地区城镇化发展阶段各异、水平多元，各地采取的城镇化战略模式不同，形成了各地区城镇化规模结构体系的异构：苏南地区主要是大中小城市规模相对协调的城市带发展模式；而苏北地区则主要是大城市主导的城市圈发展模式，中小城市发展相对不足。但就江苏全省而言，主要特征是大城市规模迅速膨胀，城市病严重，中小城市发展严重不足，小城镇人口数量持续衰减，城市人口规模分布呈"倒金字塔型"转变。因此要坚持大中小城市和小城镇协调发展，充分考虑城镇资源环境综合承载能力和产业对人口的吸纳能力，合理有序引导农业人口有序转移，形成分工合理的城镇化发展格局。对大城市要实行人口、产业和功能疏散，提升城市功能、改善空间结构，着力向高端化、服务化方向发展，对中小城市要通过提高产业承载能力和公共服务水平来提升人口吸纳能力，着力向特色化、专业化方向发展。

三是坚持集约化发展，降低城镇化的资源环境压力，高效推进城镇化发展。江苏人多地少，人均资源占有量低，高消耗、高投入的传统粗放型城镇化发展模式，西方分散型城市化、过度城市化模式显然都不适合我国和江苏。一方面，江苏应坚持高效集约利用资源特别是土地、水、能源资源，大力推动"节水、节地、节能、节材"的环保型城镇建设，先生活、生态，后生产、生景，走资源节约型的城镇化道路；另一方面，应推进紧凑型城镇化，建设紧凑型城镇、紧凑型社区、紧凑型园区、紧凑型村庄，缓解城市蔓延和无序发展，走集约、紧凑、高效的紧凑型城镇化之路。

四是坚持包容式发展，构建机会均等、空间共享的新型城乡关系。城镇化涉及方方面面，其中构建新型城乡关系是重要内容，党的十八届三中全会指出要"形成以工促农、以城带乡、工农互惠、城乡一体的新型工农城乡关系"，就是要破解长期以来形成的城乡二元结构（旧二元化）和业已形成的城市新二元结构（新二元化），促进城乡居民机会均等、社会公平和空间共享（成果共享），走包容性城镇化发展之路。一方面要认识到城与乡是平衡而不是补充、是共生而不是依附的关系，要统筹城乡规划，做到城乡权利对等、资源平等交换、基本公共保障平衡供给，实现城乡共生、空间共享、社会公平；另一方面要加快农民工市民化进程，实现城镇基本公共服务常住人口全覆盖，同时加大对城中村、棚户区、城乡结合部的整治力度，着力解决城市贫困人口和低收入群体问题，彻底消除"新二元化"。

五是坚持可持续发展，走尊重自然、顺应自然、天人合一的城镇化发展之路。江苏特色新型城镇化发展必须摒弃以农地特别是耕地数量减少、牺牲粮食安全、破坏生态环境、撕裂传统文化为代价的路子，必须注重提高城镇化质量和品质，重视生态环境保护、重视粮食安全、彰显城市文化传统和自然山水特色，推进新型城镇化与农业现代化的协调发展，推进城镇化进程中人口与资源、环境之间的协调发展，城镇建设要"体现尊重自然、顺应自然、天人合一的理念，依托现有山水脉络等独特风光，让城市融入大自然，让居民望得见山、看得见水、记得住乡愁"。

第二节　城镇化发展与转型：实践评析

江苏城镇化经历了改革开放前的波浪起伏期后，20 世纪 80 年代进入了快速发展阶段，是全国城镇化起步最早的地区之一。最近三十多年间，江苏城镇化始终坚持创新发展，取得了巨大的发展成就，形成了独具特色的发展模式与实践经验。随着江苏区域发展的内外部条件发生新变化，城镇化在推进江苏"两个率先"的征程中，也面临着一些新问题、新挑战，需要在实践中得到解决。

一、城镇化发展的沿革及成效

改革开放以来，江苏城镇化发展取得了显著成效，2013 年城镇常住人口达到 5090 万人，城市化率由 1978 年的 13.7% 提升到 64.1%，比全国高 10.4 个百分点，在全国省份中位居第 4 位（除京津沪三大直辖市外），已经形成了南京都市圈、苏锡常都市圈、徐州都市圈三大都市圈，沿江城市群在长三角世界级城市群中的地位和作用日益凸显。回顾近三十多年来江苏城镇化发展历程，可以总结出特色鲜明的两次转折、三个阶段、四个时期，即草根工业化推动的苏南小城镇为主导的内生城镇化阶段，以经济全球化推动的大中城市为主导的外生城镇化阶段，以政府行政推力为主导的城镇化发展阶段，其中最后一个阶段包括 2005 年前后两个时期。

1. 第一阶段：20 世纪 80 年代，以乡镇企业崛起为契机，草根工业化推动的、以苏南小城镇为主导的内生城镇化发展阶段

党的十一届三中全会以后，伴随着苏南乡镇企业异军突起，劳动力采取亦工亦农的半非农化转移方式实现就地城镇化成为可能，同时乡镇企业发展为小城镇建设提供充裕资金，"离土不离乡、进厂不进城"的苏南模式催生一大批小城镇的迅猛发展和繁荣壮大。1982 年江苏省第二次城市工作会议提出"以城市为中心、农村为基础、小城镇为纽带，实现城乡协调

发展"的方针，1983 年江苏在全国率先实现"市管县"体制，极大促进了无锡、常熟、江阴等县域经济的强劲崛起，全省形成了"小城镇、大发展"的发展格局。1989 年，江苏建制镇增加到 392 个、城镇人口增加到 1366 万人，分别是 1979 年的 3.4 倍和 1.56 倍，城镇人口比重由 1979 年的 15.46%上升到 21.56%，年均提高 0.61 个百分点，彻底扭转了江苏城镇化长期发展停滞的局面。这一时期，江苏城镇化的主要动力来源于乡镇工业的快速发展，以劳动力的半非农化和就地转移为主要特征，是一种草根工业化驱动的内生城镇化。

2. 第二阶段：20 世纪 90 年代，以开发区建设发展为契机，经济全球化推动的大中城市为主导的外生城镇化发展阶段

1990 年，国家决定实施浦东开发开放战略，江苏得靠近上海的地缘优势，紧抓浦东开发开放机遇，大力推进产业园区建设，从沿海到沿江、从苏南到苏北，一大批开发区、工业园区、城市新区脱颖而出，省政府先后批准建立 68 个省级开发区，开放型园区经济迅猛发展。这一阶段，通过积极兴办各类园区，不但解决了本地劳动力的完全非农化，而且吸纳了大量的外来劳动人口，带动了城市经济增长和城市化区域的快速扩张，一些曾经的城市郊区、城市郊县成片转化为城市建成区，原先规模较大、区位较好、行政级别较高的大中城市发展尤为迅速，全省城镇非农人口比重由 21.6%提高到 41.5%，年均提高 1.99 个百分点，城镇化呈现快速发展态势。在这一阶段的 1997 年，江苏城镇化发生了历史上的第一次转折，即在总人口增加 38 万的情况下，城镇人口增加 196 万，乡村人口则相应减少 157 万，城镇人口增长绝对规模首次超过总人口增长绝对规模。这一时期，江苏城镇化的主要动力来源于外商直接投资，以大中城市的开发区为主要载体，本质上是通过培育增长极的方式高效快速地实现工业化，进而带动周边地区城镇化，是一种经济全球化驱动的外生城镇化。

3. 第三阶段：新世纪以来，以政府行政推力为主导的城镇化快速发展阶段

2000 年以来，江苏省各级政府不断加大对城镇化的推进力度，巨大的行政推力催化了江苏城镇化逐渐向新型方向发展。新世纪初期至 2005 年，在大城市、中小城市与小城镇协同发展基础上，江苏进入以组建都市圈为

特征的优化城镇体系发展时期。2000年7月，江苏省第三次城市工作会议鲜明提出"大力推进特大城市和大城市建设，积极合理发展中小城市，择优培育重点中心镇，全面提高城镇发展质量"的方针，城市化被确立为"十五"期间五大发展战略之一，次年开始实施以大城市、特大城市为依托的苏锡常、南京、徐州等都市圈的规划建设。到2005年，江苏省13个省辖市区以占全省1/5的土地集聚了占全省1/3的人口，江苏省城镇人口总量达到3774.62万人，城镇人口比重超过50%，达到50.5%，城镇人口的绝对量超过乡村人口，实现了江苏城镇化历史上的第二次转折。"十一五"以来，按照统筹城乡发展、实现城乡一体化的目标，江苏进入城乡融合发展的新型城镇化时期。2005年11月，江苏省城乡建设工作会议按照"以城带乡、以工促农、城乡互动、协调发展"的目标，确立了"城乡统筹、集约发展、规划引导、改善环境、保持特色"的城乡建设发展指导思想，江苏城镇化从此步入统筹城乡发展的新阶段。2010年，江苏"十二五"规划又将城市化战略拓展为城乡一体化战略，党的十八大以来，全省按照十八大及十八届三中全会精神，以城乡发展一体化为导向，城市群为主体形态，大中城市为依托，走上以工促农、以城带乡的新型城镇化之路，城镇人口持续增加，城镇化质量不断提高。到2013年年底，江苏城镇常住人口达到5090万人，城市化率上升到64.1%，比1978年提高了50.4个百分点。纵观江苏城镇化发展的第三阶段，政府主导的特征明显，通过小城镇户籍制度改革、政府规划引导和行政区划调整，有力地推动了城镇化水平的跃升，使江苏在城乡一体化发展的新型城镇化道路上领跑全国。

二、城镇化发展的经验与启示

改革开放以来，江苏始终把城镇化作为推动经济社会发展的重要战略选择，因地制宜、因时而动，不断创新城镇化的发展方式，为全国提供了许多独特的城镇化发展实践经验。

一是因时而动，积极选择适合江苏实际的城镇化路子，持续稳妥地推进城镇化发展。江苏始终把城镇化置于经济社会发展全局，坚持政府主导与市场主体相结合，与工业化、农业现代化同步推进，根据不同发展阶段适时选择不同城镇化发展路子。20世纪80年代敏锐捕捉到"城乡改革"

所带来的一系列发展机遇，催生了极富特色的由乡镇草根工业化推动的"离乡不离土"的就地和就近城镇化路子，形成"小城镇、大发展"的城镇化格局；20世纪90年代，江苏又充分利用紧靠上海的地缘优势和扩大对外开放、经济全球化的历史机遇，以"经济国际化"推动开放型园区经济发展，进而催生了大中城市快速成长的城镇化路子；"十五"时期，江苏确立了城市圈为主体的城市化发展战略，"十一五"时期，以剥除城乡二元结构为重点，城市化战略重点转向统筹城乡发展，实现城乡一体化，初步确立了新型城镇化的路子；"十二五"期间，针对江苏城乡发展新变化，城市化战略调整为城乡一体化战略，提出新型工业化、农业现代化与城乡一体化同步发展；党的十八大以后，江苏提出城市群为主体形态，大中城市为依托，努力形成以工促农、以城带乡、工农互惠、城乡一体的新型工农城乡关系，走出一条具有时代特征、中国特色、江苏特点的新型城镇化和城乡发展一体化道路。

二是强化城乡产业联动支撑，走产城融合发展的城镇化路子。江苏城镇化之所以没有走只重建设城市、忽视产业发展甚至唱"空城计"的歪路，就是抓住了就业这个最大民生，使城与业相互适应、良性互动，在快速的土地城镇化过程中实现了城市产业的快速发展。改革开放初期，以农业发展为基础、以工业化为先导，以"围绕农业办工业、办好工业促农业"为指导思想，走了一条城乡产业联动发展之路，推进了扎根乡镇工业的城镇化。其后，随着改革开放的深入，大力构建开发园区与乡镇工业小区的配套产业链，进一步打破城乡壁垒，带动人口和要素向城乡集聚，形成一大批专业镇、专业园区和专业村，实现了城乡联动发展。新世纪以来，结合综合交通网络建设和分工合理的城镇体系构建，以产业园区为主要载体，坚持产业入园、园区兴城，推动工业向园区集中、人口向城镇集中、居住向社区集中，形成了城市工业高端发展、乡镇工业配套发展的城乡产业发展格局，做到了就业机会与产业支撑相得益彰、人口吸纳能力强的城镇化。

三是坚持以中心城市和城市群、城市圈为依托，走大中小城市和小城镇协调发展，城镇体系不断合理的新型城镇化。江苏在推进城镇化过程中的"小城镇、大发展"阶段，客观上虽然产生了强大的县域经济，但也带来了中心城市能级不强和"小、散、乱"的城镇布局状态，为了扭转这种无序局面，政府撤并调整了一些原来过于分散、过于密集的乡镇，集中发展主城区和中心镇，使多极分散无序化的城镇布局得到治理改善。2000年，在全省统一部署下，按照统筹规划、合理布局、完善功能、以大带小的原则，大力推进特大城市和大城市建设，积极合理发展中小城市，择优培育重点中心镇，全面提高城镇发展质量，着力提升发展长三角北翼核心区城市群，相继启动了苏锡常、南京、徐州都市圈的规划建设，迈开了以质量和效益为着重点的新型城镇化步子。党的十八大以后，根据全国新型城镇化空间布局、全省生产力布局的总体框架和未来发展趋势，《江苏省新型城镇化与城乡发展一体化规划（2014—2020年）》进一步提出要形成以沿江、沿东陇海线为横轴，以沿海、沿大运河为纵轴，以轴线上区域性中心城市为支撑，以周边中小城市和重点中心镇为组成部分，大中小城市和小城镇协调发展的"两横两纵"空间布局和城镇体系，在做大做强中心城市的基础上，着力打造沿江城市群（包括宁镇扬同城化、苏锡常一体化，锡常泰、苏通跨江融合发展）和徐州都市圈，推动城市群和都市圈的经济、市场一体化。

四是统筹城乡建设与发展，逐步形成了推进城镇化与建设新农村"双轮驱动"的新型城镇化。在推进城镇化过程中，有效解决城乡发展不协调问题始终是江苏城镇化的工作重点。改革开放前，本着"农业为基础，工业为主导"的指导思想，江苏曾长年组织"工业支援农业、城市支援农村"活动。改革开放后，乡镇企业的异军突起一方面为城镇化提供了建设发展资金，同时也采取"以工补农""以工建农"等形式协调了城乡、工农利益关系。20世纪90年代后期特别是进入新世纪后，为切实解决好城乡发展不平衡问题，促进城乡一体化提速，在全省所有行政村实施通电、通水、通公路、通公交、通电话、通有线电视和通宽带网络等"七通"工程。党的十八大以来，江苏根据发展实际，坚持新型工业化、农业现代化、信息化、城镇化同步发展，明确把"六个一体化"作为城乡发展一体化的切入点和着力点，采取有效措施，促进城乡互动融合、共同繁荣，同时大力开展美好城乡建设行动，先后出台《全省美好城乡建设行动方案》和《关于以城乡发展一体化为引领全面提升城乡建设水平的意见》，努力在优化城乡空间布局、塑造现代城乡形态等方面取得新突破，对提升城镇化质量起到重要推动作用。

江苏城镇化所取得的丰富经验，给下一步积极稳妥地推进新型城镇化带来了许多有益启示和借鉴，这就是新型城镇化必需坚持因时而动的改革创新，不断地针对新情况、新问题提出新的发展思路与举措；必须坚持以人为本、包容发展的城镇化，推进城镇化关键在于很好地推动农民市民化，要不断提升城镇产业支撑和吸纳就业的能力，提升城镇的资源环境承载能力；必须坚持城乡统筹和因地制宜，通盘考虑城乡、经济发达地区和欠发达地区的经济社会发展水平，使城镇化模式、速度与地区经济发展水平相适宜、与城乡差异相协调；必须坚持与新型工业化和农业现代化、信息化同步发展，使城镇化由偏重速度向倾向质量转型，不断走资源节约、环境友好、功能优化、文化彰显的发展道路。此外，坚持规划先行也是江苏城镇化取得科学有序发展的一条重要经验启示，以高起点、高水平的规划调控和引领城镇化发展，合理确定城镇功能和产业布局，可以避免城镇化发展陷入无序状态。

三、城镇化发展的矛盾及问题

江苏城镇化取得了巨大成就，但也存在一些发展中亟待解决的矛盾和问题，例如与以人为本的城镇化发展要求还有差距，城镇发展、城乡发展还不平衡、不够协调，城镇结构体系和城乡发展形态还有待优化，城镇发展的资源环境压力还很大，城镇治理体系尚未达到新型城镇化发展要求，等等。

一是与以人为本的城镇化发展要求还有差距。江苏城镇化进程中，以经济为本、以物为本的城镇化伴随全过程，导致城镇化发展质量和水平整体上还不够高，突出表现在"化"人滞后于"化"地。2013 年江苏省城市建成区面积 3276 平方公里，比 2007 年增长了 1382 平方公里，年均增长 72.3％；而同期江苏城镇人口增加到 5090 万人，年均增长 3.6％，城市建成区人口密度不升反降，由 2007 年每平方公里 1846 人下降到 2013 年每平方公里 1553 人，人口城镇化大大低于城市建成区即土地城镇化的增长速度。同时，由于城乡二元制度障碍和城镇基本公共服务供给不足，大量农业转移人口难以融入城市社会，江苏省常住人口城镇化率与户籍人口城镇化率相差 7 个百分点；旧二元矛盾未解，城镇内部已产生"新二元"矛盾，城中村、棚户区、城镇贫困人口和低收入群体问题突出。

二是城乡、城镇发展还不平衡、不协调。"重城轻乡""重工轻农"和大搞拆旧建新、只求城市发展的城乡建设思想与行为在江苏有些地方特别是苏北地区不时出现，导致城乡建设发展极不平衡，城乡居民收入差距仍然较大。由于农民财产性收入和工资性收入相对缺失，农民持续增收长效机制尚待加强，城乡要素平等交换和公共资源均衡配置仍存在制度性障碍，农村的投入机制有待健全，城乡交通及公共基础设施、公共服务供给差距仍然明显，农村教育、医疗和社会保障水平较低。城镇发展也存在不协调问题，苏北地区中心城市发展不足的同时，中小城市和小城镇发展更为欠缺，培育宜居宜业、特色鲜明的中小城市及中心镇已成为苏北地区新型城镇化的重要内容。

三是城镇结构体系和城乡发展形态还有待优化。城市规模结构体系主要包括金字塔型（单核型）、双核型、网络型等不同类型，不同国家和地区的具体分布形式各不相同，其中金字塔型是普遍存在的现象。江苏城镇结构体系总体上呈现出大城市多、中小城市和小城镇发展不足的特征，且具有明显的地区差异，苏南地区城镇结构体系初具网络型特征，而苏北地区呈现出变异的金字塔型（中等城市数量偏少）；在城市群内部，城市发展定位趋同，城市功能互补性不强，集群效应不高，中小城市和小城镇产业和人口集聚能力较弱，潜力尚未充分发掘。在城乡发展形态上，建设性破坏城乡自然环境和古街区、古村落等文化传承的现象在一些地区不同程度存在，城乡建设发展难见历史记忆、地域特色、民族特点，留不住乡愁。

四是城乡发展的资源环境压力还很大。江苏人多地少、资源贫乏，传统粗放式的生产生活方式加剧了城乡生态环境的恶化，生态环境总体上仍处在高污染、高风险阶段，单位国土面积污染负荷较高，流域性水污染问题尚未根本解决，区域性雾霾污染呈加重趋势，脆弱的生态环境已不能继续承载高投入、高消耗、高污染的传统工业化和城镇化。在新型工业化支撑的新型城镇化发展新阶段，按照 2014 年中央城镇化工作会议要求，要实现优先生活、生态，后生产、生景的空间用地结构，根据"减少工业用地，适当增加生活用地特别是居住用地，切实保护耕地、园地、菜地等农业空间，划定生态红线"的要求，江苏"节地""节能"的资源压力巨大，节能减排任务繁重，苏南地区土地优化开发利用难度更大，苏中苏北地区土地资源也日趋紧张，全省落实耕地占补平衡难度加大。

五是社会治理体系和能力不适应新型城镇化快速发展及人口流动激增的新形势。由于历史原因，"重管理、轻治理"是江苏各级政府存在的主要问题，这显然不符合党的十八大特别是十八届三中全会《决定》明确指出要"推进国家治理体系和治理能力的现代化"的要求，也难以适应新型城镇化快速发展及人口流动激增的情势。政府自上而下的管理意识强、自下而上的治理意识弱，政府职能缺位、越位等问题常有发生，合理配置社会公共资源和供给城乡公共服务的功能和能力有待加强，人口服务管理水平有待提高，居民自我服务、自我管理能力和城市社会创造活力提升的制约因素仍然较多，用科学态度、先进理念、专业知识建设和管理城市的专家型城市管理干部缺乏，社会治理创新能力需要加强，推进社会治理体系和治理能力的现代化任重道远。

第三节 新时期新型城镇化：思路探讨

《国家新型城镇化规划（2014—2020）》指出，要"紧紧围绕全面提高城镇化质量加快转变城镇化发展方式，以人的城镇化为核心，有序推进农业转移人口市民化；以城市群为主体形态，推动大中小城市和小城镇协调发展；以综合承载能力为支撑，提升城市可持续发展水平；以体制机制创新为保障，通过改革释放城镇化发展潜力，走以人为本、四化同步、优化布局、生态文明、文化传承的中国特色新型城镇化道路"。新的历史时期，江苏推进新型城镇化必须按照中央统一部署和要求，遵循城镇化发展的一般趋势，坚持从江苏实际出发，着眼于化解江苏城镇化发展的矛盾和问题，因地制宜地开展新型城镇化工作，不断提升江苏城镇化的质量和水平。

一、新型城镇化的战略思路

在新的历史时期，要推进江苏高效、包容、可持续的新型城镇化，必须以科学发展观和党的十八届三中全会精神为指导，立足江苏发展实际，以改革创新为动力，以人的城镇化为核心，以提高城镇发展质量和实现城乡一体化发展为目标，充分发挥市场作用，采取高效、包容、可持续的发展方式，有序推进农业转移人口市民化，有效增强城镇综合承载能力、可持续发展能力和辐射带动能力，促进经济转型升级和社会和谐进步，实现城乡区域协调发展，形成以城市群为主体形态、大中小城市和小城镇协调发展的新型城镇体系和以工促农、以城带乡、工农互惠、城乡一体的新型工农城乡关系，走出一条具有时代特征、中国特色、江苏特点的新型城镇化和城乡发展一体化道路，为实现"两个率先"、谱写中国梦江苏篇章奠定坚实基础。

将有序推进农业转移人口和失地农民的市民化作为推进新型城镇化的首要任务。农业转移人口和失地农民是构成城市新市民的两大主要群体，要以健全城镇落户制度、促进城乡产业发展、完善就业创业扶持、保障城镇住房、提供良好公共服务为重点，着力完善农业转移人口和失地农民市民化的制度保障体系，稳步推进城镇基本公共服务常住人口全覆盖，使全体人民共享城镇化和现代化建设成果。

将各级城市群作为推进新型城镇化的主要形态。城市群的发展是新型城镇化的一个重要趋势，要优化发展以苏锡常城市群、宁镇扬城市群、徐州城市圈为核心的第一层次城市群，大力发展以区域性中心城市（地级市）为核心的第二层次城市群，强化城市群内各城镇间的功能互补分工和产业专业化分工，发挥中小城市吸纳农业转移人口的主力军作用，在经济发达的苏南地区，形成以县城为中心的第三层次城镇群，包括县城关镇、若干小城镇和新型农村社区在内，形成就地就近城镇化发展模式。

将提高城镇发展质量和实现城乡一体化发展作为推进新型城镇化的首要目标。完善城市群内部大中小城市和小城镇之间的功能定位和分工协作机制，推动大城市提升产业层次，强化城市的引领辐射功能，鼓励中小城市和小城镇走"专精特深"的特色专业化道路，发挥其吸纳农业转移人口的重要作用，促进城镇和新农村协调发展，形成体系更加完善、定位更加明确、分工更加有序的城乡布局形态。培育城镇文化，塑造城镇精神，增强城镇品牌意识，提倡形态多样性，彰显城镇个性和特色，发展有历史记忆、文化脉络、地域风貌、民族特点的高品质美丽城镇。

将实现城乡可持续发展作为推进新型城镇化的基本要求。把生态文明理念全面融入城镇化进程，重视生态环境保护、粮食安全，推进新型城镇化与农业现代化的协调发展，推进城镇化进程中人口与资源、环境之间的协调发展，严格控制城乡建设用地规模，合理控制城镇开发边界，强化资源节约、环境保护和生态修复，推行绿色低碳的生产生活方式和城乡建设运营模式，走集约化、生态化、低碳型、宜居型的城乡生态文明和可持续发展道路。

将改革创新和市场推动作为推进新型城镇化的强大动力。大力弘扬改革创新精神，全面推进深化各项改革举措，推动人口服务管理、土地管理、社会治理、财税金融、生态建设等重点领域和关键环节改革取得重大突破，为加快新型城镇化和城乡发展一体化进程提供体制机制保障。正确处理政府和市场关系，更加尊重市场规律，坚持使市场在资源配置中起决定性作用，切实履行政府制定规划政策、提供公共服务和营造制度环境的重要职责，使城镇化成为市场主导、自然发展的过程，成为政府引导、科学发展的过程。

二、新型城镇化的具体对策

在高效、包容、可持续发展方式指引下，推进江苏新型城镇化，需要从实际出发，更加注重政府与市场发挥更好作用，更加注重以人为本、推动居民"迁转俱进"，更加注重产城互动、推动经济转型升级，更加注重统筹城乡、实现城乡一体，更加注重生态文明、确保实现美丽江苏。

一是在市场主导、政府引导中推动江苏城镇化科学有序发展。中国特色新型城镇化是在政府科学引导下的市场自主选择过程，是市场主体分享外部经济偏好在空间上的集聚过程。新形势下，江苏新型城镇化需要发挥市场的决定性作用，在土地、投融资等方面进行改革创新，逐步健全市场制度体系。同时要发挥政府的统筹谋划的作用：一要顺应城镇化发展规律，进行科学的前瞻性规划，科学规划城镇规模和布局，优化城市空间结构和管理格局，强化城市群主体形态，增强中心城市的辐射带动能力，培育发展县城和中心城镇，促进大中小城市和小城镇协调发展，形成分工合理、功能互补、发展协同的城镇体系。二要提高城乡基本服务能力，围绕适应新型城镇化发展需要，提供城乡基础设施建设和基本公共服务，均衡配置城乡教育、文化、医疗、卫生、养老等公共资源，统筹城乡就业，完善城乡社保体系。三要创新城乡治理体系，不断完善社会参与、自上而下与自下而上相结合的现代治理体制，强化政府公共服务、市场监管、社会管理、环境保护等职责，着力解决市场监管问题、城乡人口资源环境问题、城市公共安全问题、城市防灾减灾问题。

二是走以人为本的城镇化，推动农业转移人口和失地农民市民化。城市，是为了让生活更美好，城镇化的一切应当围绕人的城镇化来展开，"以人为本"推进城镇化实现人口市民化，关键是要推进农业转移人口和失地农民"迁转俱进"，即实现人口从乡村到城镇的迁移与人口从农民到市民职业身份转换同步推进，让农业转移人口和失地农民能够在城市里"业有所就""住有所居""学有所教""老有所养""娱有所乐""病有所医"，充分享受到城镇就业服务和基本公共服务。要全面放开建制镇和小城市落户限制，有序放开中等城市落户限制，合理确定大城市落户条件，严控特大城市人口规模，按照先存量、后增量，先本地、后外地，先省内、后省外，先失地农业人口、后其他农业人口，先进城务工人员及子女、后投靠亲友的顺序，分门别类推进不同群体转为城镇居民。要重点增强中小城市的产业发展和就业供给能力，不断提升中小城市的人口吸纳能力，加大对农业转移人口和失地农民的职业技能培训和创业技能培训，强化他们自身融入城市社会的能力。要重点解决好农业转移人口和城镇失地农民的住房、社保、教育、医疗等城镇基本生活保障问题，稳步推进城镇基本公共服务常住人口全覆盖，切实推进农业转移人口和失地农民的市民化。

三是更加注重产城互动、推动经济转型升级。以产兴城、以城促产、产城互动、产城融合，是推动城镇化良性健康发展的内在要求，是江苏城镇化实践过程中的一条基本经验。要继续把产城融合发展作为推动新型城镇化的主要理念，坚持城市功能、产业升级与吸纳就业联动推进，根据城镇区位条件、资源禀赋和现有产业基础，统筹城镇建设发展规划与产业发展规划，大力发展就业吸纳能力强的生产性、消费性、分配性和社会性服务业，积极推动农业现代化，为城镇化提供有力的产业支撑。在城市群内部，要通过优化城镇产业布局和功能定位，提升大城市的综合服务功能和综合承载能力，形成以服务经济为主的产业结构；中小城市要主动接受中心城市的辐射带动，增强综合承载、配套服务、产业支撑能力，大力发展生产性服务业和先进制造业，不断升级产业链条，在更高层次上实现产业提升与城市发展繁荣互动并进；小城镇要积极融入周边城市特别是县城的产业链条，增强小城镇的特色化、专业化产业发展能力，积极参与农业现代化，重点发展面向农业的产前、产中、产后的服务业，为推动小城镇发展提供不竭动力。

四是更加注重统筹城乡、实现城乡一体化发展。在推进城镇化过程中，统筹城乡发展一直是江苏城镇化的工作重点，但统筹的层面长期以来主要在县一级，也即主要是以县域城乡发展一体化作为抓手，到党的十七大后才实施了更高层面的统筹城乡发展战略，当前江苏正处在城乡一体化深入发展阶段，必须在制定县域城乡发展一体化规划基础上，从城乡空间布局和制度创新等方面推进城乡发展一体化，促进现代新型城乡关系形成。首先要把工业与农业、城市与乡村、城镇居民与农村居民作为一个整体，逐步打破旧二元结构。城乡一体化核心是制度一体化，要在户籍制度、用地制度和城乡资源配置上进行制度创新，彻底消除城乡户籍身份差异，在增减挂钩基础上放宽城镇用地限制，构建灵活的城乡劳动力、土地等资源配置的市场体系。其次要实现基础设施和公共服务的城乡均衡发展，加快基础设施和公共服务向农村延伸和衔接，加强城市向农村的反哺力度，通过转移支付实现对弱势农村和落后地区的支持。再次要以"四集中"促进城乡空间布局优化，推动工业向园区、人口向城镇、居住向社区、土地向适度规模经营"四个集中"，统筹处理好村际、镇际和区际之间的关系，避免重复拆迁和同质发展。最后要以"美好城乡建设行动"构筑现代新型城乡形态，通过城乡规划引导，统筹城乡空间布局、城镇功能提升、产业发展、基础设施建设和生态环境保护，努力实现城乡空间结构合理、产业发展协调、要素资源优化配置、基础设施衔接配套、基本公共服务均等、居民生活同步提高的城乡发展新格局。

五是更加注重生态文明、确保实现美丽江苏。新型城镇化要摒弃先发展后治理的老路，但也不走唯环境不发展的歪路，而是要坚持生态文明理念，走新型工业化、信息化、农业现代化与新型城镇化协调发展的低碳之路。首先要着力改善城乡生态环境，通过倡导绿色消费，减少消费污染，通过实施蓝天工程、清水工程和绿地工程不断优化城乡自然生态环境，利用生态占补平衡调节资源占用与分配、环境污染方面的矛盾、冲突，促进城镇化与环境保护的良性互动。其次要尊重城镇资源承载力和生态环境容量，城镇的人口规模和开发强度要与区域的综合承载能力相适应，其经济发展要以自然生态结构和正常功能不受损害及人类生存环境质量不下降为前提，避免和防止对资源的过度开发、低效开发和破坏性开发。再次要提高城镇土地资源的利用效率，按照"城市让生活更美好"的理念，把人的需要放在首位，按照先生活、生态，后生产、生景的次序要求，合理确定城市用地结构和比例，逐步增加城市居住和生态用地的比例，合理控制城市景观用地比例，严格限定各类城市工业用地比重的最高限度，不断提高工业用地效率。最后要积极推进城镇循环经济发展，鼓励发展节能环保产业，严格控制经济发展中的生态环境成本，要努力提高资源综合利用效率，以更少资源生产更多价值，提高综合经济效益，促进城镇经济效益、社会效益和生态环境效益的有机统一。

第九章 增强区域经济发展协调性

区域经济协调发展，不是区域经济之间没有差距，而是使得区域经济发展差距处于能接受、可调控的程度上，使得区域经济关系比较合理、顺畅，各个区域都有经济发展的积极性、主动性、受益性。改革开放以来，江苏省内各个区域经济都得到全面加快发展，但是发展的速度和水平仍有差别，因此区域经济差距始终存在，并且呈现波动的轨迹，时而扩大，时而缩小。对此，江苏省委、省政府一直给予重视，采取了一系列的政策措施，以调整区域经济利益关系，缩小区域经济差距。现在，苏南、苏中、苏北之间，一些经济区域或板块之间，经济发展差距还是比较明显。当前经济发展新常态下，深入推进江苏经济转型升级，创新区域经济协调发展的体制机制与思路及政策，增强区域经济发展的协调性，仍然有着十分重要的战略意义。

第一节 区域经济协调发展研究述评

现有文献对江苏区域经济协调发展的研究内容，主要集中在以下几个方面：

一是对江苏区域经济差异及其时空特征的分析。不同的研究者由于所采用的区域经济发展差异测度的指标、方法、分析的基础单元和选择的历史时段各不相同，对江苏省区域经济差异的阶段划分和差异评估的研究结果也不尽相同。沈正平等（2003）分析了江苏省南北 1978—2001 年的经济发展差距，发现南北差距呈现迅速扩大趋势。王启仿（2004）对江苏省1978—2000 年间经济增长的趋同性进行了研究，表明在此期间江苏省人均GDP 增长不存在 σ 趋同与绝对 β 趋同，仅存在较弱的条件 β 趋同。欧向军等（2007）以人均 GDP 为测度指标，以县市为基本单元，运用基尼系数和塞尔指数，定量评价了 1978—2003 年间江苏省区域经济差异的总体水平与动态变化特征，结论是江苏省区域经济差异经历了"下降—上升—再下降—再上升"过程；同时，区域经济总差异明显扩大；江苏省区域经济发展在城乡间差异缩小的同时，农村内部（县域间）差异和苏南、苏中与苏北三大区域间差异急剧扩大。黄雪琴（2009）运用锡尔系数、基尼系数等方法分析了江苏省 1978—2007 年的经济发展差距，并将总体的经济差异进行地区和产业的分解，结果显示：改革开放以来江苏省区域经济差异在三轮波动中扩大，差异主要来源于南北区际差异，而区际差异主要是南北县域经济发展差异导致的，这种差异又完全来自二、三产业发展差异。蒲英霞等（2005）基于马尔可夫链方法，研究江苏省县域经济增长趋同与分异过程中的时空演变特征，认为苏南发达地区和苏北欠发达地区内部在空间上的趋同，而不是南北之间的趋同，在循环累积因果机制作用下，江苏省区域经济的空间分异格局将进一步加剧。蒲英霞等（2005）基于 ESDA 全局和局部空间自相关分析的分析则表明，江苏省县域经济空间差异不断缩小，特别是苏南和苏北县域表现出与周边地区同步发展态势，再者苏南地区对全省的极化效应明显大于其扩散效应，江苏省县域总体和局部空间差异的缩小并不是全省区域经济协调发展的标志，而是南北空间分异的表现。金晓斌等（2008）从可持续协调发展入手，建立了区域发展综合评价指标体系，选取了表征社会进步、经济发展和资源环境支持 3 个方面的 27个因素作为评价指标，分析了区域综合发展的测算方法，提出了综合发展指数和发展协调指数，并指出江苏传统的苏南、苏中、苏北的分类方法已难以反映省内地区综合发展的实际情况，江苏已出现宁镇扬经济文化综合区、苏锡常高新技术综合区、盐连通沿海地区综合区以及徐宿沿淮综合区4 个次级区域。马骁驰等（2013）运用差异系数和极化指数分析了 1978—2010 年江苏区域经济差异和极化演变过程，认为江苏区域经济差异与极化呈现"先扩大，后缩小，再急剧扩大，后平缓波动扩大，最后缓慢减小"

的演变过程，目前极化水平偏高，且已超过了红灯警戒线。

二是对造成区域经济差距的原因进行研究。魏也华等（2000）认为引起江苏省区域经济发展差异主要有"自上而下""自下而上"和"外部推动"的三种动力。龙国英等（2001）认为改革开放以来的一些政策变化对江苏省区域差异变化影响较大。张落成等（2002）认为自然条件与区位、社会经济发展、城市化水平和国家宏观政策的制约是江苏省区域经济差异扩大的主要因素。仇方道等（2004）将县域经济差异的成因归纳为经济政策因素、经济结构因素、市场化程度因素、文化观念因素和投资软环境因素。欧向军等（2007）认为市场发育程度、产业结构转换和区域发展策略是造成江苏省区域经济差异扩大的最主要因素。上官敬芝（2010）认为江苏区域经济的形成受到区位因素、发展基础、发展策略、发展速度、资源流失、文化底蕴和思想观念、科技投入等多个因素的影响。曹芳东等（2011）认为规模企业空间分布差异及人才空间分布差异是导致县域经济发展差异的主要因素。部分学者从文化转向的角度探讨江苏区域经济差异的格局与成因，认为江苏不同地域文化差导致形成不同的心智模型、社会资本和非正式制度，从而形成不同的内在文化动力和外在文化动力是导致经济差异出现的文化动因。

三是提出促进区域协调发展的对策建议。仇方道等（2004）认为要重构区域发展格局，实施区域经济一体化战略；适度倾斜，两带并重，构筑沿江、东陇海两大竞争高地；依据比较优势，构建合理的产业分工格局；建立经济与社会有机协调的综合政策体系，促进苏北全面、协调、可持续发展。黄雪琴（2005）认为要调整城市发展战略，加强城市辐射能力；综合采用多种政策，提高人口素质；区域政策与产业政策相结合，促进各地区的产业升级和地区间的合理分工；净化流通环境，鼓励生产要素区际流动；发挥落后地区农业基础优势，发展外向型农业；制定优惠和扶持政策，推进农业产业化。蒲英霞等（2006）认为可以从统筹区域发展政策、健全区域互动机制、明确区域功能定位和积极培育苏北市场四个方面着手推进江苏区域协调发展。杜宇（2008）认为提升区域协调发展的层次和水平需要建立区域协调发展的"开创性"体制和"颠覆性"机制，从制度层面彻底改变过去习惯用临时性手段、应急性措施解决问题，而不重视从制度供给层面上解决问题的弊端，打造加快区域协调发展的体制、机制"杀手锏"，加快解决制度供给不足问题。周明生等（2009）认为在新的形势下，江苏应以大开放的新视野、主体功能区的新理念、公共服务的新思维、建设生态文明的新思路，以及深化改革的新举措，进一步在推进科学发展中促进江苏区域共同发展。孙月平（2010）提出"良性非均衡"发展或"趋均衡型"发展的思路，在此基础上，明确苏北大开发的主体，促进苏北大开发中的制度创新，推进苏北大开发中的资源整合，再造苏南经济的竞争优势，构建网络化区域开发的战略模式，深化政府绩效评价体系的改革，最终实现江苏经济整体结构和布局优化的目标。储东涛（2011）提出了江苏推进区域协调发展的四大战略，即以苏北融入长三角一体化为目标的"加快苏北振兴"战略，以沿海、沿江开发为重点的"南北共进、东西合作战略"，以加快培育苏北苏中城市群为方向的"新型城市化"战略，和以实现城乡基本公共服务均等化为核心的"城乡一体化"战略。

　　总体来看，现有研究，成果较为丰富，内容不断拓展，深度不断加强，为研究江苏区域协调发展问题奠定了坚实的基础。但是受论文发表的周期较长，数据更新较慢的影响，现有研究尤其是定量研究，未能反映江苏区域协调发展的最新进展，多数研究采用较为单一的指标也不能全面反映区域协调发展的内容，提出的有些对策建议也因国际国内形势的迅速变化而显得不合时宜，这些都需要在新的研究中加以改进。

第二节　区域经济协调发展的实践

一、区域协调发展的时代背景与演变进程

　　1. 苏南地区率先发展、区域发展差距不断扩大阶段（改革开放初期——20世纪90年代初期）

　　改革开放后，苏南抓住经济体制改革的机遇，充分利用其得天独厚的

优势，率先发展以市场为导向的乡镇企业，创造了以集体经济为主体、以乡村工业为主导、以中心城市为依托、以市场调节为主要手段、以共同富裕为重要目标的发展模式，有力推动了该区域内城乡经济、物质文明和精神文明协调发展。与此同时，苏北还没有找到适合自己发展的路径。江苏南北的区域发展差距大幅度拉大。在这一背景下为缩小差距促进共同发展，1984 年江苏省第七次党代会首次提出"积极提高苏南，加快发展苏北"的战略方针。从此正式拉开了区域协调发展战略的序幕。作为当时协调全省区域经济的一个完整的战略方针，江苏省里除了推动苏北从自身实际出发，充分利用自然资源尤其是农副产品资源丰富的优势，进行多行业经济的综合开发外，大力倡导多层次、多方面的南北合作，并动用大量人力、物力和财力，支持苏北落后地区的发展，支持方式主要是派驻扶贫工作队、财政转移支付、改善基础设施等。但是由于苏北市场经济发育不足，支持产业发展方面的政策力度不够，在较长时间内苏北对苏南经济辐射的接纳力较弱，单纯依靠输血式扶贫的南北合作方式取得的成效不大。1979—1993 年，苏南年经济增长率为 13.7%，分别比苏中、苏北快 2.5 个和 4 个百分点；1993 年，苏南、苏中和苏北地区 GDP 占江苏省经济总量的58.8%、19.5% 和 21.7%，与 1978 年相比苏南提高 10.8 个百分点，苏中和苏北分别下降 3.4 个和 7.4 个百分点。南北差距的不断扩大，表明政策的预期目标未能实现。

2. 区域经济增长基本均衡、极化效应逐步得到缓解阶段（20 世纪 90 年代初期—21 世纪初）

南北差距的持续扩大使江苏意识到加快发展苏北的重要性和紧迫性。同时经过十年对区域协调发展战略的初步尝试，江苏也逐步形成了一套解决区域问题的基本思路。在及时总结前一阶段区域发展经验的基础上，1994 年年底，江苏省第九次党代会提出"区域共同发展"战略，并将"积极提高苏南，加快发展苏北"列为当时江苏"三大战略"之一。此后直到 1999 年，每年均有重大政策措施出台。1995 年，江苏省委呼吁全省要清醒认识到"没有苏北的小康，就没有全省的小康；没有苏北的现代化，就没有全省的现代化"。建立了沪宁沿线高新技术产业带、苏北星火产业带、滨江基础工业带、徐连经济带、沿海经济带和沿大运河经济带六条产业聚集带。提出并实施"海上苏东""淮北致富"两项区域工程。江苏省政府还通过推动实施优化生产力布局、努力发展优势产业和特色产品，来推动区域共同发展（1996）、实施南北合作产业转移示范工程（1997）、全面推进农村小康和现代化建设工程（1998）、启动"南北挂钩、对口协作"工程（1999）。为抓紧贯彻既定方针，2000 年，江苏对全省经济区域划分由苏南、苏北调整为苏南、苏中和苏北，同时将区域分类指导方针完善为"发挥苏北后发优势、提升苏南发展水平、促进苏中快速崛起"。2001 年，江苏省委、省政府先后在淮安、昆山、南通召开北、南、中区域发展座谈会，进一步明确三大区域加快发展的指导思想、目标任务和有关政策措施。2002 年，实施新一轮沿江开发，鼓励苏南联动开发、跨江开发，促进苏中加快崛起。2005 年，制定加快苏北振兴的 10 条政策措施。2006 年，推出南北挂钩共建苏北开发区战略，从更深层次、更大力度推进区域合作。2007 年，全面部署新一轮沿海开发，2009 年沿海开发上升到国家战略层面。这期间，按照建立社会主义市场经济体制的目标，江苏在推进国有企业改革的同时，大力发展开放型经济，放手发展民营经济，全省经济发展实现"由内到外"、所有制结构由"单一到多元"的跨越，三大区域的发展活力和比较优势不断彰显，南中北相互促进、优势互补、共同发展的格局初步形成，区域经济发展的"马太效应"得到遏制。1994—2007 年，苏南、苏中、苏北年均经济增长率分别为 13.8%、12.9% 和 12.8%，与 1979—1993 年相比，苏南上升 0.1 个百分点，苏中、苏北分别提高 1.7 个和 3.1 个百分点。三大区域工业化和城市化程度提升，2007 年苏南地区工业增加值占 GDP 比重为 53.8%，苏中和苏北为 48.6% 和 40.8%，分别比 2000 年提高 4.5 个、5.2 个和 6.7 个百分点；三大区域城镇化率为 67.5%、48.8% 和 41.7%，分别提高 7.9 个、11.1 个和 10.5 个百分点。

3. 区域协调发展总体态势初步形成并不断向深度拓展的阶段（21 世纪初至今）

"十一五"中后期以来，国内外经济发展环境发生深刻变化，区域经济社会发展进入一个新的阶段。江苏抓住长三角区域经济一体化和沿海开发开放的重要契机，全面展开区域协调发展新布局，在更高层次上统筹区域发展，在更大范围内优化生产力布局，为区域发展拓展新空间。2010年，江苏省委、省政府把"区域共同发展"战略深化为"区域协调发展"战略，要求构建三大区域优势互补、互动发展机制，逐步缩小区域发展差距，全面提升区域协调发展水平。2011年，江苏省第十二次党代会强调：支持苏南转型升级，增强科技创新能力和国际竞争力；支持苏中加快崛起，更大力度推进江海联动开发和跨江合作开发，促进苏中尽快融入苏南经济板块；支持苏北全面振兴，继续推进财政、产业、科技、人才"四项转移"和南北共建开发园区，实行"一市一策"；深入实施《沿海开发五年推进计划》，使江苏沿海地区尽快成为我国东部重要的经济增长极。2013年，制定实施苏南现代化建设示范区实施意见和推进计划，出台支持苏北建设全面小康的28条政策意见、推动苏中融合发展特色发展的意见等。从发展战略的层层推进不难看出江苏缩小区域差距的力度在不断提档升级。这一时期的区域政策比以前更加完备和全面，最重要的特点，一是反对片面的增长论，强调科学发展观，努力推进区域工业化、城市化和经济国际化进程；二是重视"三农"问题，强调建立新型城乡关系。经过多年来区域发展战略的实施，三大区域在发展空间、城乡关系、产业与内在机制等方面初步形成了良性互动新格局，协调发展成效明显。2013年，苏南、苏中、苏北 GDP 占全省总量的比重为 59.4%、18.5% 和 22.1%，与2007年相比苏南降低 2.4 个百分点，苏中、苏北分别上升 0.4 个和 2 个百分点。2011年苏北人均 GDP 首次超过全国平均水平，2011年、2012年、2013年分别达 36094 元、40914 元和 45444 元，分别比全国高 896 元、2494 元和 3536 元。

二、区域经济协调发展的主要成效

1. 苏中苏北经济增长速度开始快于苏南，相对差距有所缩小

地区生产总值是反映地方经济发展水平最重要的综合性指标。2005—2013年期间，苏中地区生产总值的年平均增长速度为 17.0%，苏北为 18.0%，分别高于苏南地区 1.4 个和 2.4 个百分点（见表 9-1）。从地区生产总值的构成来看，苏中、苏北第二产业增加值和第三产业增加值的增长也均快于苏南。从 2008 年开始，苏北经济增速已连续六年超过苏南和全

省平均水平。2013 年，苏南、苏中、苏北人均 GDP 之比为 2.42 ：1.52 ：1，而 2005 年为 3.61 ：1.67 ：1，南北地区间经济发展差距相对缩小趋势日益明显。

表 9 - 1　2005—2013 年江苏三大区域地区生产总值增长速度比较

单位:%

区域	地区生产总值	第一产业增加值	第二产业增加值	第三产业增加值
苏南	15.6	13.1	13.0	19.3
苏中	17.0	10.9	15.8	20.3
苏北	18.0	11.4	18.1	20.7

资料来源:《江苏统计年鉴》（2006、2014）。

2. 苏中苏北地方财力增长更快，发展后劲更足。

2005—2013 年期间，苏中苏北公共财政一般预算收入的年均增长率分别比苏南地区高出 5.4 个和 12.7 个百分点（见表 9 - 2）。与此同时，苏中苏北固定资产投资分别高出苏南 7.9 个和 6.3 个百分点。2013 年，苏南人均公共财政预算收入相当于苏中、苏北的 2.16 倍和 1.76 倍，而 2005 年则分别为 6.27 倍和 3.14 倍。数据充分显示，苏中苏北尤其是苏北地方财力增长更快和发展后劲更足，是南北差距相对缩小的又一个显著标志。

表 9 - 2　2005—2013 年江苏三大区域主要经济指标年均增长率

单位:%

区域	公共财政一般预算收入	固定资产投资	社会商品零售总额
苏南	19.5	21.8	17.5
苏中	24.9	29.7	17.4
苏北	32.2	28.1	17.9

资料来源:《江苏统计年鉴》（2006、2014）。

3. 全省外向型经济发展日益均衡

进出口总额、出口总额和外商直接投资额，是反映外向型经济发展水平的三个主要指标。2005—2013 年期间（见表 9 - 3）：进出口总额年均增长速度，苏中苏北分别高出苏南 7.2 个和 11.1 个百分点；出口总额年均增长速度，苏中苏北分别高出苏南 6.4 个和 12.2 个百分点；外商直接投资额年均增长速度，苏中略低于苏南，而苏北高出苏南 16.8 个百分点。"十二五"以来，苏北外向型经济取得长足发展，并呈加速发展态势，江苏全省外向型经济发展日益均衡，苏南外向型经济"一枝独秀"的格局将不再。

表 9 - 3   2005—2013 年江苏三大区域进出口与外商直接投资增长速度比较

单位:%

	进出口总额	出口总额	外商直接投资额
苏南	10.8	12.1	10.7
苏中	18.0	18.5	10.0
苏北	21.9	24.3	27.5

资料来源:《江苏统计年鉴》（2006、2014）。

4. 南北城乡居民收入明显改善

统计数据显示，南北城乡居民收入都有大幅提高（见表 9 - 4）。从城市来看，2005—2013 年期间，苏南城市居民人均可支配收入年均增长率为 12.7%，苏中同口径 12.4%，苏北仅为 10.5%，苏中年均增长率已接近苏南，苏北仍比苏南低 2.2 个百分点。但 2013 年，苏北城市居民人均收入增长幅度超过了苏南 0.6 个百分点，苏中略高于苏南 0.1 个百分点。

再从农村来看，2005—2013 年期间，农民人均纯收入年均增长速度，苏中苏北分别高出苏南 0.5 个和 0.7 个百分点。2013 年苏中、苏北农民人均纯收入分别高出苏南 0.3 个和 0.8 个百分点，南北农村居民人均收入差距呈现出可喜的加速缩小态势。

从城乡居民储蓄存款余额指标来看，2005—2013 年期间，苏中、苏北的居民储蓄存款年均增长率也均超过苏南，分别高出苏南 1.5 个和 1.4 个百分点。2013 年，苏中、苏北居民储蓄存款的增长率更是高出苏南 4.5 个和 6.1 个百分点。

2013 年苏南、苏中、苏北城乡居民收入差距分别为 2.05 倍、2.07 倍和 1.95 倍，苏北由 2005 年全省最大（2.4 倍）转变为 2013 年全省最低。

表 9 - 4　2005—2013 年江苏三大区域城乡居民收入与储蓄增长速度比较

单位:%

区域	城镇人均可支配收入	农民人均纯收入	居民储蓄存款
苏南	12.7	12.7	15.0
苏中	12.4	13.2	16.5
苏北	10.5	13.4	16.4

资料来源：《江苏统计年鉴》（2006、2014）。

5. 苏北产业结构不断优化，二产带动能力增强

伴随地区经济的增长，第一产业所占比重将逐渐下降，而第三产业所占比重逐渐上升。从表 9 - 5 可以看出，苏南、苏中、苏北的产业结构也都呈现了这一趋势。从各地第三产业的变化速度看，苏南地区第三产业所占比重从 2005 年的 36.8% 提高到 2013 年的 47.4%，提高了 10.6 个百分点；苏北地区第三产业所占比重则从 33.9% 提高到 2013 年的 40.6%，提高了 6.7 个百分点，可见苏南的第三产业增速还是要快一点。但如果考察各地区二、三产业总结构的变化情况，苏北地区由于第二产业所占比重变化不大，二、三产业总体增长幅度比苏南要高出许多，苏北增长了 7.2 个百分点，苏南仅增长 0.4 个百分点。这反映了苏北经济的发展已经逐步转变到依靠工业支撑的轨道上来，这与苏南苏北产业转移政策的成功推行是分不开的。

苏南加快转型升级步伐，创新发展能力和国际竞争力进一步增强，高技术产业、先进制造业发展水平明显提高，产业结构不断向高端化攀升。2013 年，苏南高新技术产业产值达 3.2 万亿元，占全省总量的 61.7%；第三产业增加值占 GDP 比重为 47.4%。苏中融合发展特色发展加快推进，与苏南和长三角在交通、市场、产业等方面的联系日益紧密，打造了生物技术与新医药、新能源、电子信息、装备制造、海洋工程等一批特色产业基地。2013 年苏中单位土地实现地区生产总值达 5544 万元/平方公里，比

2005 年增加 3971 万元。苏北经济"洼地"崛起,新型工业化、新型城镇化、农业现代化大力推进。2013 年,苏北非农产业增加值占 GDP 比重达87.3%,比 2005 年提高 7.5 个百分点。

表 9 – 5   2005 年、2013 年江苏三大区域产业结构变动情况

单位:%

区域	第一产业		第二产业		第三产业	
	2005 年	2013 年	2005 年	2013 年	2005 年	2013 年
苏南	2.7	2.3	60.5	50.3	36.8	47.4
苏中	10.5	6.9	56.6	52.1	32.8	41.0
苏北	19.7	12.5	46.4	46.9	33.9	40.6

资料来源:《江苏统计年鉴》(2006、2014)。

三、区域经济协调发展存在的突出问题

1. 绝对差距不断增大,区域协调发展任务艰巨

对表 9 – 6 的数据进行计算后可以发现,在经济总量及人均水平、开放程度、城乡居民收入等方面,江苏南北之间的绝对差距仍在不断增大。2005 年,苏北和苏中 GDP 总量与苏南之间分别相差 7806.58 亿元和8200.98 亿元。到 2013 年,这一差距扩大到 22826.8 亿元和 25087.87 亿元,人均 GDP 的差距也从 39360 元和 31917 元,扩大到 41154 元和 64607元。在对外开放方面,区域间差距也十分显著。2013 年,苏南进出口总额占全省的比例高达 86.2%,而苏中和苏北只占到 9.0% 和 4.8%。区域经济水平直接影响城乡居民收入的提高。不断增大的区域经济差距导致区域居民收入差距也随之增大。2005 年苏南农民人均纯收入比苏中、苏北分别高 2021 元和 3039 元,到 2013 年这一差距扩大到 4732 元和 7338 元;2013年,农民收入最高的江阴市是最低的灌南县的 2.31 倍。

表 9 - 6   2005 年、2013 年江苏三大区域经济发展指标比较

区域	地区 GDP（亿元）		人均 GDP（元）		进出口总额（亿美元）		农村居民人均纯收入（元）	
	2005 年	2013 年	2005 年	2013 年	2005 年	2013 年	2005 年	2013 年
苏南	11417.34	36385.68	50508	110051	2092.59	4746.41	7336	19107
苏中	3216.36	11297.81	18591	68897	132.48	497.62	5315	14375
苏北	3610.76	13558.88	11148	45444	54.34	264.42	4297	11769

资料来源：《江苏统计年鉴》(2006、2014)。

2. 区域基本公共服务水平还有差距，共享发展的基础仍然薄弱

长期以来，江苏在区域经济协调发展的过程中往往只强调区域经济共同发展，更多地注重了资金和项目的转移，在衡量南北区域发展差距时更多注重 GDP 总量、人均 GDP、经济开放度等经济指标，较少关注教育、文体、娱乐、医疗等社会事业发展指标；对区域社会事业共同发展重视不够。从实践来看，苏南与苏中、苏北之间的合作很少是在社会发展层面的合作，很多人认为只要区域经济共同发展了自然而然区域社会共同发展就会实现，致使苏中、苏北社会发展水平与苏南仍差距甚大（见表 9 - 7），区域间缺少深层次的文化交融、组织变革和制度变迁，使得区域难以向一体化的有机融合转变。

表 9 - 7   2013 年江苏三大区域社会事业的差距

指标	苏南	苏中	苏北	指标	苏南	苏中	苏北
地方财政一般预算收入（亿元）	3536.64	996.42	1479.45	#藏书量（千册、件）	37921	10731	11734
地方财政一般预算支出（亿元）	3479.21	1239.50	2209.83	卫生机构数（个）	9369	6997	14635
高速公路（公里）	1813	872	1758	卫生机构床位数（万张）	16.23	7.24	13.37
普通高校（所）	106	22	28	#医院	13.58	5.20	9.84

指标	苏南	苏中	苏北	指标	苏南	苏中	苏北
公共图书馆（个）	51	24	40	卫生技术人员（万人）	20.24	8.08	14.58

资料来源：《江苏统计年鉴》（2014）。

3. 经济转型升级任务艰巨，区域间低水平竞争和重复建设依然存在

近年来，各地大力发展新兴产业和现代服务业，产业结构层次明显提升，市场竞争力不断增强。但区域经济增长主要依靠第二产业带动、靠投资拉动的状况还没有根本改变，自主创新支撑和引领发展能力比较弱，技术和市场对外依存度过高，产业多集中在价值链的中低端。2013 年，苏南、苏中、苏北固定资产投资分别相当于地区生产总值的 53.6%、62.7% 和 69.3%，大大高于目前工业化国家平均比率。苏中、苏北科技创新能力相对较弱，全社会研发投入占比还不到全省的平均水平。同质化竞争现象比较严重，区域合理分工体系尚待完善。目前，江苏省 13 个省辖市全部将新一代信息技术和软件业列为新兴产业，12 个省辖市将新材料产业、新能源产业、医药及生物技术产业列为新兴产业。随着市场供求关系变化和要素成本水平提高，人口红利、土地红利等优势开始减弱，各区域潜在经济增长率明显放缓。推动经济转型升级，依靠创新驱动拉升劳动生产率，已成为提高区域协调发展质量的一项紧迫任务。

4. 区域资源环境压力日益加剧

江苏各区域能源资源的对外依存度较高，生态环境比较脆弱。由于各区域工业化加速推进，产业结构偏重，导致能源消耗和主要污染物排放强度较高、环境污染较大的问题日益突出。2013 年，苏南、苏中、苏北规模以上重工业产值占全部工业的比重分别达 76.7%、71.7% 和 69.6%。2013 年与 2011 年相比，苏南、苏中、苏北工业二氧化硫产生量分别年均增长 7.1%、3.9% 和 45.8%。目前各区域的水、大气、土壤等污染都十分严重，节能减排的压力较大。资源和环境的双重约束，势必对产业层级较低的苏北地区加快发展形成较大制约，也会对苏南发达地区进一步发展产生影响。实现转型发展和产业升级，增强可持续发展能力，已成为区域协调

发展中的一个重要课题。

第三节　区域协调发展的战略意义与基本思路

一、区域协调发展在经济转型升级中的战略意义

　　江苏的苏南是近代中国民族工业发祥地，全省的工业化进程在空间上表现为由南向北渐次推进的过程。但横穿江苏的长江，虽带来了丰沛水源和航运之利，也形成了一道天然屏障，阻隔了苏南人流、物流、资金流、信息流的辐射和工业化的空间扩展，长期以来江南与江北经济实际上处于分割状态，苏北、苏中明显落后于苏南，区域发展水平呈现"南高北低"的格局。

　　改革开放后，苏南大量承接了上海和国外的产业转移，借助中国加入WTO 机遇率先融入经济全球化潮流中，利用对外开放优势实施出口加工导向型的发展战略，积极吸引发达国家劳动密集产业转移，取得了经济的快速增长。同时，苏南与苏中、苏北的差距也在不断扩大。为改变发展不平衡的局面，江苏 1984 年就提出了"积极提高苏南，加快发展苏北"方针，1994 年又开始实施"区域共同发展战略"。近年来江苏建设了一系列跨江通道，打破了交通瓶颈对江苏南北经济联系的束缚，形成了覆盖全省的现代化交通、通讯、电力等发达基础设施网络，极大改善了苏北、苏中的投资发展环境。随着苏南发达地区土地、劳动力等生产成本持续上升，原有劳动密集产业不再具有比较优势，逐步向低发展梯度地区转移，苏北、苏中工业化水平迅速提升，增长速度明显加快，江苏区域发展差距开始缩小。然而，目前苏北、苏中的加快发展，在很大程度上只是利用要素成本相对低廉优势简单承接苏南劳动密集产业迁移、延续传统工业化模式的结果，尽管对其初期发展有利，但从长远来看并不具有可持续性，甚至可能会出现与苏南"产业同构"的现象，从而加剧低水平同质竞争，不利于全

省区域协调发展。

在当代经济全球化背景下，发达国家跨国公司迫于国际竞争压力调整了发展策略和分工模式，把加工、组装等低端劳动密集型生产环节外包给发展中国家，自己只保留高附加值的研发、设计、品牌、营销等核心环节，在全球范围内整合资源，构建了由其主导的全球价值链。改革开放后，包括江苏在内的中国沿海发达地区通过发展劳动密集型出口加工产业，成为"世界加工厂"。然而由于高度依赖国外技术、品牌和国际市场，沿海出口加工业被锁定在跨国公司主导的全球价值链低端环节，只能靠劳动力的低成本和资源环境的高消耗赚取微薄的加工费，陷入发展不平衡、不协调和不可持续的困境。2008 年国际金融危机爆发，发达国家市场严重萎缩，保护主义和贸易摩擦加剧，中国沿海出口加工业受到严重冲击，传统发展模式已难以为继。

改革开放三十多年来，江苏已经历了两次经济转型。第一次转型是发展乡镇企业，实现了从农业经济向工业经济的转变；第二次转型是在扩大开放中，实现了向开放型经济的转型。为应对国际金融危机带来的挑战，当前在全球范围内，各国正在进行新一轮大规模的产业结构调整。目前江苏人均 GDP 超过 1.2 万美元，进入了工业化后期发展阶段，产业结构和增长动力都发生很大变化。无论从国内外经济环境分析，还是从江苏自身发展要求来看，推进经济第三次转型升级势在必行。江苏新一轮经济转型的核心是发展模式的根本转换，即经济发展由资源依赖向创新驱动转变、由粗放发展向集约发展转变、由江苏制造向江苏创造转变。

江苏过去的两次经济转型具有相同的发展模式和增长路径，主要依靠国内外发达地区产业转移，过度依赖外部技术、资本和市场实现外源型的经济增长。在第三次转型中，江苏创新发展模式，提升自主创新能力、国际竞争力和可持续发展能力，以自主创新驱动经济增长，对实现区域协调发展和经济转型升级有着多方面的战略意义。在经济发达的苏南，大力发展战略性新兴产业和现代服务业，创新先进技术、创立自有品牌，从"江苏制造"向"江苏创造"升级，向价值链高端延伸，在更高层次上参与国际分工，可以更好地发挥辐射带动作用。苏南经济转型升级、"腾笼换鸟"，能够加快对苏北、苏中的产业转移。江苏过去的两次经济转型都由苏南引领，苏南先行先试、率先发展后，再把行之有效的发展模式和成熟产业渐次移植到苏中、苏北。而在第三次转型中，苏中、苏北不能再继续模仿照搬"苏南模式"，应在学习借鉴苏南经验的同时，像苏南一样创新发展模式，提升自主创新能力。苏中发挥滨江临海、承南启北的区位优势，推进沿江、沿海开发，全面融入苏南和长三角核心区。苏北立足自身实际，加大"筑巢引凤"力度，吸引发达地区先进技术和产业转移。在消化吸收先进技术的基础上，用先进技术改造传统产业，加快推进新型工业化进程，以工业化带动城市化加速推进。江苏三大地区创新发展模式，提升自主创新能力，南北区域优势互补、协调发展新格局就可以逐步显现出来，对促进全省经济转型升级也将发挥重要的战略作用。

二、深入推进区域协调发展、提升区域协调发展水平的具体思路

1. 苏南构建以现代服务业为主体、战略性新兴产业和先进制造业为支撑、现代农业为基础的现代产业体系

苏南是我国现代化建设的示范区，也是江苏转型升级的先导区。《苏南现代化建设示范区规划》要求，把苏南丰富的科教资源、雄厚的产业基础、高度的开放水平等优越发展条件，转化为增强自主创新能力和国际竞争力的新优势，转化为引领江苏经济转型升级和区域协调发展的新动力，推动经济增长主要由要素投入向创新驱动转变，促进产业集聚集约发展，形成以现代服务业为主体、战略性新兴产业和先进制造业为支撑、现代农业为基础的现代产业体系，率先实现经济现代化。

2013 年苏南人均 GDP 近 1.8 万美元，已开始进入后工业化阶段，而第三产业产值占 GDP 比重仅为 47%，与国际上同等发展水平的经济体相比存在很大差距。服务业产值占 GDP 的份额超过 50%，是现代产业体系的重要标志。构建以现代服务业为主体的产业体系，要求加快调整产业结构，加大服务业发展力度，大幅提高服务业占 GDP 的比重，打造苏南现代服务业高地。现代服务业尤其是生产性服务业和高端消费性服务业与制造业相比，其生产与消费都更具集聚效应和规模效应，需高度聚集在大都市人口密集的中心城区以降低交易成本，实现市场规模最大化。南京和苏州

是苏南以至江苏全省现代服务业的两大集聚中心。南京服务业产值占 GDP 比重超过 54%，居苏南各市首位，但在全省服务业的占比不高；苏州服务业总量最高，但空间集聚度较低，市区服务业产值仅占全市 46%。需要改善发展和集聚环境，建设特色鲜明、功能完善、辐射带动能力强的现代服务业中心，重点开发金融、现代物流、科技服务、软件和信息服务、知识产权服务、商贸流通、文化、旅游等优势产业，引领苏南以至江苏全省现代服务业发展，实现到 2020 年苏南服务业增加值占 GDP 比重达 60% 的规划目标，进而实现向后工业化经济的战略性转型升级。

苏南构建以战略性新兴产业和先进制造业为支撑的现代产业体系，要求积极推进战略性新兴产业发展，推进高技术产业与传统优势产业融合发展，推进产业、技术与市场应用协同发展。苏南通过外商投资和加工贸易发展起来的出口加工业，在技术领域虽多属新兴产业范畴，但局限于低附加值、高能耗、劳动密集型的加工制造等低端环节。从"加工制造"转变为"自主创造"的发展方向，是把产品价值链中的制造环节向外转移，而专注于设计研发和营销服务环节，开发具有自主知识产权的高新技术，开发产品的核心元器件和关键零部件，进而开发产品的自有品牌。2014 年国务院批准成立苏南国家自主创新示范区，为苏南"先行先试"推进科技自主创新提供了重要机遇。苏南的苏锡常地区有众多工业园区和各类开发区，但长期来都以招商引资为主，过度依赖吸引外资、引进技术、承接国外产业转移。为带动区域产业结构调整升级，需把"工业园区"转变为"科技园区"，把"经济开发区"转变为"高技术和新兴产业开发区"，构建推动新一轮经济转型升级的核心平台，营造有利技术创新的发展环境，为开发高技术产业、战略性新兴产业提供税收、土地、资金、人才、信息等各方面服务，开辟从产业发展到技术创新再到产业升级的转型路径。在苏锡常地区重点建设无锡国家传感网创新示范区和国家云计算创新服务城市、苏州国家纳米高新技术产业基地、常州绿色建筑产业集聚示范区，推进无锡国家太阳能光伏高新技术产业化基地转型升级。重点发展半导体、新材料、新型显示、节能环保、光伏和风电、新能源汽车、智能制造装备、生物医学工程等产业。苏南的宁镇地区科教资源丰富，知识创新能力强，但科技成果转化能力相对较弱，需把"大学城"转变为"科学城"

"知识和技术创新城"，建设科技成果转化服务体系，促进产学研共建产业技术创新战略联盟，开辟从知识技术研发创新和集成应用到科技成果商品化和产业化再到产业升级的转型路径。在宁镇地区，重点发展智能电网、生物医药、信息通信、新型显示、航空航天、高性能复合材料、高端装备制造产业。苏南立足科技创新调整优化产业结构，构建以战略性新兴产业和先进制造业为支撑的现代产业体系，有利实现"苏南制造"向"苏南创造"跨越，建设全国重要的高技术产业集聚地、先进制造业研发基地和战略性新兴产业策源地，打造有国际影响力的先进制造业中心，争取实现至2015年苏南先进制造业产值占规模以上工业比重达50%的发展目标。

2. 苏中推进江海联动发展、跨江融合发展，建设先进制造业基地、特色产业基地和发达临港产业带

苏中滨临长江，面向海洋，发展环境优越。随着交通基础设施建设加速，已形成了完善的公、铁、水、空综合运输网络。特别是众多沿江沿海港口和跨江大桥的建成，苏中有条件深化实施沿江沿海开发和跨江开发战略，推进江海联动发展、跨江融合发展。

长江是黄金水道，建设长江经济带是新时期我国推进区域协调发展的重大战略举措。目前长江南京以下12.5米深水航道正在建设，其中一期工程长江口至南通段已建成试航，二期工程南通至南京段即将开建。全部工程完工后，5万吨级海轮可直达南京港，第五代和第六代大型远洋集装箱船和10万吨级散货船可减载乘潮通过，苏中沿江港口的通航条件将等同于许多沿海深水良港，极大提升在长江经济带建设中的地位。同时，南通还在沿海兴建洋口深水海港，建成后能够通航10万吨级以上大型海轮。苏中发挥黄金水道和黄金海岸的叠加优势，需进一步推进沿江沿海开发和江海联动发展，依托沿江沿海港口吸引投资，吸引产业集聚，集中布局大型石化、船舶、汽车、粮油加工、海洋工程装备等临港产业，大力发展航运、物流、金融、信息等生产性服务业，形成产业发展的规模优势和集聚效应，构建发达的临港产业带，推进港口、产业、城市联动发展。

近年来苏中润扬大桥、苏通大桥、泰州大桥、崇启大桥等相继建成，长江天堑已变通途，大江南北人流、物流、资金流、信息流可以畅行无阻。依托众多越江通道构建南北融合发展轴，苏中能够成为长江两岸之间

承南启北的强有力经济传导纽带，更好地接受上海、苏南等长三角核心区的经济辐射，更好地带动苏北，实现江苏全省的区域协调发展。为此需要全力实施跨江开发战略，推动苏中与上海、苏南等长三角核心区在区域规划、经济发展、基础设施建设、体制机制建设等方面紧密接轨，推动扬州与南京和镇江的同城化发展，推动泰州与无锡和常州、南通与苏州的跨江融合发展。在苏中与苏南的跨江融合发展中，可借鉴靖江建立江阴—靖江工业园区的成功经验，在一些邻近苏南的县级市，如仪征、启东等打造融合发展先行示范区，引领苏中与苏南开发区的结对合作，带动苏中与苏南的整体跨江融合。苏中在全力吸引和承接苏南资金、技术和产业转移的同时，也应注重与苏南合理分工，互补发展，避免形成产业同构化、同质化竞争。根据自身的资源禀赋、区位条件和经济基础培育壮大特色产业，强化内生增长动力。南通重点发展造船、钢铁、化工等临港产业，泰州重点发展医药、船舶装备制造、精细化工等产业，扬州重点发展汽车、新能源、半导体照明、电子信息等产业。同时，积极培育生物技术、新医药、精细化工、新材料等新兴产业，改造提升传统产业，建设先进制造业基地、特色产业基地。

3. 苏北抓住机遇强化建设沿海、沿桥经济带，加快推进新型工业化和农业现代化进程

近年我国丝绸之路经济带和21世纪海上丝绸之路建设，长三角经济一体化和江苏沿海开发等国家战略相继出台，为苏北经济发展提供了重大机遇。苏北位于中国东部沿海与新亚欧大陆桥交汇处，区位优势明显。随着江苏区域协调发展战略的实施，苏北进入经济快速发展时期，主要经济指标已连续八年超全省、全国平均增速，综合经济实力不断增强。如与国内各省区比，目前苏北经济总量可居第21位，人均GDP为第12位，已处在中上游发展水平。沿海地区是江苏最大的发展空间，苏北沿海有丰富的土地、港口、海洋、风能等自然资源，具备开发临港产业和海洋产业的有利条件。连云港是丝绸之路经济带和21世纪海上丝绸之路交汇的新亚欧大陆桥东方桥头堡，依托深水海港和大陆桥通道，重点发展石化、钢铁、造船、电力等临港产业和新医药、新能源、新材料、海洋开发等战略性新兴产业。正在筹建1200万吨炼油和100万吨乙烯项目，将跻身世界级石化产

业基地。盐城以汽车、装备、纺织等为支柱产业，加快发展石化、造纸、风电等临港产业，重点构建集百万辆整车、关键零部件、汽车服务为一体的现代汽车产业基地。新亚欧大陆桥横贯苏北北部，徐州是苏北沿桥地带的最大城市，也是老工业基地。发挥重工业基础较好的优势，重点提升工程机械、能源装备、食品加工产业实力，推进煤盐化工、冶金、建材等产业发展升级，积极培育新能源、新材料、高端装备等新兴产业。地处苏北腹地的淮安、宿迁，可与邻近的连云港、盐城等沿海港口城市互动发展，融入沿海、借港出海。同时，抓住苏南发达地区转型升级机遇深化南北合作，加强共建开发园区提升产业承接能力，吸引苏南和长三角新一轮产业转移。同时利用园区平台引进发达地区人才和技术，提升和改造传统产业，创新发展模式，提升自主创新能力，积极推进新型工业化进程。淮安打造苏北最大特钢产业基地、新兴电子信息产业基地，改造升级纺织、食品、轻工、建材等传统产业，积极发展盐化工新材料产业。宿迁做大做强纺织服装、林木加工、机械电子、食品饮料等支柱产业，加快建设光电、新材料、智能电网、高性能复合材料、生物科技、信息技术等新兴产业集聚区。

苏北农业发展的资源禀赋优越，粮食等多种主要农产品产量占全省60%以上，是江苏推进农业现代化的主战场。发挥苏北农业资源禀赋优势，大力发展现代农业和特色农业，建设一批现代农业示范区、现代农业产业园区和农产品加工集中区，扶持培育现代化农业和农产品加工业的龙头企业，构建高度发达的现代化农业科技体系和农业生产服务体系，加快农业科技成果转化与推广步伐。进一步优化农业生产布局，发展优质粮油业、设施园艺业、规模畜牧业、特色水产业和休闲观光农业，建设具有特色的现代农业产业带。

没有苏北的小康，就没有全省的小康。继续帮扶省脱贫奔小康重点县（区），加大对宿迁市西南岗地区、成子湖地区、连云港石梁河库区、淮安市刘老庄地区、淮盐灌溉总渠以北地区，以及徐宿黄墩湖滞洪区等经济薄弱片区的连片开发，培育其自我发展的内生机制。加大对困难地区的基本公共服务财政投入和公共资源配置力度，鼓励发达地区采用定向援助、对口支援和对口帮扶等多种形式，支持苏北困难地区发展基本公共服务，并形成长效机制，促进地区间、城乡间基本公共服务均等化。

4. 加强区域经济合作，优化对外开放格局

江苏资源和市场"两头在外"，具有显著的开放型经济特征。改革开放尤其是加入 WTO 后，江苏抓住国际产业转移机遇发展开放型经济，取得了巨大成就。在经济转型升级的关键时期，江苏更需面向全国，面向世界，充分利用国际国内两个市场、两种资源，在更大范围、更广领域、更高层次上参与国际合作与竞争，实现开放型经济的新跨越。

全面推进长三角区域经济一体化。长三角地区是我国经济发展最具活力的地区，加强与上海、浙江等地在交通、产业、科技、人才、环保、社保、信息等方面的合作，加快区域一体化进程，有利于把长三角地区建成全球重要的现代服务业中心和先进制造业基地，也有利于江苏区域协调发展。以中国（上海）自由贸易试验区建设为契机，深化改革开放，推进长三角统一大市场建设，从体制上消除人才、土地、资金、技术等要素自由流动的制度障碍，鼓励国有资本、集体资本、非公有资本等跨所有制、跨地区相互融合，鼓励和引导民间资本进入金融服务、公用事业、文化产业、基础设施等领域。加快对接上海自贸区建设，充分承接上海自贸区辐射和聚集效应。同时，积极探索在苏南和沿海地区建立中国（江苏）自由贸易试验区。

抓住"两带一路"建设机遇，依托沿海、沿江、沿桥交通轴线扩展区域合作。当前我国正在建设丝绸之路经济带、21 世纪海上丝绸之路和长江经济带。江苏地处沿海，又有长江黄金水道和陇海—兰新大陆桥贯通长江经济带和丝绸之路经济带，是"两带一路"交汇的枢纽。抓住"两带一路"建设机遇，推进沿海、沿江、沿桥交通轴线推进"两带一路"区域合作，有利江苏对外开放，也有利江苏与东部沿海和中西部地区的经济合作。依托交通走廊促进江苏与"三沿"地带的经贸联系、要素流动与产业协作，不断拓宽合作领域，提升合作层次。充分发挥长江南京以下深水航道、沿江深水港口群体和苏南现代化建设示范区作用，以南京、镇江、苏州、南通等沿江港口城市为重点，加强与长江沿江地带的区域合作，促进沿江开发，共同建设长江经济带。充分发挥连云港新亚欧大陆桥东桥头堡和东中西区域合作示范区作用，以连云港、徐州为重点，扩大与陇海—兰

新沿桥地带的区域合作，共同建设丝绸之路经济带。以南通、苏州为重点与上海协同构建长江口江海港口城市群体，以连云港、盐城为重点与日照、青岛协同构建环黄海港口群体，进而扩大与沿海地带的区域合作，共同建设 21 世纪海上丝绸之路。

深化与台港澳经济合作。充分利用海峡两岸经济合作框架协议（EC-FA）、内地与香港澳门关于建立更紧密经贸关系的安排（CEPA）机制，全面拓展江苏与台港澳经济、文化、教育、科技、旅游等领域的交流合作。江苏扩大与台湾合作具有独特优势，台商对江苏投资额已连续 11 年居大陆各省份第一，千万美元以上的大项目数占对大陆投资总量的 1/2，目前累计批准台商直接投资和经第三地转投资项目近 2.5 万个，实际到账台资超过 650 亿美元，占大陆吸引台资总量的 1/3。以海峡两岸企业家紫金山峰会、海峡两岸（昆山）商贸合作区等为平台，完善苏台经贸合作交流机制。建设深化两岸产业合作试验区，与台湾深化产学研合作，支持在苏台企与江苏企业同步转型升级，联合开展科技攻关和共建创新平台、共创自主知识产权和品牌。以现代服务业为重点深化与港澳经贸合作，吸引港澳扩大对江苏现代服务业投资，推动江苏经济转型升级。支持江苏企业借助港澳走向世界，与港澳企业共同开拓国际市场。

发挥丝绸之路经济带和 21 世纪海上丝绸之路交汇优势实行双向开放，扩大国际经济合作。现代丝绸之路新亚欧大陆桥和海上丝绸之路交汇于江苏，有利于江苏海陆联动，实行双向对外开放，扩大国际经济合作区。丝绸之路经济带穿越亚欧 18 个国家，涵盖 40 个国家，覆盖人口约 30 亿人，沿途国家贸易占全球贸易的 22%，2013 年中国与"一带一路"国家的贸易额超过 1 万亿美元，占中国外贸总额的 1/4。积极发挥连云港新亚欧大陆桥东桥头堡作用，探索建立连云港自贸区，促进国际贸易和海陆联运便利化，畅通陆桥大通道，吸引亚太国家和国内企业发展陆桥国际过境运输。支持江苏企业扩大对沿桥国家的投资贸易，支持沿桥国家以江苏为出海口扩展亚欧经贸交流。江苏经由海上丝绸之路扩大开放的一个突出区位优势是面向东亚，与韩国、日本、新加坡等国地域相近、文化相通。新加坡是经济发达、科技先进的东亚国家，与江苏经贸交流十分密切。在江苏开放型经济发展中，苏州新加坡工业园区是先导和引擎；在当前江苏经济转型发展中，可以苏州工业园区等为合作平台，深化与新加坡高科技合作，引领经济转型升级。日、韩是我国主要投资贸易对象国，以临海工业为特征的先进制造业发达，近年来由于产业结构调整而出现向中国加速转移趋势。江苏沿海地区一些大型投资项目如盐城东风悦达起亚汽车、南通中远川崎造船等，推动了工业化进程和产业结构升级。江苏沿海在全方位扩大对外开放的同时，应发挥地缘优势，抓住日、韩产业转移机遇，以拓展对日、韩经贸交流作为加快沿海开发的重要方略，积极扩大招商引资，承接日、韩临海工业转移，把江苏沿海建成以港口城市为枢纽的经济密集带。

提升对外开放水平，优化开放型经济发展格局。江苏处在我国改革开放前沿，是外向型经济发达地区。在国际经济环境和发展条件发生重大变化的新时期，需要以更大力度对外开放，提升经济国际化水平，根据不同地区的特点优化开放型经济发展格局。开放型经济是苏南的优势，在新形势下苏南实施经济国际化战略，需拓展新的开放领域和空间，创新开放型经济发展模式。加大招商选资、招才引智力度，优化利用外资结构和方式，为自主创新发展、经济转型升级服务。鼓励外资投向现代服务业、先进制造业、高新技术产业等领域，鼓励外资企业在苏南设立研发、营销、物流中心和地区总部，借鉴国际先进管理理念和制度，促进体制创新、技术创新。推动苏南企业"走出去"，兼并收购境外企业和知名品牌，在境外设立研发机构和生产基地，构建国际营销服务、技术研发和产品生产网络。优化外贸出口结构，提高一般贸易、服务贸易出口比重，促进加工贸易转型升级，提升出口产品附加值和竞争力，积极支持具有自主知识产权和自主品牌的产品出口，培育以技术、品牌、质量、服务为核心竞争力的新优势。《苏南现代化建设示范区规划》要求，把苏南建成我国开放合作引领区。以培育开放型经济新增长极为重点，全面提升苏南地区的国际竞争力和辐射带动能力。在苏南地区，科教、人才资源多集中在南京，整合区域创新要素必须实行中心城市带动战略，把"大学城"转变为"国际科技创新城"，集聚国内外创新资源和创业人才，打造国际科技创新中心。开发区是苏南开放型经济发展的"主阵地"，是外商投资密集区和高新技术产业聚集区。苏南开放型经济转型发展的一个重点是促进开发区转型，实现从"外向型工业园区"向"国际科技合作园区"转变、从"生产功能"向"创新功能"转变，成为开放型经济的新增长极、参与国际竞争的重要平台。苏北、苏中优化开放型经济格局，以沿海、沿江经济带和临港产业区为重点，依托大型深水港口承接国际资本和产业转移，发展强大的临海工业、临港产业，带动整个区域开放和发展。不沿海沿江的苏北腹地城市可以沿海沿江港口城市为开放门户，依托交通走廊构建沿海沿江港口城市辐射腹地的开放走廊和开放型经济集聚的产业密集带，提升经济国际化水平。

5. 以新型城镇化推动区域经济协调发展

根据《江苏省新型城镇化与城乡发展一体化规划》提出的发展目标，江苏全省常住人口城镇化率要从 2012 年的 63% 提升到 2020 年的 72%。江苏城镇化向更高阶段推进，为更好地实现区域协调发展开拓了新的途径。

江苏现行的经济区划，主要是按照经济发展水平和地理区位把全省划分为苏南、苏中、苏北三大区域。这种经济区划属于经济类型区的划分方案，它仅仅是根据少数几个相似的经济特征（如经济发展水平等）而把若干地区划为同一类型的区域，三大经济区内部的自然条件、经济基础和发展环境都存在着很大差异，既没有统一的经济中心，也缺乏紧密的内在联系，许多传统的经济区域被人为割裂。实际上，按经济发展水平划分苏南、苏中、苏北三大区域，只是三大经济梯度带，而非真正意义上的经济区。

经济区与经济梯度带有完全不同的内涵，它由经济中心、经济腹地和联系网络组成，经济中心通过它对周围地区的经济辐射作用，把腹地紧密联系起来，构成一体化的空间经济系统。经济区内包含了若干经济部门，形成相对完整的国民经济体系。在市场经济条件下，中心城市是经济区的市场交易中心和经济运行枢纽，区域经济是以中心城市为轴心进行辐射发展的。我国实行经济体制改革、使市场在资源配置中起决定性作用，就要充分发挥中心城市的辐射带动作用。

经济增长是产业和人口在空间上持续集聚的发展进程，在城市化的高级阶段，人口和产业的持续集聚产生了由众多大中小城市共同组成的、具有内在紧密社会经济联系的城市密集区。在发达国家，城市密集区的基本组成单元是"都市区"（metropolitan area），也称"都市圈"。都市圈是以中心城市为核心，以中心城市职能的空间扩散为条件，以便捷的交通通道为依托，以当日往返通勤范围为界限，由中心城市及与中心城市存在密切社会经济联系的城市外围地区构成的一体化城市日常生活圈、通勤圈。它是国际上进行城市统计和研究的基本地域单元，是城镇化发展到较高阶段时产生的城市空间组织形式。

都市圈是多个大中小城市的紧密聚合体，集聚规模远大于单体城市，是升级版的中心城市。相对以单体中心城市为核心的经济区而言，都市圈经济区是以都市圈为核心、实力更为雄厚的升级版经济区，具有显著的"中心—外围"空间结构、高效的资源要素能力和强大的经济集聚和辐射力。江苏所在的长三角地区是世界最大的城市密集区，随着城市化水平的提升，都市圈正在成为长三角经济合作与一体化发展的核心主体。以都市圈为主体推进长三角经济合作，有利于打破行政区分割，更好地引领长三角经济一体化发展。

《江苏省新型城镇化与城乡发展一体化规划》提出：要按照"整体有序、联动开发"的原则，推进苏中融入苏南，挖掘潜力，协同并进，重点加强宁镇扬、锡常泰、（沪）苏通三大板块跨江融合发展，形成南北呼应、发展共振的格局和态势。在长三角的沿江地带，随着两岸城市的跨江融合，宁镇扬、锡常泰、沪苏通等经济板块正向联系更紧密的一体化都市圈和都市圈经济区迈进。

宁镇扬都市圈以南京为核心，以一体化、同城化发展为目标，重点强化南京、镇江、扬州三市基础设施的互联互通建设，构建以城际铁路、通勤铁路和高速公路为骨干的快速交通网络，缩短都市圈城市间的时空距离。以南京辐射周边地区的城市轨道交通建设为先导，打造六合—仪征、栖霞—句容、江宁—句容等跨界新城，进而与扬州、镇江市区直接相连，实现宁镇扬都市圈的一体化、同城化发展。

江阴大桥和泰州大桥建成后，无锡、常州、泰州三市之间联系日趋密切，开始了经济板块重组和城市融合发展进程。锡常泰城市密集区的首位城市无锡有较强经济实力，需进一步提升中心市区的首位度，发展中心城市主导产业现代服务业。无锡、常州加快推进产业转型升级和跨江转移，发展特色产业，减少同质化竞争，提升中心城市实力和区域竞争力。锡常泰三市强化分工合作，实现优势互补，推动经济一体化和城市一体化，打造集聚要素、资源共享、互动发展的都市圈经济区。

2011年吴江撤销县级市，改设苏州市吴江区。吴江撤市设区后苏州市区与上海市区已直接接壤。长三角正像美国东北部、日本太平洋沿岸那样，成为多个都市区、都市圈首尾相连和一体发展的世界级大都市带。在苏通大桥、崇启大桥建成后，南通打通了到苏州、上海的跨江公路通道。2014年沪通铁路长江大桥开工建设，从南通到上海、苏州将有沪通铁路、通苏嘉城际铁路直接相通。在沪宁、沪杭、宁杭等长三角城际铁路主干道建成后，2013年又开通上海到昆山的我国首条跨省地铁。上海是长三角也是我国最大城市，是全国人口的集聚中心，2014年常住人口已超过2400万人。为疏导上海中心城人口、减轻汽车交通压力，需借鉴东京、纽约等国际大都市经验，建设上海中心城辐射郊区新城及邻近长三角城市的发达通勤铁路网，构建基于现代化轨道交通体系的大都市圈。因此，苏通环沪地区应加强与上海城际轨道交通网络的对接，强化与上海之间的快速化、通勤化、公交化联系，实现区域交通设施互联互通和共建共享。在沪苏通交通等基础设施一体化发展基础上，推进城市功能和产业结构的分工合作、优势互补，共建同城化的沪苏通世界级大都市圈。

目前苏北城镇化率只有56%，还处于都市圈发展的初期阶段。徐州是苏北最大城市，也是苏鲁豫皖交界的淮海经济区中心城市。根据《江苏省城镇体系规划》，苏北已规划建设徐州都市圈，省内范围包括徐州市区、宿迁市区和邳州市、新沂市、丰县、沛县、睢宁县。近年来徐州像其他苏北城市一样经济增长加速，2013年GDP 4436亿元，经济实力已经超越了我国的多个省会城市。加快徐州都市圈建设，有利于带动苏北和淮海经济区发展。

连云港是新亚欧大陆桥东方桥头堡、沿海中部的区域性中心城市，也是江苏东北部最大城市，在我国丝绸之路经济带和21世纪海上丝绸之路建设和江苏沿海开发中地位重要，有很大发展潜力。今后可像南京、徐州那样，与邻近的山东日照市共建跨省区的大陆桥东方桥头堡都市圈经济区。

苏北腹地的淮安和沿海的盐城，2013年常住人口分别为483万和722

万，是苏北的重要中心城市。长远来看，随着工业化、城市化的推进，两个城市都有可能建成人口和产业较大规模集聚的都市圈。淮安也是淮河流域中心城市之一，正在推动淮河流域经济合作；而盐城是淮河经济带与沿海经济带交汇的港口城市，今后两市可共建沿淮经济走廊的"双核"都市圈经济区，引领淮河流域开发。

我国正处于城市化加速期，建设都市圈有利于推动城市化进程，也能够更好地利用市场机制发挥中心城市的辐射带动作用，促进江苏区域协调发展。

参 考 文 献

［1］习近平：《在江苏考察工作结束时的讲话》，2014 年 12 月 14 日。

［2］中共江苏省委十二届九次全会文件，2014 年 12 月 22 日至 23 日。

［3］中共江苏省委十一届十次全会：《关于又好又快推进"两个率先"在新的起点上开创科学发展新局面的决定》，2011 年 4 月。

［4］国家统计局网站：《2014 年国民经济在新常态下平稳运行》，2015 年 1 月 20 日。

［5］江苏省统计局、国家统计局江苏调查总队：《2014 年江苏省国民经济和社会发展统计公报》，《新华日报》2015 年 2 月 17 日。

［6］蔡玉峰：《调整县乡行政区划 促进行政机关改革》，《管理世界》1999 年第 4 期。

［7］常欣：《放松管制与规制——重建中国基础部门引入竞争后的政府行为分析》，《经济理论与经济管理》2011 年第 11 期。

［8］陈晓伟：《经济体制改革的目标模式》，载《经济研究》编辑部编：《中国社会主义理论问题争鸣（1985—1989）》，中国财政经济出版社1991 版。

［9］丛树海：《论构建以大病保障为核心的医疗保障制度》，《上海财经大学学报（哲学社会科学版）》2006 年第 1 期。

［10］董辅礽：《重新认识社会主义经济》，《天津社会科学》1998 第 3 期。

［11］樊纲：《经济发展过程中政府作用的定位》，《经济日报》1998 年 9 月 28 日。

［12］傅光明：《政府运行成本过高的深层次原因与改革思路》，《改革》2002 第 4 期。

［13］ 龚育之：《我国社会主义初级阶段的历史地位和主要矛盾》，《红旗》1987 年第 22 期。

［14］ 焦良玉：《对市场准入制度的经济学分析》，《改革》2004 年第 2 期。

［15］ 李实、罗楚亮：《收入分配体制改革：现实背景与思路建议》，载迟福林主编：《2006 中国改革评估报告》，中国经济出版社 2006 年版。

［16］ 李郁芳、李项峰：《地方政府环境规制的外部性——基于公共选择的视角》，《财贸经济》2007 年第 3 期。

［17］ 厉以宁：《股份制与现代市场经济》，江苏人民出版社 1994 年版。

［18］ 刘国光：《对经济体制改革中几个重要问题的看法》，《经济研究》1979 年第 11 期。

［19］《关于社会主义初级阶段的对话——著名经济学家刘国光答本报记者问》，《文汇报》1987 年 7 月 14 日。

［20］ 刘国光：《杂谈宏观调控》，《经济学动态》2004 年第 10 期。

［21］ 刘溶沧、马珺：《中国宏观经济调控目标的定位分析》，《财贸经济》2001 年第 9 期。

［22］ 刘诗白：《社会主义市场经济与主体产权的构建》，《经济学家》1999 年第 1 期。

［23］ 刘世锦：《增长模式转型：我们需要转变什么》，《经济学动态》2006 年第 8 期。

［24］ 刘树成：《我国五次宏观调控比较分析》，《经济学动态》2004 年第 9 期。

［25］ 刘树成：《论又好又快发展》，《经济研究》2007 年第 6 期。

［26］ 刘伟、平新乔：《经济体制改革三论：产权论·均衡论·市场论》，北京大学出版社 1990 年版。

［27］ 陆磊：《信息结构、利益集团与公共政策：当前金融监管制度选择中的理论问题》，《经济研究》2000 年第 12 期。

［28］ 马洪：《改革经济管理与扩大企业自主权》，《红旗》1979 年第

10 期。

　　[29] 牛晓健、郑祖玄：《资本管制、外商投资与最优税差》，《经济研究》2005 年第 4 期。

　　[30] 史宇鹏、周黎安：《地区放权与经济效率：以计划单列为例》，《经济研究》2007 年第 1 期。

　　[31] 宋林飞、吴先满：《江苏改革开放 30 年》，中央文献出版社 2009 年版。

　　[32] 宋林飞、张步甲、吴先满、刘东和：《江苏改革与发展 20 年 (1978—1998)》，南京大学出版社 1998 年版。

　　[33] 孙嘉明：《"法人选择"还是"公共选择"?》，《复旦学报（社会科学版）》1995 年第 5 期。

　　[34] 王国松：《中国的利率管制与利率市场化》，《经济研究》2001 年第 6 期。

　　[35] 王曦：《我国宏观调控基本法立法价值分析》，《江西社会科学》2005 年第 11 期。

　　[36] 王钰、杨国亮：《论两权分离是改革国家所有制增强企业活力的实现途径》，《理论月刊》1987 年第 5 期。

　　[37] 王琢、廖曙辉：《过渡社会主义论》，《中国经济体制改革》1988 年第 12 期。

　　[38] 卫兴华：《究竟怎样认识社会主义经济》，《理论前沿》1999 年第 10 期。

　　[39] 谢伏瞻：《从经济增长动因看宏观调控着力点》，《中国经济时报》2004 年 8 月 2 日。

　　[40] 谢群松：《财政分权：中国财政税收改革的前景》，《管理世界》2001 年第 1 期。

　　[41] 谢佑权、胡培兆：《从世界出发正确认识和有计划地利用价值规律》，载《经济研究》编辑部编：《社会主义经济中价值规律问题讨论专辑》，1979 年。

　　[42] 薛暮桥：《我国生产资料所有制的演变》，《经济研究》1987 年第 2 期。

［43］阎坤、王进杰：《公共品偏好表露与税制设计研究》，《经济研究》2000 年第 10 期。

［44］杨明炜：《宏观调控需注意统筹兼顾》，《中国经济时报》2004 年 7 月 26 日。

［45］杨培新：《我国经济体制改革的新思路》，生活·读书·新知三联书店 1988 年版。

［46］于光远：《中国社会主义初级阶段的经济》，中国财政经济出版社 1987 年版。

［47］于光远：《浅议社会主义所有制的改革》，《经济学动态》1988 年第 1 期。

［48］于祖尧：《社会主义商品经济论》，《经济研究》1984 年第 11 期。

［49］岳云龙：《机构改革的回顾与展望》，《管理世界》1986 年第 2 期。

［50］张国庆：《试论我国政府行政改革的基本价值选择》，《中国人民大学学报》1999 年第 4 期。

［51］张红宇：《城乡居民收入差距的平抑机制：工业化中期阶段的经济增长与政府行为选择》，《管理世界》2004 年第 4 期。

［52］张维迎、粟树和：《地区竞争与中国国有企业的民营化》，《经济研究》1998 年第 2 期。

［53］张卓元：《深化改革，完善社会主义市场经济——学习十六届三中全会精神笔谈》，《经济研究》2003 年第 12 期。

［54］郑秉文：《外部性的内在化问题》，《管理世界》1992 年第 2 期。

［55］周为民、陆宁：《按劳分配与按生产要素分配》，《中国社会科学》2002 年第 4 期。

［56］周雪光：《"逆向软预算约束"：一个政府行为的组织分析》，《中国社会科学》2005 年第 2 期。

［57］周业安：《中国的经济转轨与新制度经济学》，载《经济研究》编辑部编：《中国经济理论问题争鸣（1990—1999）》，中国财政经济出版社 2002 年版。

［58］卓炯：《也谈计划经济和商品经济》，《光明日报》1982 年 8 月 9 日。

［59］江苏省社会科学院编：《全面深化改革的江苏新探索》，江苏人民出版社 2014 年版。

［60］王战主编：《2013 年全球格局变化中的长三角》，社会科学文献出版社 2013 年版。

［61］关秀丽：《中国经济国际化战略》，中国市场出版社 2011 年版。

［62］顾介康、吴先满：《改革开放 30 年：江苏经济发展的道路与特色》，南京大学出版社 2009 年版。

［63］江苏省人民政府研究室编：《打造江苏经济升级版》，江苏人民出版社 2013 年版。

［64］刘志彪、吴先满主编：《中国特色社会主义道路江苏实践》，人民出版社 2013 年版。

［65］江苏省社会科学院：《2012 年江苏经济社会发展重点问题解析》，江苏人民出版社 2012 年版。

［66］宋林飞：《江苏经济社会形势分析与预测》，江苏人民出版社 2008 年版。

［67］谢文杰：《当代跨国公司发展研究——兼论中国跨国公司全球战略》，知识产权出版社 2012 年版。

［68］Hogo Hollanders,2006 European Regional Innovation Scoreboard,http://www. Proinno-europe. eu/doc/EIS2006 __final. pdf.

［69］熊彼特：《经济发展理论》，商务印书馆 1990 年版。

［70］熊彼特：《资本主义、社会主义和民主主义》，商务印书馆 1979 年版。

［71］迈克尔·波特：《国家竞争优势》，华夏出版社 2002 年版。

［72］梁曙霞：《后危机时代我国发展创新型经济的必要性研究》，《经济问题探索》2010 年第 8 期。

［73］马德秀：《后危机时代创新型经济的发展》，《中国科技产业》2010 年第 2 期。

［74］李建波：《论创新型经济的涵义、特征与发展趋势》，《前沿》

2011 年第 7 期。

　　[75] 李存芳、王世进、汤建影：《论创新型经济的涵义、特征与发展趋势》，《经济问题探索》2011 年第 10 期。

　　[76] 洪银兴：《向创新型经济转型——后危机阶段的思考》，《南京社会科学》2009 年第 11 期。

　　[77] 洪银兴：《迎接新增长周期：发展创新型经济》，《学术月刊》2010 年第 1 期。

　　[78] 祖强、梁曙霞：《后危机时期我国加快发展创新型经济的思考》，《江苏行政学院学报》2011 年第 1 期。

　　[79] 王燕文：《发展创新型经济，建设创新型城市》，《群众》2010 年第 2 期。

　　[80] 方建中：《苏南自主创新高地建设：引领创新型经济发展的根本路径》，《唯实》2011 年第 11 期。

　　[81] 蒋宏坤：《创新型经济：提升综合竞争力的中坚》，《求是》2011 年第 6 期。

　　[82] 张继国、宦娟：《创新型经济研究现状与趋势》，《常州大学学报（社会科学版）》2012 年第 4 期。

　　[83] 陈搏：《国内外创新型经济建设模式比较研究》，《经济研究导刊》2013 年第 23 期。

　　[84] 熊强、张影：《创新型经济发展比较评价及对策分析——以镇江为例》，《商业时代》2011 年第 35 期。

　　[85] 吴晓波：《浙江省创新型经济运行评价及发展对策研究》，《技术经济》2008 年第 10 期。

　　[86] 甄美荣和杨晶照：《中国创新型经济驱动力分析及运作模式构建》，《中国发展》2011 年第 4 期。

　　[87] 杨艳红、孟庆如、袁欲彬：《推进科技创新平台建设，支撑创新型经济发展》，《江苏科技信息》2012 年第 10 期。

　　[88] 胡勇、李占卫：《政府在建设创新推动型经济中的作用——芬兰的经验与启示》，《改革与战略》2007 年第 3 期。

　　[89] 戚文海：《从资源型经济走向创新型经济：俄罗斯未来经济发展

模式的必然选择》，《俄罗斯研究》2008 年第 3 期。

[90] 郭晓琼：《俄罗斯创新型经济发展及政策评述》，《黑龙江社会科学》2009 年第 2 期。

[91] 李建波：《创新型经济：硅谷与深圳的比较》，《特区实践与理论》2011 年第 3 期。

[92] 史国栋：《论地方高校科技成果转化机制的创新》，《常州大学学报（社会科学版）》2011 年第 4 期。

[93] 吴晓波、李璟琰、李思敏：《大学与高技术集群企业互动模式的实证研究》，《改革与战略》2010 年第 13 期。

[94] 马露露：《苏州市创新型经济评价指标体系及监测方法研究》，《科技进步与对策》2011 年第 8 期。

[95] 钱维：《创新型城市发展道路——美国典型城市转型经验和启示》，《改革与开放》2011 年第 4 期。

[96] 汤进：《创新型城市的建设途径——日本川崎市的经验和启示》，《上海经济研究》2009 年第 7 期。

[97] 赵世通：《日本川崎市建设循环型社会的经验》，《求是》2009 年第 14 期。

[98] 李华君：《韩国科技发展引擎——大德科技园的成功之道及启示》，《中国高新区》2006 年第 5 期。

[99] 朱光海、张伟峰、冯宗宪：《拷贝硅谷：一种聚集网络理论解释》，《科学学研究》2006 年第 8 期。

[100] 王伟、章胜晖：《韩国大德研究开发特区的投融资环境与模式研究》，《科技管理研究》2011 年第 12 期。

[101] 曹云华、朱幼恩：《跨越分水岭——新加坡是如何建设国家创新体系和提高创新能力的》，《科技管理研究》2005 年第 7 期。

[102] 张兵：《新加坡中小企业融资体系分析》，吉林大学 2009 年博士学位论文。

[103] 刘芹、张永庆、樊重俊：《中日韩高科技园区发展的比较研究——以中国上海张江、日本筑波和韩国大德为例》，《科技管理研究》2008 年第 8 期。

[104] 胡钰：《加快建设创新型国家的重要途径》，《中国软科学》2006 年第 7 期。

[105] 徐冠华：《关于建设创新型国家的几个重要问题》，《中国软科学》2006 年第 10 期。

[106] 黄宁燕、孙玉明：《法国创新历史对我国创新型国家创建的启示》，《中国软科学》2009 年第 3 期。

[107] 陆俊：《提高区域综合竞争力》，《华东新闻》2003 年 10 月 15 日第 11 版。

[108] 提高江苏综合竞争力研究课题组：《提高江苏综合竞争力研究》，《南京财经大学学报》2006 年第 2 期。

[109] 黄善明：《论区域核心竞争力演变的生产力基础》，《云南社会科学》2004 年第 4 期。

[110] 付保宗：《关于产能过剩问题研究综述》，《经济学动态》2011 年第 5 期。

[111] 刘淑茹、黄德安：《陕西省经济增长质量综合评估研究》，西北大学出版社 2006 年版。

[112] 任保平、钞小静、魏婕等：《中国经济增长质量报告：中国经济增长质量指数及省区排名（2012）》，中国经济出版社 2012 年版。

[113] 惠康、钞小静：《经济增长质量研究：一个文献综述》，《求索》2010 年第 2 期。

[114] 彭德芬：《经济增长质量研究》，华中师范大学出版社 2002 年版。

[115] 钞小静：《经济增长质量：一种理论解释及中国的实证分析》，西北大学（2009 年）。

[116] 郑京海、胡鞍钢：《中国改革时期省际生产率增长变化的实证分析（1979—2001 年)》，《经济学（季刊）》2005 年第 1 期。

[117] 章祥荪、贵斌威：《中国全要素生产率分析：Malmquist 指数法评述与应用》，《数量经济技术经济研究》2008 年第 6 期。

[118] 胡延照：《社会指标体系类型系统的结构分析和综合评价》，载《社会、经济、科技统计指标研究与开发（1986 年)》，上海《统计指标》

课题组、上海科学学研究所发行。

［119］ 冷崇总：《构建经济发展质量评价指标体系》，《宏观经济管理》2008 年第 4 期。

［120］ 徐寿波：《关于综合评价的方法问题——多目标决策方法及其应用》，《技术经济与管理研究》1982 年第 4 期。

［121］ 施祖辉：《测定社会经济发展水平的综合指标》，《统计研究》1991 年第 2 期。

［122］ 钞小静、惠康：《中国经济增长质量的测度》，《数量经济技术经济研究》2009 年第 6 期。

［123］ 崔勇、段勇、赵文晋、王丽莉、李鱼：《企业可持续发展评价指标体系和评价方法的初探》，《科学技术与工程》2005 年第 8 期。

［124］ 阎小妍、孟虹、汤明新：《综合评价中不同赋权方法的比较探讨》，《中国卫生质量管理》2006 年第 4 期。

［125］ 韦轶婷：《江苏金融一季度运行平稳，小微企业和涉农贷款持续增长》，中国江苏网 2014 年 4 月 29 日，http://news.jschina.com.cn/system/2014/04/29/020876501.shtml。

［126］ 宋晓梧：《完善市场经济体系，提高初次分配比重》，经济参考网 2011 年 2 月 9 日，http://jjckb.xinhuanet.com/opinion/2011 - 02/09/content__286239.htm。

［127］ 洪银兴等：《〈资本论〉的现代解析》，经济科学出版社 2005 年版。

［128］ Philippe Schmitter, *How to Democratize the European Union and Why Bother*? Lanham：Rowman & Littlefield, 2000, p. 35.

［129］ E. Grande, "Institutions and Interests: Interest Groups in the European System of Multi-Level Governance", Working Paper, No. 1, Chair for Political Science, TU München, 2001, p. 7.

［130］ 林毅夫：《中国经济新常态下的企业机遇》，《经济观察报》2014 年 10 月 10 月。

［131］ 吴敬琏、厉以宁、林毅夫、许小年等：《新常态改变中国：首席经济学家谈大趋势》，民主与建设出版社 2014 年版。

［132］吴先满主编：《新世纪初期江苏经济发展若干问题研究》，中共中央党校出版社 2010 年版。

［133］刘志彪、刘旺洪、吴先满主编：《比较优势与示范效应——江苏现代化事业持续走在全国前列的思考》，人民出版社 2014 年版。

［134］李稻葵：《新常态下经济结构调整与增长》，清华大学世界经济研究中心演讲（2014 年 12 月 28 日）。

［135］史晋川、谢瑞平：《长江三角洲经济一体化的市场基础》，《经济理论与经济管理》2003 年第 7 期。

［136］陈建军、黄洁、陈国亮：《产业集聚间分工和地区竞争优势》，《中国工业经济》2009 第 3 期。

［137］李廉水、袁克珠：《长三角制造业区域一体化研究———基于制造业强省的比较分析》，《江海学刊》2007 年第 1 期。

［138］张二震、方勇：《长三角一体化与苏南竞争力》，《江海学刊》2005 年第 5 期。

［139］刘志彪：《以市场化、国际化推进"长三角"发展一体化》，《南京社会科学》2004 年第 7 期。

［140］吕建锁：《论长三角一体化与财政制度创新》，《财贸经济》2006 年第 3 期。

［141］宣文俊：《长江三角洲区域协调的重大体制与机制的创新》，《上海经济研究》2008 年第 11 期。

［142］胡国良：《国际分工中的长三角制造业——优势、集聚、转移》，江苏人民出版社 2010 年 8 月版。

［143］徐哈军：《长三角区域金融一体化的发展困境与思索》，《法制与经济》2006 年第 5 卷第 4 期。

［144］陈万明、赵蕾：《长三角人才开发一体化的动力机制探讨》，《南京工业大学学报（社会科学版)》2006 年第 4 期。

［145］《中共江苏省委、江苏省人民政府关于实施农业现代化工程的意见》，2011 年 6 月 14 日。

［146］《中共江苏省委、江苏省人民政府关于全面深化农村改革深入实施农业现代化工程的意见》，2014 年 1 月 25 日。

［147］江苏省人民政府:《全省实施农业现代化工程十项行动计划》,2013 年 1 月 28 日。

［148］江苏省农业委员会:《省农委实施农业现代化工程十项行动计划工作任务实施方案和年度工作计划（2013 年—2017 年)》,2013 年 2 月 24 日。

［149］江苏省人民政府:《江苏省主体功能区规划（2011 年—2020 年)》,2014 年 2 月 12 日。

［150］Arrow, Kenneth J. (1962), "The Economic Implications of Learning by Doing", *Review of Economic Studies*, 29, June, 155-173.

［151］David, Paul A. (1991), "Computer and Dynamo: The Modern Productivity".

［152］Paradox in a Not-Too-Distant Mirror", In *Technology and Productivity: The Challenge for Economic Policy*, Paris: OECD.

［153］Kaldor, Nicholas (1961), "Capital Accumulation and Economic Growth", In *The Theory of Capital*, Macmillan & Co. LTD.

［154］Lucas, Robert E., Jr. (1988), "On the Mechanics of Economic Development", *Journal of Monetary Economics*, 22, July.

［155］Meyer, Lawrence H. (2001), "What happened to the new economy?", Before the New York Association for Business Economics and The Downtown Economists.

［156］Romer, Paul M. (1987), "Endogenous Technological Change", *Journal of Political Economy*, 98, October, Part II.

［157］Solow, Robert M. (1956), "A Contribution to the Theory of Economic Growth", *Quarterly Journal of Economics*, 70, February.

［158］保尔·芒图:《十八世纪产业革命》,商务印书馆 2010 年版。

［159］罗伯特·巴罗、夏威尔·萨拉—伊—马丁:《经济增长》,格致出版社、上海三联书店、上海人民出版社 2010 年版。

［160］宋鸿兵:《货币战争》,中信出版社 2007 年版。

［161］沃尔特·克里斯塔勒:《德国南部中心地原理》,商务印书馆 2011 年版。

［162］中国电子信息产业发展研究院：《2013年度中国信息化与工业化融合发展水平评估报告》，2013年12月。

［163］李克强：《协调推进城镇化是实现现代化的重大战略选择》，《行政管理改革》2012年第11期。

［164］马凯：《转变城镇化发展方式，提高城镇化发展质量，走出一条中国特色城镇化道路》，《国家行政学院学报》2012年第5期。

［165］宋林飞：《新型城镇化的几点思考》，《观察与思考》2014年第1期。

［166］魏后凯、关兴良：《中国特色新型城镇化的科学内涵与战略重点》，《河南社会科学》2014年第3期。

［167］倪鹏飞：《新型城镇化的基本模式、具体路径与推进对策》，《江海学刊》2013年第1期。

［168］何培根：《2000年来江苏城镇化发展历程回顾与对策探讨》，《多元与包容——2012中国城市规划年会论文集》（2012年）。

［169］罗震东、胡舒扬：《从分权化、市场化到全球化——改革开放以来江苏省城镇化的历程与特征》，《上海城市规划》2014年第1期。

［170］倪方钰、段进军：《基于区域视角下对江苏城镇化模式创新的思考》，《南通大学学报（社会科学版）》2012年第5期。

［171］刘立仁：《关于江苏城镇化"三个阶段"、"两个极点"的思考和建议》，《江苏农村经济》2013年第19期。

［172］万解秋、刘亮：《源于增长和产业转型的城镇化进程探讨——江苏城镇化新动因解析》，《江苏社会科学》2013年第5期。

［173］邱少明：《江苏新型城市化之现存问题及实践路径》，《决策咨询》2014年第4期。

［174］张占仓：《中国新型城镇化的理论困惑与创新方向》，《管理学刊》2014年第1期。

［175］汪海波：《我国现阶段城镇化的主要任务及其重大意义》，《经济学动态》2012年第9期。

［176］徐琴：《江苏城镇化发展的历程、经验与新问题》，《江苏经济学通讯》2014年第1期。

［177］中共江苏省委研究室:《江苏推进城镇化的特色与经验》,《江苏经济学通讯》2014 年第 1 期。

［178］周明生、李宗尧:《由城乡统筹走向城乡融合——基于江苏实践的对中国城镇化道路的思考》,《中国名城》2011 年第 8 期。

［179］Perroux,"Economic Space:Theory and Application",*Quarterly Journal of Economics*,1950(64).

［180］Williamson,"Regional Inequality and the Process of National Development:A Description of the Patterns",*Economic Development and Cultural Change*,1965(4).

［181］Hirschman,"The Strategy of Economics Development",Yale University,1958.

［182］魏后凯:《区域经济发展的新格局》,云南人民出版社 1995 年版。

［183］兰肇华:《我国非均衡区域协调发展战略的理论选择》,《理论月刊》2005 年第 11 期。

［184］沈正平、翟仁祥:《江苏省南北经济发展差距及其协调研究》,《经济地理》2003 年第 6 期。

［185］王启仿:《区域经济增长收敛假说与现实考察——以江苏省为例》,《农业技术经济》2004 年第 1 期。

［186］欧向军、沈正平、朱传耿:《江苏省区域经济差异演变的空间分析》,《经济地理》2007 年第 27 (1) 期。

［187］黄雪琴、汤琰、凌亢:《改革开放以来江苏省区域经济差异演变的统计研究》,《南京社会科学》2009 年第 9 期。

［188］蒲英霞、葛莹、马荣华等:《基于 ESDA 的区域经济空间差异分析——以江苏省为例》,《地理研究》2005 年第 24 (6) 期。

［189］金晓斌、易理强、王慎敏等:《基于协调发展视角的区域发展差异研究——以江苏省为例》, 《长江流域资源与环境》2008 年第 17 (4) 期。

［190］马骁驰:《江苏省区域经济极化演变过程及预警分析》,《城市问题》2013 年第 5 期。

［191］Wei Yehua，Fan C Cindy，"Regional Inequality in China：A Case Study of Jiangsu Province"，*Professional Geography*，2000（3）.

［192］Long G. Y. ，Ng M. K. ，"The Political Economy of Intra-Provincial Disparities in Post-Reform China：A Case of Jiangsu Province"，Geoforum，2001,32.

［193］张落成、吴楚材：《沿海经济低谷地区的制约因素与发展策略》，《地理研究》2002 年第 21（6）期。

［194］仇方道、朱传耿、孔令平等：《江苏省县域经济差异及时空特征分析》，《经济地理》2004 年第 7 期。

［195］上官敬芝：《江苏省区域经济发展差异的形成原因探析》，《统计与决策》2010 年第 14 期。

［196］曹芳东、黄震方、吴江等：《1990 年以来江苏省区域经济差异时空格局演化及其成因分析》，《经济地理》2011 年第 31（6）期。

［197］黄雪琴：《江苏省区域经济发展差异的时空格局研究》，《南京社会科学》2005 年第 5 期。

［198］蒲英霞、马荣华、罗浩等：《基于马尔可夫链的江苏省"俱乐部趋同"演变特征》，《南京社会科学》2006 年第 7 期。

［199］杜宇：《区域协调发展体制、机制创新研究——以江苏为例》，《经济与社会发展》2008 年第 7 期。

［200］周明生、卢名辉、万伟：《科学发展观视野下的江苏区域共同发展》，《经济学研究》2009 年第 1 期。

［201］孙月平：《江苏区域经济"良性非均衡"发展的探讨》，《现代经济探讨》2010 年第 11 期。

［202］储东涛：《从"区域共同发展"走向"区域协调发展"——对江苏区域经济社会协调发展的理性思考》，《江苏大学学报》2011 年第 3 期。

［203］魏晓锋：《江苏"区域共同发展战略"的形成、实施与评价》，《商场现代化》2005 年第 10 期。

［204］刘俊：《基于沿海开发背景的江苏区域协调发展研究——以"良性非均衡"为战略视角》，《河海大学学报》2011 年第 3 期。

　　[205] 储东涛:《健全区域经济协调发展的实现机制——以江苏省为例》,《中国经济与管理科学》2008 年第 10 期。

　　[206] 方建中:《把区域协调发展摆在江苏基本实现现代化的重要位置》,《群众》2011 年第 12 期。

图 表 索 引

后　记

　　呈现在广大读者面前的这本书，是江苏省社会科学院经济研究所的研究者们集体创作之成果，是全所同仁经过一年多时间调查研究而完成的一本研究性的学术著作。

　　众所周知，党的十一届三中全会以来，江苏经济的改革开放与发展取得了很大成就，经济发展在全国处于领先地位，为全国经济发展作出了重要贡献，产生着越来越大的国内外影响。伴随改革开放三十多年的进程，江苏经济在逐步转型升级。进入新世纪以后，江苏加强了经济转型升级的力度。2011 年起，江苏省委、省政府制定实施了"八项工程"，其首要工程即是经济转型升级工程。几年来，这一工程持续推进，并已取得阶段性的成效。以产业结构调整与转型升级为例，2014 年，江苏一、二、三产业结构调整升级为 5.5 ：47.8 ：46.7，相比较 2010 年，第三产业比重升高了 5.3 个百分点，第二产业比重降低了 4.7 个百分点，第一产业比重下降了 0.6 个百分点。但是与全国一样，江苏经济转型升级有进展又不足，经济转型升级还存在不少理论与实践上的问题。对此，2012 年至 2014 年，江苏省社会科学院承担的江苏省哲学社会科学规划 2012 年重大招标课题"江苏充分发挥比较优势和先导示范作用研究"进行了初步探讨，集中体现在分别于 2013 年、2014 年在人民出版社出版的两部著作即《中国特色社会主义道路江苏实践》和《比较优势与示范效应——江苏现代化事业持续走在全国前列的思考》中。大约也是从 2011 年前后开始，江苏经济与全国经济基本同步进入新常态。在经济发展步入新常态的情况下，经济转型升级的压力无疑是明显的增大了。如今江苏经济约占全国经济的10.3%，江苏人均地区生产总值已经超过 1 万美元。如何适应进而引领经济发展新常态，跨越中等收入阶段进入中高发展阶段，根本的问题还是要深入推进江苏经济的转型升级，特别是要着力破解深入推进经济转型升级中的诸多难题。2014 年 12 月，习近平总书记视察江苏指导工作，发表重要讲话，希望江苏在推动经济发展、现代农业建设、文化建设、民生改善和全面从严治党五个方面迈上新台阶，建设经济强、百姓富、环境美、社会文明程度高的新江苏。这就为包括经济转型升级在内的江苏工作指明了方向。正是在这种情况下，江苏省社会科学院经济研究所酝酿提出开展江苏经济转型升级问题研究，作为全所同仁集体协作攻关的课题，由江苏省社会科学院党委委员、副院长兼经济研究所所长、江苏省有突出贡献中青年专家、经济学研究员、金融学博士生导师吴先满牵头主持，江苏省社会科学院经济研究所副所长、江苏省"333 工程"第二层次培养对象、经济学研究员胡国良，江苏省社会科学院经济研究所副所长、江苏省"333 工程"第三层次培养对象、博士后、副研究员张超协助，全所同仁一起参加研究。因此，本书同时也是江苏省社会科学院经济研究所全体同仁深入学习并贯彻落实习近平总书记视察江苏发表的重要讲话精神的一个具体行动。

本书研究的基本思路和框架结构最初由吴先满研究员于 2013 年底2014 年初提出，后经所里集体讨论而具体化。经过半年多的调查研究，于 2014 年秋季形成本书初稿；后经过吴先满研究员审阅提出修改意见，返回作者修改、完善，于 2014 年底形成本书的修改稿；最后由吴先满研究员总纂、修改、定稿。本书初稿写作的分工如下：导论，吴先满，助理研究员、硕士刁化功，秘书许晨；第一章，助理研究员、博士千慧雄；第二章，副研究员姚晓霞，助理研究员、博士李洁；第三章，张超；第四章，助理研究员、博士生李慧；第五章，胡国良；第六章，助理研究员、博士吕永刚；第七章，助理研究员、博士徐春华；第八章，助理研究员、博士张吨军；第九章，研究员汪海，助理研究员、博士生沈宏婷。

经济转型升级是一个很复杂的问题。我们的这一研究，只是这方面研究的一项成果，意在为经济科学发展特别是经济转型升级理论深化研究以及为助推江苏经济深入转型升级的实践这两方面作出贡献。本书在调研、编写过程中，参考了一大批相关文献。本书的调研、编写得到了江苏省社会科学院原院长、博士生导师、南京大学教育部长江学者特聘经济学教授刘志彪，江苏省社会科学院院长、国务院政府特殊津贴专家、教授王庆五以及江苏省社会科学院科研组织处等职能部门工作人员等多位领导和同事们的关心、指导、帮助与支持。人民出版社的领导和责任编辑对本书的出版提出了宝贵意见，付出了创造性的智慧和辛勤劳动。这里，我们一并表示衷心的感谢！

　　限于时间和水平，本书中的不足之处在所难免，恳请广大读者批评指正！

江苏省社会科学院经济研究所

2015 年 2 月 23 日

责任编辑:陈　登

图书在版编目(CIP)数据

江苏经济转型升级研究/吴先满 主编. -北京:人民出版社,2015.8
ISBN 978 - 7 - 01 - 015164 - 9

Ⅰ.①江…　Ⅱ.①吴…　Ⅲ.①区域经济-转型经济-研究-江苏省
　Ⅳ.①F127.53

中国版本图书馆 CIP 数据核字(2015)第 197379 号

江苏经济转型升级研究
JIANGSU JINGJI ZHUANXING SHENGJI YANJIU

吴先满　主编　胡国良　张 超　副主编

人民出版社 出版发行
(100706　北京市东城区隆福寺街 99 号)

北京市文林印务有限公司印刷　新华书店经销

2015 年 8 月第 1 版　2015 年 8 月北京第 1 次印刷
开本:710 毫米×1000 毫米 1/16　印张:16.25
字数:246 千字

ISBN 978 - 7 - 01 - 015164 - 9　定价:36.00 元

邮购地址 100706　北京市东城区隆福寺街 99 号
人民东方图书销售中心　电话 (010)65250042　65289539